绍兴文化研究工程成果文库

清白泉吟

——范仲淹在越州

赵飞霞

著

 浙江工商大学出版社 | 杭州
ZHEJIANG GONGSHANG UNIVERSITY PRESS

图书在版编目（CIP）数据

清白泉吟：范仲淹在越州 / 赵飞霞著. —杭州：
浙江工商大学出版社，2022.3

ISBN 978-7-5178-4747-2

Ⅰ.①清… Ⅱ.①赵… Ⅲ.①范仲淹(989-1052)-
生平事迹 Ⅳ.①K827=441

中国版本图书馆 CIP 数据核字(2021)第 243167 号

清白泉吟——范仲淹在越州

QINGBAIQUAN YIN——FANZHONGYAN ZAI YUEZHOU

赵飞霞　著

责任编辑	童江霞
责任校对	夏湘娣
封面设计	肖景然
责任印制	包建辉
出版发行	浙江工商大学出版社
	（杭州市教工路 198 号　邮政编码 310012）
	（E-mail：zjgsupress@163.com）
	（网址：http://www.zjgsupress.com）
	电话：0571-88904980，88831806（传真）
排　　版	书香力扬
印　　刷	成都兴怡包装装潢有限公司
开　　本	710mm×1000mm　　1/16
印　　张	26
字　　数	366 千
版 印 次	2022 年 3 月第 1 版　2022 年 3 月第 1 次印刷
书　　号	ISBN 978-7-5178-4747-2
定　　价	80.00 元

序

日前，越中名秀赵飞霞的一本《清白泉吟——范仲淹在越州》的书稿，送到了我的案头，请我写个序。"清白泉""范仲淹""越州"，这些跳动的文字，勾起了我对故乡绍兴的记忆和对先祖的缅怀。

一顶小毡帽、一叶乌篷船、一碟茴香豆、一碗醇香的女儿红，儿时的记忆依稀可见；悠悠古道、声声纤号、临河故居、码头社戏仿佛又在眼前……

湖山俊美的绍兴，历史悠久，人文荟萃。大禹治水、勾践兴越、右军书序、陆游绝唱……诚如毛泽东评赞"鉴湖越台名士乡"，这里走出了一代代光耀千秋的名士：范蠡、王充、嵇康、贺知章、元稹、范仲淹、陆游、王阳明、徐渭、秋瑾、鲁迅、蔡元培、范文澜、周恩来……其中，范仲淹无疑是绍兴历史上至圣至贤的一位名士，一代清官。

青年作家赵飞霞与书香为伴，笔耕不辍，近年来已创作并出版了《缤纷岁月》《时光深处》等文集，而今又一部力作《清白泉吟——范仲淹在越州》即将出版面世。

《清白泉吟——范仲淹在越州》分为四个篇章：第一篇章，一代圣贤；第二篇章，泽被越州；第三篇章，清辉遗韵；第四篇章，廉印古城。

"一方土，要清理多少内心的荒秽，才能在自己的生命中，发现一口深邃的井；一口井，要经历多少岁月的沉淀，才能在自己的血管里，找到一眼清冽的泉；一眼泉，要付出多少深情的等待，才能在大地的怀抱里，生出一座清澄的城；一座城，要厚植多少时光的故事，才能在岁月的长河中，咏叹一部璀璨的史。"

作者用诗一样的语言，向人们讲述北宋范仲淹知越州时，在卧龙山下疏浚一口废井的动人故事。清泉涌涌，清冽无比，井曰"清白井"，水曰"清白泉"，亭曰"清白亭"，堂曰"清白堂"。范仲淹写下名篇《清白堂记》，以此激励后学，做人要像泉水那样清清白白，为官要像泉水那样清正廉洁。

范仲淹，苏州吴县人。他在江湖为名士、在州县为能吏、在庙堂为良相、在边疆为明帅、在教坛为宗师、在文场为大家，史称"范文正公"，被朱熹称颂谓："有史以来，天地间气第一流人物。"

范仲淹作为北宋杰出的思想家，在儒学已边缘化、濒临"绝学"的情况下，首创了把儒学的积极进取文化、道学的遵循自然文化、佛学的无私奉献文化融为一体的学说，史称"宋学"。宋学后发展成理学各个流派（张载的关学、二程的洛学、三苏的蜀学、司马光的朔学、陆九渊的心学和朱熹的闽学）。冯友兰先生把宋学称为"新儒学"，范仲淹是北宋儒学复兴的倡导者。

范仲淹崇尚"不以物喜，不以己悲""居庙堂之高则忧其民，处江湖之远则忧其君""先天下之忧而忧，后天下之乐而乐"的理想信念，把忧患意识与担当精神完美地结合起来，"穷则独善其身，达则兼济天下"，做"内圣外王"之人。他的弟子张载把范公思想的核心概括为"为天地立心，为生民立命，为往圣继绝学，为万世开太平"。范仲淹的新儒学作为思想信仰之主流，引领了中华思想文化近千年。

范仲淹的新儒学有完备的思想体系，诸如他的忧乐思想学说、富民强国学说、军事战略学说、民族平等学说、制度变革学说、廉政思想学说、法制建设学说、大爱友善学说等，至今依然闪烁着哲理的光芒，与当下的社会主义核心价值观和思想文明建设等有着十分重大的关联。其中范仲淹的廉政思想学说和他一生坚守的清正廉洁风骨，尤为珍贵，尤为意义深远。

赵飞霞的著作《清白泉吟——范仲淹在越州》出版面世，必将为广大读者了解古代圣贤范仲淹，提供一本文体优美、通俗易懂的读本；同时也将为广大党员干部提供一本学习范仲淹廉政思想的好教材。

范國強

2021 年 5 月 11 日于北京西钓鱼台

范国强，浙江杭州人，范仲淹三十世孙。北京大学教育学博士、教授，中国范仲淹研究会会长。

一眼泉一座城

一方土，要清理多少内心的荒秽，才能在自己的生命中，发现一口深邃的井；

一口井，要经历多少岁月的沉淀，才能在自己的血管里，找到一眼清冽的泉；

一眼泉，要付出多少深情的等待，才能在大地的怀抱里，生出一座清澄的城；

一座城，要厚植多少时光的故事，才能在岁月的长河中，咏叹一部璀璨的史。

宝元二年（1039），一位高洁的贤者，在岩石间解救出一眼清泉。这个愿意用清白救赎天下的人固执地用入骨三分的忧患之心撞击一个王朝的灵魂，赋予一口废弃深井以新生，一条贯穿 5000 年历史的廉脉从此更加鲜活，历史在此感动千年。

清白和节气一样分明，要写好清白绝非易事。

"予爱其清白而有德义，为官师之规。"清白堂似一道回音壁，庙堂之高，江湖之远，回音声声。清白泉犹如一面铜镜，天空之深，尘埃之轻，清影漾漾。

一眼泉，穿越千载，沉寂而生，斑斓而兴，豢养一轮明月和一方水土的高风亮节，支撑一座山、一座城、一个国家乃至整个世界，从历史的深处流出良善和慈悲、清白和德义。

北宋的卧龙山麓，时光清澈见底。王朝的平仄点缀流年，范文正公还在填写天下忧患的法则。文字腌制心情，一篇参与了生命历程的《清白堂记》与日月互为镜鉴，于得失荣辱中将"清白"写得方方正正，写进泉眼的正本清源。

新世纪的府山上，冰雪和月光映出四面八方的清风廉韵。远逝的燧火清宁时光，思想的火花时在闪烁，那个在旅途中跋涉的灵魂，以清廉的姿态、文化的名义，走成风中的锋芒，高贵如蝶。

越州，留给范文正公的，除了白驹过隙的一截背影，还有一泓千年未涸的清流。

范文正公，留给越州的，除了一个千秋峻伟的奇男子、伟丈夫，更有清白德义的精魂。

"水者，天下至洁之物。"杜甫诗云："在山泉水清，出山泉水浊。"此处，时光格外庇佑。一座城或一眼泉，拙雅而远，纯粹而深，无论进退荣衰，清廉之气始终长歌或短吟。

《易传·象传·蒙》曰："山下出泉，蒙。君子以果行育德。"时间之下，清风长，万物生；泉眼之上，青山存，清德炽。

"与子同清，岂无白泉？"心，清能如君否？心，明能如君否？唯有仰望才是召唤。

山明水秀地，清白绍兴魂。文化纵然成了遗迹，却依然有棱有角，通透万点星光。廉印初心，一步千年，"强化不敢腐的震慑、扎牢不能腐的笼子、增强不想腐的自觉，通过不懈努力换来海晏河清、朗朗乾坤"，一字一句，掷地有声。时光深处，以清为美，以廉为荣，清廉之风在古越大地持续发酵。

"不要人夸好颜色，只留清气满乾坤。"历史的轻舟，穿梦而过，"清白泉"清廉文化品牌独树一帜，充盈光的澄明。关于那人那泉那城，我们需要抱着一颗清纯古朴的心上路，与皓月并肩，与云水共情，寻找一个正确的打开方式。

目 录

第三篇章 清辉遗韵

第一篇章 一代圣贤

万古功名有天命

浩然携手至蓬莱

他是文人墨客挥毫书写的一章斐然的传奇。

他是迁客骚人嘴边的一缕若有若无的叹息。

他是"居庙堂之高则忧其民"的一份赤诚的豪情。

他说:"不以物喜,不以己悲。"他就真的做到了不求享乐,安贫乐道。

他说:"先天下之忧而忧,后天下之乐而乐。"他就真的做到了不患谪迁,只忧社稷与苍生。

他说:"清白而有德义,为官师之规。"他就真的做到了不徇私情,清正廉洁,为官场开出一剂良药,为家族留下不衰家风。

他写下的烂漫的诗、婉约的词、铿锵有力的句子,他留下的"宁鸣而死,不默而生""不为良相,即为良医""羽扇纶巾,胸有十万甲兵"的故事,与他的胸怀、气质、人品,突破时空的界限,凝成了历史上最深、最广的海洋,满足了人们对一个好官的所有期待。

他,就是一代圣贤范仲淹。

堂堂文正公

中国人自古以来讲究"盖棺论定",虽则"担当身前事,何计身后评",但"人生皆俗事,吾辈何清芳"?若能流芳百世、名垂千古,自然是极好的事情。而谥号就是古人死后依其生前行迹而为之所立的称号,是对一个人一生的高度评价和作为的权威命名,恰似明月清风朗乾坤之盛事,在古时最能体现历史人物的身份地位及其人生价值。

"谥号千秋定,铭旌百祀彰",古代只有位高权重的人物才配享谥号之资格。早在周朝,能得谥号者是天子、诸侯、卿大夫以及其夫人。及至汉朝,除天子外,只有生前曾经被封侯的重臣才能获谥号。"汉文帝""汉武帝""汉哀帝""隋文帝""隋炀帝"这些皇帝的称谓中,"文""武""哀""炀"等字眼就是谥号。每个大人物的德行作为各有千秋,有人值得褒扬,有人值得同情,有人应遭到贬损,所以谥号中不同的字眼表达的意思也各有归舟。

唐时,"文贞"是最高等级的谥号。宋仁宗赵祯时期,为避讳始改"文贞"为"文正",此后历代沿袭。"文"即勤学好问、尚德博闻、爱民慈惠等,"正"即内外宾服、身正言明,"贞"即清白守节。司马光曾云:"文正是谥之极美,无以复加。"司马光是权威的历史学家,经他这样一定义,"文正"就成为给文臣的最高评价。明朝的《大明会典》是收录明朝各种典章制度、法律法规的文献,其中对以"文"为首字的谥号进行了排序,文正为最高等级,其次是文贞,之后是文忠、文献等。

自唐朝始，寿终正寝后能得到"文正（文贞）"谥号，是入仕文人一生梦寐以求的。只是，皇帝们却相当慎重，不会轻易封号。千百年来，历史上得到谥号"文正（文贞）"的文臣仅34人，且个个都是受时人敬仰的人物，是大人物中的翘楚。如，魏徵是历史上第一个被谥为"文贞"的文臣，在他之后，陆象先、宋璟、张说等人获得"文贞"谥号，整个唐朝只有4人。宋朝时期，李昉、范仲淹、司马光、王旦、王曾、蔡卞、黄中庸、郑居中、蔡沈共有9人得到"文正"谥号；元朝时期，吴澄、耶律楚材、刘秉忠、许衡、廉希宪共5人获此谥号；明朝时期，方孝孺、李东阳、谢迁、倪元璐、刘理顺共5人得此谥号；清朝时期，汤斌、刘统勋、朱珪、曹振镛、杜受田、曾国藩、李鸿藻、孙家鼐共8人被赐予"文正"谥号。此外，还有金朝的虞仲文和张行简，以及清朝时郑经在台湾追谥的陈永华。

斯人已远，佳话尚存。在这34人中，知名度和公认度最高的当数范仲淹、司马光、耶律楚材、方孝孺、曾国藩等，尤其范仲淹更是当之无愧、无可争议，他的名篇《岳阳楼记》中那句"先天下之忧而忧，后天下之乐而乐"，是后世无数文人终其一生追求的境界。

"名贤山水重，佳吟古今留。"自宋以降，众多高人雅士给予范仲淹无上的褒扬。朱熹赞叹："范文正杰出之才。""本朝道学之盛，亦有其渐，自范文正以来已有好议论，如山东有孙明复，徂徕有石守道，湖州有胡安定，到后来遂有周子、程子、张子出。""天地间气第一流人物。"

吕中称道："先儒论宋朝人物，以范仲淹为第一。"《宋元学案·序录》云："高平（范仲淹）一生粹然

（范仲淹，绍纪宣供）

无疵，而导横渠以入圣人之室，尤为有功。"

欧阳修为他刻墓碑曰："少有大志，每以天下为己任。""范文正忠宣奕世遗像"神龛左右分别是"让水廉泉绵世泽，石湖墨帐绍宗功"和"千秋传继血缘深，万世相承是亲情"两副龛联，恰到好处地陈述了范仲淹一生的功勋和功德。

《宋史》评价道："自古一代帝王之兴，必有一代名世之臣。宋有仲淹诸贤，无愧乎此。"现代人则说："两宋人物，首推范仲淹……"

走笔有天下，心中有大千。范仲淹慨然以天下为己任，一生奉行清白德义，私财家产一无所有，却给子孙后代留下了千古不衰之范氏家风。诚似南朝孔稚珪《酬张长史诗》所言"同贫清风馆，共素白云室"，或如唐代方干《李侍御上虞别业》诗中句"若将明月为俦侣，应把清风遗子孙"。

"灵溪无惊浪，四岳无埃尘"，时过千年，范仲淹留在世人心目中的崇高品质和伟岸形象并没有随着岁月的流逝而淡化。一个人生前得人敬佩，死后令人痛惜，永远让人景仰，这是他的骄傲，也是那个时代的骄傲，更是当今时代不该怠慢的骄傲。

堂堂文正公，一世夔与皋。遗爱在斯民，清风仰弥高。江南绍兴，这座山水环抱的千年古城，先贤范公曾在此狂歌劲舞，"淡然古怀心，濠上岂伊遥"，清澈的透明中，留下一串串灵魂的和声，一道生生不息的廉脉。自是"明月自随山影去，清风长送白云归"，渐次绽放，展现不一样的长卷，一如范公在《送刘牧推官之兖州》诗中所言："此行名与节，须似泰山高。"

世家标甲第

"大鹏一日同风起，扶摇直上九万里。""宣父犹能畏后生，丈夫未可轻年少。"宋太宗端拱二年秋八月丁丑（公元 989 年 10 月 1 日），真定节度掌书记官舍一个男婴呱呱落地，铮铮骨骼中储备着足够的能量。

此时，千里之外的汴京，风吹浮云，山雨欲来，赵宋王朝正纠结于如何才能脱去抗旱这个沉重的壳，谁也无暇顾及这个日后将给朝廷吹来一股新风，甚至刮起道道飓风，是求之千百年间概不二见、可"为天下师"的一代宗臣的小男孩。他就是一代名相，著名的政治家、思想家、军事家、文学家、教育家，世称"范文正公"的范仲淹。

范姓是大姓，是个非常古老的姓氏，在宋朝版《百家姓》中排名第 46 位，可往上追溯到黄帝轩辕氏及少典氏。据《古今姓氏书辩证》和《元和姓纂》等资料记载：帝尧裔孙刘累之后，在虞舜时代是陶唐氏，到了夏代就是御龙氏，在商代是豕韦氏，在周为唐杜氏，迁移至杜邑；周宣王冤杀杜伯，杜之子杜隰叔逃奔晋国，担任士师（相当于今之法官），以官名改姓士，儿子士蒍，孙子士缺，到了曾孙士会（范武子），因担任晋国上卿、正卿中军将，被封到了范邑，后世子孙以封邑范为姓而称范氏，乃晋国六卿之一。范氏家庭的祠堂里有副对联："源自尧裔，望出高平。"它不仅点出了范姓对于自家姓氏起源的集体记忆，也交代了范姓的郡望所在。

历史以滚烫的文字记录了这个了不起的家族。范氏作为帝尧之后，曾在春秋时期的历史舞台上显赫一时，涌现出一大批为官有远见、办事有定力、进退有方的人物，成为后世顽者廉、懦者立的榜样，赢得时光赋予的不朽和永驻。他们是范氏族人前行的动力，或者说是追寻生命意义时的思想养分，令范氏子孙无论为臣还是为民，其忠诚与敬业、守业的本分和专业精神都是高贵而罕有的。

柏枝燃烧，都是境界。范仲淹的远祖范滂（137—169），字孟博，汝南征羌（今河南漯河东南）人，在东汉桓帝时因学识渊博、品德高尚而举为孝廉，又因扶正祛邪、兴利除弊、为民请命、颇有政声而被任命为光禄勋主事，是一位刚直不阿的清官，却也因此而得罪宦官，在汉灵帝建宁二年（169）大诛党人时被捕，惨死狱中。

之后，范姓无显赫官员。至唐朝时，范滂的裔孙范履冰（637—690）进士及第，于唐高宗时期入宫修撰经典，选为"北门学士"，授门下侍郎，迁吏部侍郎，唐武则天垂拱中，拜兵部尚书、同鸾台凤阁平章事。范履冰为人正直、清廉，时称良相。

范履冰之六世孙范隋即范仲淹高祖，邠州（今陕西彬县）人，唐朝咸通年间为处州丽水（今浙江丽水）县丞，遇黄巢起义、中原地区兵燹遍地而无法北归，从此由"世居河内"而定居于苏州。

范隋长子范梦龄，也就是范仲淹的曾祖父，曾任吴越国中吴节席判官，所谓"判官"，即幕僚。唐代各节度使都有延请幕僚之风，至五代仍相沿不替。虽然幕僚的话节度使可听可不听，但节度使仍喜欢延请名士入幕当判官，究其原因不过是为了博得一个礼贤下士的美名而已。庆历三年（1043），范仲淹任参知政事，宋朝天子照例有封赠，先追赠范梦龄为太子太保，后追赠为太保，及至范仲淹之子范纯仁当宰相，范梦龄的封赠也跟着升格，被追赠为太师、徐国公，范仲淹的曾祖母陈氏也被追赠为徐国太夫人。

范梦龄的第四子范赞时即范仲淹的祖父。史称范赞时聪颖过人，9 岁举神童，为五代吴越诗人。何谓举神童？就是不必参加科举考试，便有了当官的资格。唐朝规定，凡 10 岁以下儿童，能够通晓一种经书及《孝经》《论语》，能背诵10篇者赏给官职，能背诵7篇者给予出身，称为"童子科"。范赞时9岁能背诵7篇经书，获得了"童子科"资格，在吴越国当过朝散大夫、检校少府少监，官至秘书监，为正四品，算是中级官员。范仲淹任参知政事后，朝廷先后追赠范赞时为太子少傅、太傅；范纯仁任同知枢密院事后，又追赠范赞时为太师、曹国公；哲宗元符三年（1100），追赠为唐国公。范仲淹祖母陈氏被追封许国太夫人、韩国太夫人。

范赞时共有四子：范坚、范垌、范墉、范埙。第三子范墉就是范仲淹的父亲。范墉还未及出仕，便遇上了钱俶归宋事件。

钱俶（929—988），原名钱弘俶，是吴越国王、世称"海龙王"的钱镠之孙，乃五代十国时期吴越国最后一位国王。吴越国是指唐朝末年杭州临安人钱镠建立的国家。钱镠当过镇海、镇东两节度使，驻节杭州，是手握节钺的藩镇，被唐朝封为越王。钱镠请求改封为吴越王，朝廷没有答应，经另一藩镇朱全忠调停，改封吴王。朱全忠取代唐朝建立后梁，钱镠俯首称臣，后梁遂封钱镠为吴越王。

历陈桥兵变，赵匡胤禅代后周，建隆元年（960）建立宋朝。钱俶在平定江南时出兵策应有功，授天下兵马大元帅，以示恩宠。开宝九年（976）二月，钱俶率妻孙氏、子惟浚及平江节度使孙承祐归宋，赵匡胤派皇子赵德昭于睢阳（今河南商丘）迎接，并多次宴请钱俶及其子惟浚，赏赐颇为优厚。钱俶于四月返回杭州，仍怡然自得地做着吴越国王。

太平兴国三年（978）三月，钱俶献所据两浙十三州之地，举族归于京师，自此吴越国正式退出历史舞台。范墉也在这一年随钱俶归宋，入宋12年，历任成德（今河北正定）军、武信（今四川遂宁）军、武宁（今江苏徐州）军掌书记之职。掌书记在唐朝是节度使的幕僚，其他如行军司马、参谋、判官等也是节度使的幕僚，在五代时期掌书记因负责书檄往来，虽然与行军司马、判官等属同一级别，却更受重视。不过掌书记级别不高，大致相当于地级市政府的机要秘书。范仲淹显贵后，朝廷先追赠范墉为太师，后又追赠其为苏国公、周国公。

据《范氏家谱世袭·跋》记载，范隋"曾孙坚、垌、墉、埙、埴、昌言六人，从钱氏归朝，仕官四方"。《吴县范氏家乘》中也说："坚，仲淹之大伯父，官至宣德郎襄州观察使；垌，仲淹二伯父，官任建州龙焙监；埙，仲淹之叔父，任渭州推官；埴，仲淹同曾伯父，官同州朝邑县主簿；昌言，仲淹同高祖叔父，任宁国节度使推官。"也即归宋的范氏家族共有 6 人均在朝为官，虽官阶不高，俸禄无多，但都是百姓们羡慕的"公务员"，绝无衣食之忧，自然也重子弟读书。

（冯家祥作）

范氏先辈们的无穷智慧，淬炼出朴素与高贵的精神之美，滋养着代代族人，在悠远的历史长河中开创了世代鍪缨、书香门第的恢宏历程。范仲淹出生在家世、家风如此深厚的家族中，自是流风余韵、基因良好而非俗流。同时，这也是他"恤宗族"思想和行为的重要出发点，一生以恭敬的态度对待族人，从宫廷到民间，善爱之根相连。

谁能问天意

《孟子·告子下》有言："天将降大任于是人也，必先苦其心志，劳其筋骨，饿其体肤，空乏其身，行拂乱其所为，所以动心忍性，曾益其所不能。"从古至今，大凡能成为人上人的，大抵都是能"吃得苦中苦"的。范仲淹就是如此，深谙"富贵必从勤苦得，男儿须读五车书"之理。

按说范家的生活勉强算得"小康"，只是人生总有太多的无奈，始于猝不及防的刹那。宋太宗淳化元年（990），范仲淹的父亲范墉于武宁军节度使任上突然撒手人寰，其时范仲淹刚刚 2 岁，大哥范仲温 6 岁，二哥范镃 4 岁。家中的"顶梁柱"塌了，范墉又为官清廉，没有多少积蓄，灵柩都是在官府和好心人的帮助下才运回苏州老家。孤儿寡母 4 人贫而无依，不久便陷入衣食难继的窘境。无奈之下，谢氏只得把范仲温、范镃寄养在苏州，带着范仲淹改嫁给已经丧偶、时任平江府推官的淄州长山县（今山东邹平市）人朱文翰。范仲淹遂改姓朱，更名为朱说（yuè）。

朱文翰，字苑文，淄州长山县人，端拱二年进士。山东邹平《长山朱氏族谱》记载朱文翰"端拱年（989）进士，江南平江府推官，召试馆职，授秘阁校理。真宗即位，拜户部郎中，景德初出为淄州长史"。可知朱推官多少有些挂职而无多少实权，基本是"匍匐以求微禄"。加之他为人清廉耿直，不畏权贵，始终升不了职，还经常被调来调去，范仲淹与母亲自然相随游居，一路颠沛流离，且朱家还有二子需培养，家境其实较为寒碜。

幸运的是继父朱文翰对他视如己出，"复勤训导"，尽全力供他读书，这从范仲淹的新名字中可见一斑。《论语》云："学而时习之，不亦说乎。""说"者，"悦"也，寓意是高高兴兴地来到朱家，也蕴含着朱文翰对继子好学特质的期盼。他的这种高过红尘的襟胸对范仲淹的成长产生了深远影响，使他像竹子那样平直，像水那样坚韧与柔和。只是，囊中羞涩，家里负担又过重，朱文翰很多时候是心有余而力不足，这也就有了范仲淹辛酸刻苦的求学生涯。

立志而圣则圣矣，立志而贤则贤矣。在这段"非常人能忍"的"草根逆袭"的岁月里，范仲淹留下了诸多为世人津津乐道的苦读励志故事。

划粥断齑

东风过处，没有荒芜，日子却是一如既往的瘦骨嶙峋。

读天下书，穷天下事，是范仲淹的夙愿。大中祥符二年（1009），22岁的范仲淹听说长白山醴泉寺来了一位叫慧通的高僧，博古通今，学识渊博，于是进山求学。

其时，继父朱文翰已致仕在家，俸入微薄，生活未免拮据。范仲淹常常食不果腹，只能省吃俭用，数米而炊，通常是每天只煮一碗粥，等放凉后划分为4块，早晚各吃2块，一日两餐，此乃"划粥"；在粥上面撒点盐和葱、姜作料，有时采点寺院周围坡坡岭岭、沟沟坎坎里长着的纯天然野菜，切成细碎末加些许盐或醋搅拌便成佐菜，此即"断齑"。"划粥断齑"是范仲淹读书生活的日常，仿佛是在孤岛深处，点燃一座眺望远方的灯塔，与青春一同成熟，沉下来，沉到人生的源头。

以心为擎，万象可抵，每一天都会有微笑浮出生活的水面。在醴泉寺听慧通大师讲《易经》《左传》《战国策》《史记》及诗词歌赋后，范仲淹学业日益精进。一年后，范仲淹参加科举考试，被举为学究，而名声渐起。其时，范仲淹偶然中得知自己并非朱家血脉，此事不亚于晴天霹雳，令他震惊亦异常痛苦，遂立志发奋自强，自立门户。

告别昨日的阵阵痛楚，带着眉目间的淡淡落寞，范仲淹收拾行装，佩带琴剑，风尘仆仆再度启程，径往应天府求学，幸运地投师大儒戚同文门下。确实，如果进不了书院，那是很难获得知识竞争力的。

应天府书院是宋代四大书院之一，共有校舍 150 间，藏书数千卷。因应天府后来改名南京，故书院又叫南都学舍。这是一座学术殿堂，也是一处信仰高地，汇聚了众多志操才智俱佳的师生，既有名师可以请教，又有许多同学可以互相切磋，还有大量的书籍可供阅览，况且还可免费就学，不仅是经济窘迫的范仲淹求之不得之所，也是世人神往之处，不少人的人生航线从这里驶向更远、更远的远方。

就算今天的我们去回眸 20 世纪中叶前的岁月，也会发现书籍的珍贵，就不难想象古代书籍的稀有。在宋代，印刷术已经成熟，但印制、流通成本不菲，即便是富家也很难置办起几个像样的书房。因而，书香门第才有令人艳羡的教育优势，应天府学院才对范仲淹有着无与伦比的珍贵和深意。

在应天府书院，范仲淹读夜阑，读残垣的起伏，连孤独，也尤显珍贵。"冬月愈甚，以水沃面，食不给，至以糜粥继之"，范仲淹一边冷水洗脸发奋读书，一边续柴煮粥，靠稀粥度日，日日月月乐此不疲地践行着"划粥断

（张继钟作）

齑"这一"范氏秘诀"。他对艰涩生活毫不介意的态度，像极了千年前孔子的贤徒颜回：一碗饭、一瓢水，在陋巷，他人叫苦连天，颜回却不改其乐。同窗们可能在心里暗自猜测，也许是书院里可以免费借阅的书籍中，具备了范仲淹所想要的一切，以至于他不需要吃饭也可以生存下来吧。

四周的人各自忙碌，没有人看见他眼睛深处纵横湿润的沟壑。数年后他在《齑赋》中写道："陶家瓮内，淹（腌）成碧绿青黄；措大口中，嚼出宫商角徵。""陶家瓮"是指腌制咸菜的缸，"措大"则指穷困的读书人。陶缸中腌制出了各种不同颜色的咸菜，穷书生口中嚼出了如宫、商、角、徵般动听的声音。鲜活的思想与具象，在深奥的哲学里，覆盖着范仲淹心中热闹的梦想。若非亲身经历，怎能写得如此细致传神！若非志坚识广，怎能品出此般真境！

"晨昏忧乐每相亲"，即使岁月以刻薄与荒芜相欺，我有我的秋风万里，愿以生命的慷慨与繁华相赠，范仲淹的旷达乐观之情俯仰可见。安贫乐道的内涵、终生忧道而不忧贫的情怀，在一纵一横中演绎成熟，在一张一弛中尽意舒展。"穷"本身不是美德，但"忍穷"的确是美德，它至少表明能够保持自我内心的清明，不为外物所诱，而坚持人格的独立性。如不能"忍穷"，唯物质利益为上，终究会沦为物质的奴隶，人化为"物"矣。范仲淹不仅保持自我人格的清正廉洁，还依照清廉的标准来举荐人才、考核人才。庆历新政时期，他降黜了一批不称职的贪腐官员，而对政绩卓著、品行清廉的官员予以升迁。

云水禅心，以对待一杯清茗的态度，在波涛汹涌中，辨识自己。这是何等的定力啊！如果这样还不能出人头地，恐怕所有人都会对生活失望。

不为良相，即为良医

欲望，是生命最难承受的负重。一无所求，也许并非永恒的富有。一个人们不在乎名声好坏的社会，其实是一个非常可怕的社会。范仲淹曾有言："人不爱名，则圣人之权去矣。"再有本事的"圣人"，也没办法治理一个人人不好名利的社会，如同叫不醒一个装睡的人那样。

"夫名与善相维者也，去名是去善也""名不足以尽善，而足以策善"，名不能使人尽善尽美，但可以鼓励人们向好的方向努力。"偶为名利引，久废论真果。""万古交驰一片尘，思量名利孰如身。"正常的欲望、正当的名利观，是任何一个时代的人们该有的权益与追求。

封建时代固然有迂腐的东西，但在温良恭俭让的礼节中存有些许美好，包括对名利的认知，在亦步亦趋中推动着人类文明的进程。"学好文武艺，货与帝王家"，点燃无数忧时伤世的情怀。要想获取名利，途径大抵有二：一是做官，二是做文章。太多人皓首穷经寻章摘句，一辈子摇头晃脑地吟哦，无非是想在诗人名单上占个席位，更想借此引起朝廷的赏识与重用。

范仲淹从不避讳自己对名利的向往，"有客狂且淳，少小爱功名""风尘三十六，未做万人英"，这是他在 36 岁时写的诗句。只是他的名利观不是自我的、狭隘的，而是慨然以天下为己任，置身江山社稷，名以治国。

景德元年（1004），朱文翰调回故乡，出任淄州长史，其时范仲淹 16 岁，已经是翩翩少年。朱父安排他在秋口读书，即今淄博山区颜神镇。南宋人吴曾《能改斋漫录》中记载了范仲淹在此求学时的一桩逸事：

一日，范仲淹和几位同学外出游玩，途经一座寺庙，听说庙里的神灵验无比，能测出人的前程休咎，他便欣然抽了一支签，默默祷告"将来能做宰相"，但是卦相显示不能。他又祷告"将来能做个好医生"，签上仍显示不能。范仲淹叹息道："两样都不能，大丈夫如何立于天地间啊！"旁人对此不解，便问："大丈夫立志当宰相，理所当然，可你想做个良医，这志向是不是小了点？"范仲淹答道："此言差矣。能为天下百姓谋福利的，莫过于做宰相；既然做不了宰相，能以自己的所学惠及百姓的，莫过于做医生。倘能做个好医生，上可以疗治君王和父母的疾病，下可以救治天下苍生，中可以教人保健养生，益寿延年。身处底层而能救人利物、为老百姓解除疾苦的，还有比当医生更好的职业吗？"

中国自古就有"三岁看小、七岁看老"的说法，其指的就是孩提时代的心理特点和个性倾向对成年后人格和成就的影响。范仲淹这个千年前熬过秋风、冬雪和饥饿的先贤，在他年少时，就已确立"不为良相，即为良医""以天下为己任"的人生坐标，坚定"进则尽忧国忧民之诚，退则处乐天乐道之分"的人生信念，可见他心的草原是如此的辽阔、无垠，一颗"忧思深远"的赤子之心悄然搏动于青春倜傥的胸怀之中，足以牵引人生到达众人仰望的高度。

世上事有着太多令人难以置信的因缘际会。相面之人没有算出范仲淹的前途，但有一个人却看到了与众不同的范仲淹，他就是当时的谏议大夫，也是范仲淹继父朱文翰的老乡姜遵。姜遵素以刚严著名，从不肯屈节逢迎，但对范仲淹却是颇为器重，曾作倾心之谈，大有相见恨晚之意。姜遵私下里对夫人说："范学究（他俩认识时，范仲淹正考中学究）虽然年少，但是个奇士。他日不但会做大官，而且会留盛名于世。"后，果如姜之预言。

狼毫泼下墨印点点，因一场经典的对白，中国历史上便有了这句"不为良相，即为良医"的喻世明言，一叶扁舟划开雅致的心湖，使做官和行医在儒家思想的最高层面上实现了高度契合：做官，就应施行仁政；行医，就当施行仁术。

治国与治病，道理相通。范仲淹后来推行的庆历新政，其实质就是为治国开出的一剂理想药方。尤为难能可贵的是，他以古代医圣张仲景为榜样，做官不忘行医，并在力所能及的范围内身体力行，施展着济世拯民的抱负，堪称"不为良相，即为良医"的典范，使自己"爱功名"的志向有了最好的归属：既做了"万人英"，也得成于澄清天下之志，实乃人间正道也。

如同一番脱胎换骨的理念革新，自范仲淹以后，良医始被尊为儒医，医术亦被敬为仁术，精于此道而终成一代名医者，在世俗的烟火里灿若繁星，奔涌成历史长河中不动声色的力量。

"政在去私，私不去，则公道亡。"为人为官，得有格局、境界和情怀，也即责任、使命和操守，要把个人的理想追求融入国家和民族的事业中，才会获得有生命力的名利。"求名应求万世名，计利当计天下利"，即便没有八斗高才，但我有我的秋风万里。这是一个党员干部在面对名利时应有的胸怀，也是一代贤臣范仲淹与他"不为良相，即为良医"的格言留给我们当代的启示。

还金授方

墨，千年不干；砚，泽鲜如初。那些美丽的传说，如山水一样青翠，令人津津乐道、心生向往。

传说范仲淹在南京读书时，与一个朱姓人氏相处甚欢。朱某得病，辗转床褥时，范仲淹多次前往探视，不时好言宽慰。锦上添花易，雪中送炭难。患难见真情，这份慈悲令朱某撑住了倾斜的生活的船舷，常常眼睛里下起雨，备感慰藉。

物以类聚，近朱者赤，朱某也是个知恩图报之人。在弥留之际，他满怀感激地把自己的秘密毫无保留地告诉了范仲淹："我擅长把水银炼成白金，可叹身染沉疴，命在须臾，但儿子还年幼，无法传授给他，可炼水银为白金的方术不能失传呐，如今我把它交给你。"说罢，挣扎着把这秘方和炼成的一斤白金封入瓶中，用力塞入范仲淹怀中。范仲淹欲待推辞，朱某已经气绝而死，无奈只得妥为保管。

十几年后，范仲淹当上了谏官，而朱家儿子也已长大成人。一日，范仲淹派人把他叫来说："我与你父亲是至交，他有炼水银为白金的法术，他去世时你年纪还小，所以就托我暂为保管。如今你已是成年人，这些东西当完璧归赵。"言罢，范仲淹拿出那个装有秘方和白金的瓶子交给朱家儿子，但见"封识宛然"，密封的标识完好无损。往事在其轻描淡写的述说中化作一片琴音，蔓延着爱和美德。

与此故事相类似的，还有"窖金捐僧"的典故。据说，范仲淹在醴泉寺读书时，有一天，两只老鼠跳进粥锅吱吱乱叫，他忙将老鼠驱赶出去。两鼠仓皇钻到荆树两侧，范仲淹发现鼠洞两侧各闪黄光和白光，便好奇地用铁锹挖开，竟是满满一窖黄金和白银。惊讶之余，他若无其事地随手埋好，复回寺中挑灯夜读。30 年后，醴泉寺遭受火灾，慧通大师派人向在延州戍边的范仲淹求援。范仲淹问清寺庙情况后便修书一封，里面是一首五言诗："荆东一池金，荆西一池银。一半修寺院，一半济僧人。"慧通大师半信半疑中命人挖掘，果见金银。醴泉寺得以复兴，大家对范仲淹不贪财货、密覆不取的高尚品格更添无限敬意。

没有什么力量可以改变灵魂的方向。一个人在无名无利时，能对名利不为所动，这是真正做到了"贫贱不能移，富贵不能淫"。也许正是因为范仲淹有这样的修为、定力与德行，才能够在复杂的北宋官场中"百花丛中过，片叶不沾身"，也时时映照着"不以物喜，不以己悲"的素心初衷。

传说流传，神秘也开始流传。不必介意版本是否正宗，这些属于范仲淹的传说，在云水苍茫

（肖慧书）

中长出一排白杨，迎风成长，丰满拥有一颗至情至纯心灵的先贤形象。后人以仰望星空的姿态，礼敬范仲淹年少就有的稳重睿智和对人对事秉持的善和"利""义"观。

苦读及第

盼望与渴求总会给人们意外的惊喜和意料中的欣慰，因为它们总是用迷人的微笑在召唤。"十年寒窗无人问，一举成名天下知"，读书，亦是如此。

"三更灯火五灯鸡，正是男儿读书时""万卷古今消永昼，一窗昏晓送流年"，范仲淹在应天府书院孜孜矻矻，从春至夏，经秋历冬，连岁苦读。凌晨舞一通剑，夜半和衣而眠；别人看花赏月，他只在六经中寻乐。沿着朝圣的路，按照自己等身的影子匍匐，聚精会神的状态下，五年弹指即过。所谓

"书读百遍，其义自见"，范仲淹深有体会，也深受其益，对《诗经》《尚书》《易经》《三礼》《乐经》《春秋》等书的主旨终于大通。

瘦马黑灯，被磨砺的命运鲜为人知。其间范仲淹参加乡试，也曾名落孙山，铩羽而归。时光不负有心人，一切都是积累，以待后来之迸发，他痛并快乐着。

这种苦读心志形象地体现在《睢阳学舍书怀》一诗中：

> 白云无赖帝乡遥，汉苑谁人奏洞箫。
> 多难未应歌凤鸟，薄才犹可赋鹪鹩。
> 瓢思颜子心还乐，琴遇钟君恨即销。
> 但使斯文天未丧，涧松何必怨山苗？

此诗写于应天府学院的"毕业季"，其时，同窗好友依依不舍，互赠留言道别。全诗善用典，意境高，文辞雅，寓意深。首联和颔联讲西汉王褒作《洞箫赋》，受益州刺史的举荐，才得以被召入朝，担任"金门待诏"的清客，"汉皇不赏贤臣颂，只教宫人咏洞箫"，从此，其告别前半生路上的踉跄，平步青云，一路缀远。西晋文坛领袖张华，在家乡时尚无文名，慨然有感作《鹪鹩赋》，寄托怀抱。此文深得阮籍欣赏，叹为"王佐之才也"，经他推崇后，张华扶摇直上，后被封为关内侯。诗句形象地反映出"千里马常有，而伯乐不常有"，伯乐于个人命运的重要性。范仲淹明白人生在世，无法选择出身的高贵与卑微，无法选择生活的富裕与贫贱，但"王侯将相，宁有种乎?!"苦学不辍，让自己变得更优秀，人生就会有无限种可能，他呼应这种向往，殷切地期待自己也能得遇赏识和举荐他的伯乐。

颈联和尾联则句句含典。颈联引用了两个典故。一个出自《论语·雍也》，颜回穷困潦倒，居住在陋巷，用简陋的竹笼盛饭，用瓢来饮水。别人遇到这种情况会愁眉不展，而颜回却不改其乐观的性格，孔子称赞他说："贤哉，回也！一箪食，一瓢饮，在陋巷，人不堪其忧，回也不改其乐。"范仲淹借颜回的典故，表述自己以他为榜样，甘守清贫，以苦为乐。另一个出自《列子·汤问》，说的是春秋时锺子期与俞伯牙之间的倾盖之交。伯牙善鼓琴，子期善听。子期死后，伯牙说世无知音者，便断弦摔琴，终生不复鼓琴。高山流水遇知音，知音不在谁堪听?!何恨之有!范仲淹踌躇满志，渴望像俞伯牙遇见锺子期那样，得遇知音的赏识引荐。

尾联表达了他的一种必胜信念——只要自己不懈追求，自强不息，理想终会实现。这一联同样引用了两个典故。其一是说孔子的故事。《论语·子罕》记载，孔子被围困于匡地（今河南长垣县西南），面临危难，他处之泰然，毫不惊慌，对弟子说："天之未丧斯文也，匡人其如予何?"意思是说，天若不是要消灭这一文化，那匡人又能把我怎样呢? 范仲淹借用孔子之语，表明自己无惧前途汹涌的淡定和勇气，决心创造自己真正的宽阔。其二是化用了晋人左思《咏史八首（其二）》中的诗句："郁郁涧底松，离离山上苗。以彼径寸茎，荫此百尺条。"诗中以涧底的松树比喻有才能而居卑位的寒士，以山上的小树比喻无才而有权势的世族。范仲淹深感松就是松，不会因为生长在谷底，就失去松的本性和威仪，相信自己终会像"郁郁涧底松"那样，立地参天，伸展出"百尺条"，实现济世安邦的壮志。

细细品读此诗，正可一探青年学子范仲淹当时的心境。这是一首难得的佳作，是我们能见到的范仲淹最早的诗歌作品，达到了深刻的思想内容和完美的艺术形式的高度统一。以诗言志，鞭策自己，这种心境贯穿其整个政治生涯和人生历程，使他终成为具有"先天下之忧而忧，后天下之乐而乐"崇高思想的一代伟人。

坚韧是秘方，可医治沿途折断的翅翼。应天府学院就像个大熔炉，把范仲淹这块铸铁熔炼、铸型，终于百炼成钢。大中祥符八年（1015）春天，范仲淹以"朱说"之名，登蔡齐榜，中乙科第九十七名，一举成名天下知，脱却蓝衫换紫袍，实现了由平民到国家储备干部的身份转变。此时，离他说那句"他日再见也不迟"，仅仅隔了14个月。不久，他被任为广德军司理参军，掌管讼狱、案件事宜，官居九品，真正应验了那句"将来的你一定会感激现在拼命努力的自己"。

范公寒窗苦读的励志故事如同一条路，穿越时空，深深影响和激励着代代寒门学子，甘愿在寂静无声的远处，拥抱孤独与艰苦，追逐用知识改变命运的馈赠。

没有比精神更为珍贵的礼物，那些从往事中游来的心绪，都是点点滴滴的感情。范仲淹晚年曾感慨不已，写下《寄乡人》：

> 长白一寒儒，登荣三纪余。
> 百花春满路，二麦雨随车。
> 鼓吹迎前道，烟霞指旧庐。
> 乡人莫相羡，教子读诗书。

（张继钟作）

长白山的一个寒门儒士，已经荣登金榜三纪有余（一纪为12年）。阳春三月，春光明媚，百花吐艳，普降甘霖，鼓乐齐鸣，笙簧竞奏，居住的破旧房屋似乎也笼罩着氤氲之气。乡闾之人莫要羡慕，想要这样，就得教育孩子好好读书。

对于一个少年时就慨然有志于天下的人，进士及第无疑为他实现自己的政治理想打开了大门。莘莘学子青灯黄卷，苦读寒窗，为的不就是学成文武艺，货与帝王家，展经纶，施抱负，实现治国理民的夙愿?!

思想的风，比肉体走得更远，划过人们共同的仰望。"非学无以广才，非志无以成学""教子读诗书"，范仲淹继承和发展了儒家正统的教育思想，终身执行着这样的理念。每到一地，必重教兴学，把它当作培养人才、救世济民的根本手段，并深入寻常百姓家，使地方学堂如雨后春笋般涌现，时谓"盛美之事"。

窸窣的光阴中，范仲淹趁着普照的光芒开始拾掇行李。天禧元年（1017），范仲淹以治狱廉平、刚正不阿，擢文林郎、权集庆军节度推官。牵着一匹老马意气飞扬地徒步赴亳州上任，并在这一年上《奏请归宗复姓表》，归宗复姓，开启浓墨重彩的仕宦生涯。

这一年，写下"山势蜂腰断，溪流燕尾分"的佳句，23年后与范仲淹共同对阵西夏李元昊，又耍阴谋反对新政，仅把"行伊，周之事"改为"行伊，霍之事"，便让范仲淹、富弼（1004—1083）一干人等纷纷离朝的夏竦，正遭遇人生的重大挫折，他因家庭纠纷被贬到黄州任知州，似乎隐隐传递出仁宗时期官员的贬谪似雨横风狂般的残酷与平常的信号。

"野花无主傍人行。"厚厚的世俗之尘埃，有着太多难以承受的"涕泪满青衫"。坎坷的身世、辛酸的童年、颠沛的少年，使范仲淹饱尝了人世间的凄凉，真切感受到社会底层民众的苦难，也受到了儒家、道家、佛家等多方面知识的熏陶。在疼痛中，他寻到生命的本源，形成了"先天下之忧而忧，后天下之乐而乐"的人生观，回响在时缓时急的风里。

独见此涛头

德不孤，必有邻。纵观范仲淹的一生，他生前身后的权位荣名，跟他庆历年间"三起三落""四升四贬，知州衙门归宿处"的宦海沉浮的人生际遇以及他对待被贬宠辱不惊、"任尔东西南北风"的态度都有莫大关系。贬黜不仅没有影响他的威望，反而让他享有"三光"赞誉，让他名扬朝野，令主流权臣外的知识精英也对他有着不同寻常的敬意，他已然成为士大夫们的领袖。

《鬼谷子》中有言："察势者明，趋势者智，驭势者独步天下。"范仲淹就是那种能够洞察历史大势的明白人、能够顺应历史大势的明智者，也是能够驾驭大势、引领时代潮头的明达者。他，从来不是那个熟知风的去向的人，而是像一个守望者，握热风的骨骼，挥动星辰即将呈现的无边苦乐。

一贬河中府

天圣七年（1029），范仲淹经恩师、宰相晏殊推荐，由地方调入朝中，被任命为秘阁校理。这虽只是一个负责管理皇家图书典籍的小官，相当于皇帝的文学侍从，但因为可以经常见到皇上，知悉朝廷内部许多信息机密，也蕴藏着可以飞黄腾达的机遇。只是，范仲淹的兴奋点不在这里，如果非要说这个职位的价值，那就是为实现他"不因官小而不作为"的抱负创造了便利，铆住无数向时代反问的契机。

　　其时仁宗虽已经成年，但刘太后尚在听政，大权在握。此年冬至，赶上太后大寿，仁宗率文武百官到会庆殿为她祝寿，下诏起草上寿仪式，说白了就是九五之尊的皇帝给她叩首拜寿。此举明显不合礼制，群臣面面相觑，相顾失色，却怕触怒龙颜，殃及自己而无人敢提出异议，沉默与逃避似乎是唯一的选择。

　　山木自寇，膏火自煎。《宋史·范仲淹传》记载："每感激论天下事，奋不顾身。一时士大夫矫厉尚风节，自仲淹倡之。""直道而不枉"，范仲淹之"直"是他人格中非常明显而光辉的特质，只是要与全社会的风气对抗，会付出什么样的代价呢？除坎坷崎岖、命运多舛外，不知道还可以用哪些词来形容。"直道而不枉"，范仲淹站到了象征的对立面，似乎没有一种力量，可以拉住那眺望的思想。他无视无止的叹息中危机四伏的境况，挺身而出上奏疏，没有丝毫的闪烁其词，直捅马蜂窝："天子应该行孝道，但不该执臣礼。如果在内宫侍奉母亲，自然可以行家人之礼。但在朝堂上，与百官一起朝拜，不会被后世效法！"天子有侍奉长辈的礼仪，但没有降尊纡贵、以天子当臣子的道理；有坐北朝南接见群臣的威仪，但没有自己面向北面做臣子的道理。

（冯家祥作）

若率群臣向皇太后跪拜祝寿，有损天子体面，亦不可为后世效法，云云。一番话是言辞凿凿、铿锵有力。于他，安享溢美之词，是最不合时宜的标尺。

一直为"傀儡"身份郁闷、内心蠢蠢欲动的仁宗，其实骨子里是一头强悍的"猛兽"。加之坊间确实流传着令人忌讳的疑问："刘太后垂帘听政，是否会成为武则天第二？"故当他看到奏疏后，似乎当头一场瓢泼雨，一个激灵脑袋瓜便"门儿清"了，也觉此事着实欠妥，遂取消了上寿仪式。而暗影之外，刘太后这里，范仲淹算是切切实实地得罪了。

一石激起千层浪，这道奏疏在朝堂上引起强烈震动，一些别有用心者便开始借机做文章，有的说他太自不量力，有的说他哗众取宠，有的说他借此邀名，有的干脆把矛头指向了晏殊等人，说他们荐人不当。这下晏殊大人坐不住了，愀然不悦，惶恐不安，心急火燎地把他叫来，拉下脸训斥道：怎么如此"狂率"，如此"好奇邀名"，位卑言轻，却敢口无遮拦，大放厥词，这般狂率，这般沽名钓誉、胆大妄为。说着说着，余怒未消，声调更高："且将累及朝荐者。"你自己倒霉也罢了，还要连累我的呀……素来四平八稳、始终明哲保身的政坛成功人士晏大人如此情绪激动，措辞"直白"，足见此事是真的捅大娄子了。是呀，在遮蔽了澄明的环境中，有几人会在乎困仓中的崇高呢?！

如果连最简单的空白都需要被争来争去，那么，天上的闪电将变得一文不值！范仲淹是那种一次次用语言的螺钉拧紧自己的方向、耕耘理想的人，他正冠正色，从容辩解说："承蒙您的推荐，我才得以入朝为官。正是感激您的提携，我才兢兢业业，时刻警觉，恐稍有差池，而让您蒙羞。未曾料到因为正直敢言而得罪您！"一番掷地有声的情理之言，使晏殊怔在那里，竟无言以对。

虽则情理两不亏，但范仲淹对恩师的知遇之恩深铭于心、时常挂怀，便诚心诚意地再拜而退。

那一夜，范仲淹心绪难平，他失眠了。执着的人往往纯粹，活在一段理性的焦距之后，究竟该把仗剑独行想象成一种什么样的局面？干脆一不做二不休，他回到书房，再写了一道更猛的奏疏——《乞太后还政奏》，直接奏请"叩拜太后还政，卷收大权，还上真主，以享天下之养"，让"春秋已盛"的仁宗亲政。

此疏夹裹着强烈的弹药味"噌噌"地发出，不知是人为，还是时运不济，竟令人唏嘘地投递进刘太后府内。刘太后岂是等闲之辈，虽然恋权，却不嗜杀，真若是"武则天第二"，估计范家难逃满门抄斩。从大风大浪中闯过来的她，不动声色地以静止动，对直谏"留中不发"，置之不理。或许刘太后也根本不把一个小小的秘阁校理的奏折放在心上吧。

高墙深院，门禁森严，找谁论理？何理可论？

眼见两次犯颜直谏，都如石沉大海，一些深不可测的力量让人不得不忌惮，范仲淹似乎终于有了点迷茫，如果人们还没有到"大觉"，那自己不过是正在自戕中的一员，愤于吾道不行，便自请调任地方官，乖巧地撤出包围。

此举自然正中太后下怀，眼不见为净，诏书迅即下达，将范仲淹贬为河中府（今山西永济市西）通判，这是范仲淹与宋朝中枢权力的第一次碰撞，是他宦海生涯的第一个低谷，并就此步入命运一再坎坷的轮回里。

身可以离京，心却难离，范仲淹憋得慌。别人误解，他可以不在乎，可晏殊是自己的恩人、毕生尊敬的师长，况且此事事关大是大非的原则问题，接到诏令的范仲淹内心五味杂陈，唯有与万物建立起对应的关系，才能使自己的灵魂得到救赎。思虑良久，情郁于中，展笔濡墨，奋笔疾书，范仲淹写下了流传后世的《上资政晏侍郎书》。信中开宗明义，输肝剖胆，真心诚意地向恩师道歉，又理直气壮地陈述己情，引古比今，辨明"好奇""邀名""狂言"等骂名的是非曲直，提出天下之士"两觉论"等，强调自己不论是对君还是对民，都坚持一个"诚"。对君民的忠诚，是范仲淹一生信守的信条，更是他行为的准则。

"某天不赋智，昧于几微，而但信圣人之书，师古人之行，上诚于君，下诚于民。""倘进用于时，必有甚于今者，庶几报公之清举。如求少言少过自全之士，则滔滔乎天下皆是，何必某之举也？""其一曰，我发必危言，立必危行，王道正直，何用曲为？其一曰，我逊言易入，逊行易合，人生安乐，何用忧为？""人皆谓危言危行，非远害全身之谋，此未思之甚矣。使缙绅之人皆危其言行，则致君于无过，致民于无怨，政教不坠，祸患不起，太平之下，浩然无忧，此远害全身之大也。"

芸芸众生都要自食其力，只有士人德才兼备，上可以辅佐君王，下可以造福百姓，朝廷才养了一批士人。如果他们无才无德，朝廷为何还要养活他们？农夫一年四季播种耕耘，秋收冬藏，一年到头忙忙碌碌，少有闲暇，何其辛劳！如果我尸位素餐，只拿俸禄，不为朝廷献言，那与毁坏禾苗、蔬菜的害虫有什么区别！我生性刚直，不会转弯抹角，不会为了荣华富贵而屈身投靠权贵，也不会因为贫贱而改变对朝廷的忠心。如果朝廷重用我，我提的建议可能比今天还要尖锐，这样才不辜负您对我的举荐；如果明哲保身，不敢献言，这样的人天下多的是，您又何必举荐我呢？天下的士有两种，一种是危言危行，即言论和行动都正直无私；另一种是逊言逊行，即言论和行动都奸邪不正。前一种士直言贾祸，因言获罪，但最终可以使天子避免过错；如此一来，逊言逊行之人将不战而胜，歪风邪气充满朝廷，这岂是国家之福？如果朝中大臣、全国缙绅都能做到危言危行，使君王无过，百姓无怨，政治清明，祸患不生，天下太平，这才是国家之福……

《上资政晏侍郎书》是一份洋洋洒洒的忠臣直士宣言书，也是劝天下士人做忠臣直士的教科书，它站在道德的制高点，文采辞藻、义理逻辑上都无可挑剔，可谓力透纸背。

晏殊本质上是个胸襟广阔、为国尽忠、唯才是举的好官，倘若没点格局和视野，又岂能位极人臣哩！他又何尝不知道范仲淹上书的意义呢？读罢，内心的不悦与嫌隙尽释。"微斯人，吾谁与归？"他对范仲淹这种顶风而上的浩然胆识和卓然见识更多了几分赞佩。

披一身尘沙，荷一路艰辛，范仲淹踏上离京的征途。长亭外，京城的大小官员成群结队为他饯行，大家举酒饯别："范君此行，极为光耀啊！"仿佛和风丽日真的光顾并装点了世界，此去是一片光明。可见范仲淹的奏疏，其实是道出了大家的心声。

是啊，总有一些东西，不需要改变；总有一些东西，需要——不改变。

二贬睦州

"江有岸，海无边。"大海上万籁俱寂，却未曾停止波涛汹涌的意志。独处羁旅，范仲淹不惮于荒凉的夜色，始终在路上。

忠直进谏而未果，言忤太后而被逐，按说"吃一堑，长一智"，怎么着也得吸取点经验教训吧，可范仲淹并未就此打住，他直逼屈原之"亦余心之所善兮，虽九死其犹未悔"的气势，怀着一种不合时宜的视死如归的超然，依然我行我素。

另一个纵横的世界，正悬置在辽阔的寒意中。天圣八年（1030）、明道元年（1032），范仲淹在河中府通判、陈州任上，尽管自己是"泥菩萨过河——自身难保"，却"理或当言"，为民请命，先后两次向朝廷以及刘太后直言进谏，一次是上疏反对朝廷大兴土木，修建太乙宫、洪福院；一次是针对当时朝中一些宠幸近臣纳贿卖官、扰乱朝制的做法，写成奏疏，上报朝廷。后一份奏疏以古鉴今，言辞激烈，据宫中太监刘承规透露，刘太后看后，怒不可遏，拍案而吼："范仲淹遭遣外任，不知悔改，越级言事更为猖狂无礼了。"所幸已然外贬中，仁宗其实也认同范仲淹的忠直，故无追究的下文。

明道二年（1033）四月，刘太后病故，憋屈多年的仁宗帝终于扬眉吐气，雄赳赳、气昂昂地开启了君临天下的模式，他立马把范仲淹召回京师，任右司谏。这是个专门评议朝事的官职，有了言官的身份，范仲淹名正言顺地"在其位，谋其职"，上书言事自然是愈加地"放肆""猖狂"了。

其时，江、淮、京东地区发生蝗、旱灾害，百姓流离失所，饥困于道。忧国忧民的范仲淹岂能熟视无睹、坐视不管！他当即上书请求朝廷派员赴灾区赈济灾民，甚至当面质问皇上："如果宫廷之中半日停食，陛下该当如何？"如果宫中半天没有吃的，皇上您会怎么办呢？

仁宗悚然惊悟，君王的心，战栗了，为这份天然的素洁与原始的纯净。

八月，范仲淹被派去安抚江淮，所到之处，捣毁淫祠，开仓赈民，还把灾民用来充饥的乌味草带回京师，请皇帝在六宫贵戚中传观，"以戒侈心"。又上书陈救弊十事，激愤直言朝廷加于百姓身上的转运之役，使他们壮者受饥、弱者殒命，劳民伤财，苦不堪言，必须尽快革除。

出言直切犀利，诚心可嘉，却也素心如简，从未去思量皇帝会有何感想，内心是不是舒服。固然，如果能这样去想，也就不是范仲淹了，诚如九百年后写下"俯首甘为孺子牛"的鲁迅先生所言："真正的勇士，敢于直面惨淡的人生。"

是年冬，皇城发生一桩令时人瞠目的"闹剧"：郭皇后误伤仁宗，引发废后事件。这原本是件宫廷家务事，却因宰相吕夷简与郭皇后有隙，而被拿来大做文章。他协同内侍阎文应、范讽等人进言说："后立已有九年，尚无子，义当废。"堕入杨美人、尚美人情网的年轻皇帝本就有此意，遂颁诏废皇后之位，封为净妃，别居长宁宫，并根据吕相的预谋，颁诏之前，即敕令有司不得接受台谏章奏。

俯身望去，朝堂一片萧瑟。只是，范仲淹是一个站在高处、不会只看到眼前一片天空也不会只盯着脚下一方土地的人，他懂得，这宫廷家务纠纷背后，掩藏着深刻而复杂的政治角逐。

他感恩皇上的重用，但亦不放纵他的失误，废后未免于礼不合，于人情有违，无法堂堂正正给祖宗和天下人交代。他便与负责纠察的御史台官孔道辅等数人径趋垂拱殿，求见仁宗面谈。众人手执铜环，叩击金扉，隔门高呼质问："皇后被废这种大事，为何不听台谏的意见?!"然，伏阁吁请多时，无人理睬，司门官还将殿门砰然掩闭。

范仲淹等人眼见无济于事，便在钢虎畔议定一策，决定次日早朝之后，将百官统统留下，当众与吕相辩论。

翌日凌晨，星渐隐，天微明，穿戴整齐的范仲淹昂首出门，妻子李氏拉住他的衣袖，再三劝诫勿去招惹祸机，"妻子屡牵衣，出门投祸机"（《出守桐庐道中十绝》）。他却头也不回地夺门而去。刚走到待漏院，等候上朝时，忽听降诏传呼："伏阁请对，盛世无闻，孔道辅等冒昧径行，殊失大体。"贬他远窜江外，去睦州（今浙江桐庐）做知州，朝中还火速派人赶到他家，催促着押解他即刻离京。范家上上下下十余口人，又得跟着远离京城。身为范家人，没有强大的内心，还真跟不上范大人的浮沉节奏。道义在身，范仲淹做不到把自己和家人的利益摆在优先考虑的位置。孔道辅、杨偕、马绛等人，也或贬或罚，无一幸免。

这是仁宗亲政以后首次对谏官大行诛罚。此事一出，朝野哗然，时任河阳签判的富弼也上书说仁宗废无罪之后、逐忠谏之臣为两大过错，在气头上的仁宗自然不予理会。其实完全可以想象，圣人亦人，在那种情境下，范仲淹等人明摆着是在"挑衅"皇威，皇帝不龙颜大怒才怪哩。

景祐元年（1034）正月，长安紫陌春归早，青梅煮酒斗时新。一片残春景象中，范仲淹自汴京东行，前往睦州，此时距他在刘太后死后被召回京师还不到一年时间。

茫茫宇宙人无数，几个男儿是丈夫?! 这次赴城郊送别的京城官员，已然不多，但还是热热闹闹地举杯赞许说："范君此行，极为光耀啊！"

在离开汴京去浙江的路上，范仲淹心中并无悔恨，只是略觉不平："重父必重母，正邦先正家。一心回主意，十口向天涯！"有人笑他好似不幸的屈原，他却认为自己更像孟轲，"分符江外去，人笑似骚人""轲意正迂阔，悠然轻万钟"。

从某种意义上说，贬谪是一种机缘。就如，天阴不一定是坏事情，天天艳阳高照也可能预示着大旱的降临。"塞翁失马，焉知非福"，被贬睦州充斥着另一种机遇。范仲淹在朝廷不过是一个因人成事的谏官，而出任独当一面的地方官，则使他有更多机会观察百姓疾苦，能够更好地体恤百姓，这与他忧乐天下的信念一致。

睦州当时有个别名叫桐庐郡，辖六个县，包括现在的桐庐、分水两个县。相比于其他荒凉偏僻的贬谪之地，睦州"风烟俱净，天山共色""奇山异水，天下独绝"，历来是形胜之地，物产丰饶，山水秀丽，富春江、钱塘江两岸风光旖旎，如诗如画，无数骚人墨客慕名而来，争相吟咏。

范仲淹在睦州充其量只待了半年时间，但他在那里办了三件大事，件件功德无量、彪炳史册。首先是修建严子陵祠。范仲淹钦佩严子陵，相传在上任途中，乘船过富春江朝拜严子陵隐居处时，他写下《五绝》一首："子为功名隐，我为功名来。羞见先生面，黄昏过钓台。"而后来到七里泷，寻访严子陵的遗迹及后裔，下令在东台山麓修建严子陵祠堂，免除其四家后裔的赋税和劳役，要他们管好祠堂事务，还亲自写下千古传诵的佳作《桐庐郡严先生祠堂记》，颂扬严先生"出乎日月之上""而使贪夫廉，懦夫立"的高尚情操，深寄其倾慕之情。

其次是建龙山书院。范仲淹重视教育，每到一地即创建书院，到睦州后也不例外，他在梅城庙学原址上创建睦州第一座书院，融庙学与书院于一体，严州中学的前身为"严郡中学堂"，与范公创办的龙山书院有一定的渊源。

最后是兴修水利。梅城位于新安江、兰江、富春江汇合处，背靠乌龙山，面对三江口，常有水患。范仲淹主持修筑了南北相连接的堤坝，疏浚了梅城西湖等水域。

爱在路上，在四面八方，范仲淹的大爱与才情、与睿智、与泥土相融。偷得浮生半日闲，"既来之，则安之"，公务之余，范仲淹倾心于睦州的一草一木、一丘一壑，眼前只有良辰美景，心中自然无荣辱升沉，所有的心境都释然透亮，自己也仿佛成了一位寄情山水、自在逍遥的诗人，逸兴遄飞，妙笔生花，脍炙人口的《潇洒桐庐十绝》《和章岷从事斗茶歌》等诗作就在此心境下信手拈来、应运而生。他在这期间所创作的诗不仅数量多，且清新流丽，意味隽永，他成为最惊艳桐庐历史的"代言人"。

"潇洒桐庐郡，乌龙山霭中。使君无一事，心共白云空。"如果不是因为胸怀抱负，不是因为责任在肩，我想范仲淹更喜欢小隐于山野之中，品茶吟诗，传道授业。也正是因为看到江山如此美景，更令他感慨社会稳定才会国泰民安。而这一切安乐的景象，都需要人去守护。正如岁月静好，是因为有人在负重前行。这"祥和"的背后，离不开圣明的君主，同样也需要三观端正的臣子。

景祐元年六月，在睦州任职半年的范仲淹移知苏州。睦州百姓感恩这位贤太守为当地所做的贡献，先后在梅城建起"思范亭""思范坊""思范堂""潇洒楼""潇洒亭""甘棠楼""范公祠"等，纪念这位"内刚外和，所至有恩"的父母官。

御风而来，踏歌而去。桐庐为范仲淹的仕途生涯创造了一段最为惬意的光阴，他带给那里的影响，如同他为严子陵而写的"云山苍苍，江水泱泱，先生之风，山高水长"的千古赞语那样，深刻而悠远！范仲淹的精神始终在时光深处，隐隐回响。

（梁浩酖书）

三贬饶州

当生命的酒杯盛满了悲伤，不如一饮而尽，一切不如意，也就随之埋葬。苦，只是一个相对的概念，在某个节点上，会呈现酸甜苦辣的转换。

景祐元年六月，范仲淹调知苏州。苏州是他的"祖祢之邦"，即先祖埋葬骨殖之所。"岂辞云水三千里，因济疮痍十万民"，回到桑梓，他征尘未洗，昼夜不息，投身抗洪治水第一线，"疏五河，导太湖注之海"，成功治理水患，使太湖下游原本为不毛之地的沼泽区变成了重要的粮仓。一年零四个月的时间，他把苏州变成了经济富庶之区、人文荟萃之地，成就一段流光溢彩的历史佳话。

客观地说，仁宗是个上进的皇帝，仁宗时期也算是个"以实绩论英雄"的时代，后世将此时称为"仁宗盛治"。景祐二年（1035）三月，因在睦、苏二州政绩卓著，范仲淹第三次被调回汴京，任尚书礼部员外郎、天章阁待制，判国子监。国子监是两宋最高学府，招收七品以上官员的子弟为学生，同时也是掌管全国学校的总机构，类似现在的"教育部"，这个岗位于他是妥妥地游刃有余。

只是他的每一根神经依然紧绷，深广的内心滋养了黾勉王事、遇事敢言、不按常规出牌的性格。最懂自己的人，往往是对手。范仲淹的到来令宰相吕夷简甚为忌惮。吕夷简眼珠子一转，决定先发制人，主动奏请任命范仲淹权知开封府。"项庄舞剑，意在沛公"，权相大人不过是想以繁忙的公务缠住范仲淹，使之无暇"一逞口舌之快"，倘若能忙中出错，借机逮个疏漏或把柄，那是"意外之喜"，就可择机下手了。

北宋对地方长官的任命差遣方式主要有判、知、权知、权发遣。开封府的一把手，只有权知开封府，而没有知开封府。所谓"权"就是暂时代理。原因在于开封府是当时的"天下首府"，位置非常特殊，是可能继位的宗室、皇子（皇帝预备役）的锻炼岗位。陆游在《老学庵笔记》中详细记载了这一点，第一位开封府尹是宋太宗赵光义，从他开始，宋朝皇室就形成惯例，开封府尹由东宫亲王担任，不去"权"字，如任命近臣，则为权知开封。主职们未必事必躬亲，一些琐碎事务就由副手们，也即权知们处理。

怀揣一份强烈使命感的人，到哪都能发光。范仲淹正是如此，他不会因为"代理"而"马虎"怠政，何况他的心里明镜似的，洞悉这幕后乾坤。他一上任便大刀阔斧、雷厉风行地干了起来，下属官吏不敢舞弊，仅仅数月就"肃然称治"，把"素号难治"的开封城治理得井然有序。京城有民谣说："朝廷无忧有范君，京师无事有希文。"一时范仲淹声名鹊起，也轻易瓦解了老谋深算的吕夷简的如意算盘。

有人说，存在，是上帝都改变不了的强势和无奈。"平生仗忠信，尽室任风波"，范仲淹怎么可能忘却"议论国事，建言献策"的职责哩！

景祐三年（1036），当他看到宰相吕夷简肆无忌惮地安插亲信、结党营私时，甚是揪心，"儒者报国，以言为先"，不管是不是在他的职责范围之内，他都不可能安安静静做循吏的。根据详细调查，范仲淹绘制了一幅《百官升迁次序图》呈给仁宗。他指着图中开列的众官调升情况，对宰相用人制度提出尖锐的批评，提醒仁宗："官人之法，人主当知其迟速、升降之序，其进退近臣，不宜全委宰相。"

黑暗中的事物一旦暴露在光天化日之下，便无处遁形。范仲淹提出的本是官员任用的金玉良言，在吕夷简看来却是昭然若揭地对他"发难""拆台"。警报响起，这根导火线把原已郁结的不快和"龃龉"给点燃、引爆，冲突势所必然，新账旧账一起算。就这样，因为用人政策上的分歧，范仲淹与吕夷简"锣对锣，鼓对鼓"地摆开了阵势，实锤朝廷漫溢的"唯范仲淹可与宰臣抗衡"之语。

朝堂之上，硝烟弥漫，火之外运行着另一种火，难容与包容展开对决。两人在仁宗御前唇枪舌剑。吕夷简不甘示弱，反讥范仲淹"为人迂阔，务名无实"。范仲淹针锋相对，连上《帝王好尚》《选贤任能》《近名》《推委》四章，踏地震乾坤，讥讽时政，抨击吕夷简用人不公。

如同闪烁的雷电点燃黑色的波涛，吕夷简被人戳到痛处，恼羞成怒，气急败坏，将一支世故卑劣的箭，以"朋党"之名毫不留情地射向范仲淹，箭头涂着"越职言事、荐引朋党、离间君臣"的毒药，企图将皇帝卷入士大夫阶层的内部之争，用心可谓险恶。

唐朝后期，朋党之乱直接威胁皇权。宋朝皇帝但凡听到"朋党"二字，都似如鲠在喉，坐立难安。吕夷简指责范仲淹搞朋党，而范仲淹在仁宗面前，非但不分辨，还说是否结党不重要，关键在于圣人会用人，只要贤能的君子聚集在一起能办好事，对国家就并没有什么坏处，说自己是"君子之间的朋党"。可在皇帝眼里，不管是"君子朋党"还是"小人朋党"，只要是"朋党"，就是大忌。

当仁宗向群臣问出"君子也会结党吗？"的问题时，人人退缩，拼命地撇清自己，却又把"朋党"当作最有效的武器攻击政敌。一件打着道义礼法的幌子的"朋党"事件，可以上升到比丢城失地、富国强兵更要紧的高度，足见逐渐腐化的北宋士大夫阶层内部政治内讧的悲哀。

仁宗敏感地意识到，有才有德的人也是会结党的。他是站在山巅上的人，看到的风景和常人不同，大臣能力如何，这不是首先要考虑的因素，首先要考虑的是赵宋家族的长久统治，所以他难以容忍任何形式的结党，故毫不犹豫地站在了吕夷简这边。

西风几丈，呼啸而来。此次交锋剑拔弩张，却又非势均力敌。吕夷简从来不是省油的灯，他老谋深算、根基厚实，否则也不可能"二十年来天下相"，《宋史》评价他"天下晏然，夷简之力为多""于天下事，屈伸舒卷，动有操术"。而范仲淹作为新生派，明显势单力孤。几乎毫无悬念的，这次"过招"再次以范仲淹的败阵而偃旗息鼓，他被褫夺了待制的职衔和权知开封府的职务，第三度外放贬知饶州（今江西鄱阳），后调知润州（今江苏镇江）、越州（今浙江绍兴）。范仲淹的支持者们亦以"朋党"之名被张榜于朝堂。

此次贬谪令朝野震惊。秘书丞余靖义愤填膺地进谏：仲淹以前上书请求太后还政，谏止废后，都没有遭到如此重贬，哪里能够因为与宰相之间一言不合便遭贬放的呢？请求仁宗宽容为怀，收回成命。

太子中允尹洙更是愤然上书，自称得仲淹举荐，与之"义兼师友"，仲淹既以朋党之罪招致贬放，自己按理不该幸免，愿意与之同受贬黜。

时任馆阁校理的欧阳修也慨然上书，力陈仲淹"刚正好学，博通古今"，不应以忠言忤相而遭贬。

余靖、尹洙、欧阳修等人轮番上疏力辩，为范仲淹打抱不平，终于惹怒了仁宗，既然你们叽叽喳喳地想同进退，那就成全你们！一干人等被冠以同党之罪，贬往边远僻地。余靖被贬至江南西路，监筠州（今江西高安）酒税；尹洙被贬郢州（今湖北钟祥），监郢州酒税；欧阳修被贬为峡州（今湖北宜昌）夷陵令。

至此，因"范吕"之争，一干忠正贤臣相继遭到贬黜。次年，吕夷简也被罢相，"由是朋党之论兴矣"。

从此，朝中正臣夺气，直士咋舌。

五月的开封城外都门，草木葳蕤，染尽尘世繁华。尽管因为受到吕夷简的威胁或者说屈服于其淫威，不少人已主动规避，然而，龙图阁直学士李纮、集贤校理王质依然甘冒斧钺之诛，为范仲淹设便宴饯行。当时王质正在家中休病假，他完全可以装作不知道或托病让别人代为送行。有大臣好意劝阻，他凛然道："范公天下贤者，顾质何敢望之；若得

（张继钟作）

为范公党人，公之赐质厚矣！"毫不犹豫地表露对范仲淹的尊崇："如果能把我列为范大人这样贤者的同党，这是对我最大的赏赐了，我乐意还来不及呢！"这种"高调"送行深深体现了"患难与共"的君子之谊和"激浊扬清"的正义之光。"闻者为之缩颈"，听的人能做的确实只能惭愧得缩脖子了。

思想的重门无法深锁，让一种失去与一种获得拥有同样的比重，同样掷地有声。谈起这些，范仲淹不禁拊膺长叹，心潮起伏，唯有举杯一饮而尽。两位大人齐声称许："范君此行，尤为光耀！"遭遇几起几落的范仲淹听罢放声大笑，扶须自嘲道："仲淹前后已是三光了，下次如果再送我，请备一只整羊，作为祭品吧！"

饶州在鄱阳湖畔。从开封走水路到此，至少须经十几个州。除扬州外，一路之上竟无人出面接待范仲淹，范仲淹对此毫不介意，他对于遭受贬谪已是波澜不惊，何况世态炎凉、人情淡漠，本也正常。捻着花白的髭须，他在饶州官舍吟起一诗："三出青城鬓如丝，斋中潇洒过禅师。世间荣辱何须道，

塞上衰翁也自知!"即便千帆过尽,依然与岁月保持默契,这是范公"不以物喜,不以己悲"的真实注脚。

此次贬黜也令京城的文化圈荡起不小的涟漪,直接衍生了几首颇为有名的诗作。

其一是,年仅 25 岁的馆阁校勘蔡襄路见不平、仗义执言,慷然作《四贤一不肖诗》,称赞范仲淹、余靖、尹洙、欧阳修四人为贤人,痛责右司谏高若讷为不肖之徒。

《四贤一不肖诗》组诗为七言古诗,共五首,每首分别刻画一人,总计 1 300 多字,篇幅较长,择要摘录如下:

《范希文》一诗以"汉文不见贾生久"将范仲淹比作汉文帝时的贾谊,说他"慷慨大体能者谁""驰骋古今无所遗",并以"昂昂孤立中不倚,传经决讼无牵羁"引出了此事与此诗的由头。

《余安道》一诗则直言不讳地讲述了整件事的过程:"前日希文坐言事,手提赦教东南趋。希文鲠亮素少与,失势谁复能相扶?斩然安道生头角,气虹万丈横天衢。臣靖胸中有屈语,举嗌不避萧斧诛。"称赞余靖"南方之强君子居,卓然安道襟韵孤""凛凛英风激儒夫"。

《尹师鲁》一诗则以议论为主:"君子道合久以成,小人利合久以倾。世道下衰交以利,遂使周雅称嘤鸣。煌煌大都足轩冕,绰有风采为名卿。高名重位盖当世,退朝归舍宾已盈。"在赞许尹洙"章章节义尹师鲁"之余,也不忘感慨"呜呼古人不可见,今人可见谁与明"。

《欧阳永叔》一诗篇幅最长,也最酣畅。"位卑无路自闻达,目视云阙高苍茫""遂令百世览前史,往往心愤涕泗滂""我嗟时辈识君浅,但推藻翰高文场。斯人满腹有儒术,使之得地能施张"等句脍炙人口,令人拍案叫绝。

而作为唯一"不肖"的《高若讷》,诗句中自然是极尽讽刺之能事了:"人谓高君如挞市,出见缙绅无面皮""四公称贤尔不肖,谗言易入天难欺",至于末句的"朝家若有观风使,此语请与封人诗",也不妨看作对"朝家"

的调侃和自己胸中不平宣泄后的一种快意和轻松。

此诗甫一亮相便引发轰动效应，京城内外士民争相传抄，大有洛阳纸贵之势。据宋人王辟之《渑水燕谈录》笔记记载，后来大宋出使契丹的官员张中庸"奉使过幽州，馆有书君谟诗在壁上"，人家购得诗作刊本回去，张贴在幽州馆里品赏哩，可见此诗在当时及事后影响力之大。

时人的争相传颂与后人的各种追捧，使蔡襄如时下"网红"般名声大噪。诗作体现了他的才华横溢，更多的还有"文以载道"的政治意义的彰显，以及对历史名臣所具备的刚正不阿和光明磊落的赞佩，大有"虽不能至、心向往之"之意，这些或许是蔡襄《四贤一不肖诗》之诗魂。

其二是，光禄寺主簿苏舜钦作《闻京尹范希文谪鄱阳尹十二师鲁以党人贬郓中欧阳九永叔移书责谏官不论救而谪夷陵令因成此诗以寄且慰其远迈也》，诗的标题洋洋洒洒地相当于一则小序，交代了写作背景，同时，又用非常细腻兼犀利的笔触为四人鸣不平：

> 朝野蔚多士，衮然良可羞。伊人秉直节，许国有深谋。
> 大议摇岩石，危言犯采旒。苍黄出京府，憔悴谪南州。
> 引党俄嗟尹，移书遽窜欧。安惭言得罪，要避曲如钩。
> 郓路几来马，荆川还溯舟。伤心众山集，举目大江流。
> 远动家公念，深贻寿母忧。横身罹祸难，当路积仇雠。
> 卫上宁无术，亢宗非所优。吾君思正士，莫赋畔牢愁。

意思是这四个人忠诚耿直，有报国韬略，侃侃而谈议论国事，欲扳倒奸相，谠言正论却惹恼了天子，于是被仓促地贬出京城，以憔悴之躯到南方州郡去了。

此前，苏舜钦曾上疏说："孔道辅、范仲淹两人刚正不阿，位列台谏，忠直敢言，虽改他官，也不忘献言献策，难能可贵，此二人如果缄口不言，随波逐流，便可成为公卿大臣。但二人不敢有负朝廷，忠贞报国，却落得贬谪的下场，以后谁还敢谈论国事！"仁宗看了，自知理亏，留中不发，没有治苏舜钦的罪。

其三是，建德（今浙江建德）县令梅尧臣赋《啄木》诗云：

> 啄尽林中蠹，未肯出林飞。
>
> 不识黄金弹，双翎坠落晖。

诗中把范仲淹比作树林中兢兢业业啄尽蛀虫的啄木鸟，但没有好结果，反而触怒主人，被主人的黄金弹射落在夕阳的余晖中了。

同时，梅尧臣又作《灵乌赋》劝诫范仲淹，赋中写道："鸟之灵，大者凤，小者乌。贤不时而用；智给给兮，为世所趋。麟不时而出；驹流汗兮，扰扰于修途。""乌兮尔灵，吾今语汝，庶或汝听：结尔舌兮钤尔喙，尔饮啄兮尔自遂。同翱翔兮八九子，勿噪啼兮勿睥睨，往来城头无尔累。"梅赋以乌鸦为喻，劝范仲淹应学报喜之鸟，不要像乌鸦那样报凶讯而"招唾骂于里阊"，面对贪官污吏不要过于耿直，从此拴紧舌头，锁住嘴巴，吃好喝好，少管闲事，不要多事，只管翱翔高飞。

"知我者谓我心忧，不知我者谓我何求。"纵然夜黑如墨，范仲淹亦是心明如镜。作为臣子，向皇上建言献策，只要是忠言，逆耳又何妨？只是，由直入曲，易；由曲入直，总是太难。只能说道不同不相与谋。

范仲淹当即回复了一首同名的《灵乌赋》，赋中斩钉截铁地写道："知我者谓吉之先，不知我者谓凶之类。故告之则反灾于身，不告之者则稔祸于人。""彼希声之凤凰，亦见讥于楚狂；彼不世之麒麟，亦见伤于鲁人。凤岂以讥而不灵，麟岂以伤而不仁？故割而可卷，孰为神兵？焚而可变，孰为英琼？宁鸣而死，不默而生。""此小者优优，而大者乾乾。我乌也勤于母兮，自天爱于主兮，自天人有言兮是然，人无言兮是然。"

范仲淹借乌鸦之言以言志，慷慨陈词：无论如何都要坚持正义，坚守真理，不管人们怎样厌恶乌鸦的喑哑之声，我始终"宁鸣而死，不默而生"，任何时候决不会一言不发，苟活偷生。

另外，范仲淹还作了《答梅圣俞灵乌赋》一诗，诗中的铿锵韵脚更是痛快淋漓。

危言迁谪向江湖，放意云山道岂孤。
忠信平生心自许，吉凶何恤赋灵乌。

诗中说：我因在朝中说了正直言论而贬谪江湖，但是坚持真理者不会被孤立，我自信平生忠义许国，是吉是凶都不会在意的。《灵乌赋》以柔软的诗句让好事者们集体失语，与之后400年明朝忠臣于谦的《石灰吟》异曲同工，"粉骨碎身浑不怕，要留清白在人间"。

在范仲淹这里似乎不存在"吃一堑，长一智"的警示，他"一意孤行"，抱残守缺，所思所虑只是为社稷苍生服务，演绎自骨骼里溢出的激情、梦想、挣扎与呼啸，只是，有多少梦想，就有多少痛心。

（肖慧书）

点燃一樽烈酒，舞它个花开花落。人心本就是一幅斑驳陆离的抽象画。我理解你的沉默，你也得理解我的呐喊。既然无法理解和认同，那就大路朝天，各走一边。范仲淹与梅尧臣友谊的小船说翻就翻了，从此，两人渐行渐远，再无纠葛。

二十四史东鳞西爪，历史的拐角很厚，而四面回声，正是楼白山青。"言论自由""谏净自由"或许是知识分子们向往的"自由"的责任，"宁鸣而死，不默而生"可以说是 900 年前一个中国政治家争取议论自由的宣言。"忧于未形，恐于未炽"的正论危言总好过"鼓吹歌舞升平"的滥调。就此，"宁鸣而死，不默而生"堪称北宋新儒家士大夫的人格绝唱，当可立儒！

唯有盘旋的苍鹰，才不倦于白云深处，也才能有胸怀拥抱高原的每一个角落。康定元年（1040）三月，仁宗重新起用范仲淹，任命他为陕西经略安抚副使，把他调到陕西前线与西夏作战，并加封龙图阁直学士的职衔。这些职位在当时都是位高权重。范仲淹在陕西苦心经营，终于使边境局势大为改观。

庆历四年（1044），仁宗将范仲淹调回京师，任命其为枢密副使（最高军事副长官，相当于国防部副部长）。于是，范仲淹与富弼、韩琦、欧阳修等人一起，开启了轰轰烈烈的庆历新政。庆历五年（1045），来不及茁壮长大的新政在一片反对声中宣告流产。

面对守旧派的攻讦，范仲淹呈上《陈乞邠州状》，主动要求"于邠、泾间知一州"。一月，范仲淹以资政殿学士兼陕西四路沿边安抚使身份知邠州（今陕西彬县）。这是范仲淹第四次出京城，尽管这次是他主动提议，但又何尝不是"宁鸣而死，不默而生"的又一雷霆行动。只是遗憾的是自此他再也没有回过朝廷，其实他内心依然十分期待有朝一日可以重获圣上信任，重返京城。

气质与血性，如山上的冰川一样，干净、明朗。为自身利益狗苟蝇营是一种活法；堂堂正正、立于天地之间，又是一种活法。"不以毁誉累其心，不以宠辱更其守"，范仲淹选择了后者。而他那种"每感激论天下事，奋不顾身"的至死不渝的个性，也深刻影响了当时的社会风气，"一时士大夫矫厉尚风节"。

历史的烟雨，迷蒙昨日的风景。翻阅史书，不难发现大凡喜欢谏诤的，结局大多悲惨。"王章死于汉，韩愈逐诸唐。狱中与岭外，妻子不得将。"王章是西汉成帝时人，任京兆尹（京城的行政长官），时成帝之舅王凤辅政，气焰熏灼，王章上书成帝，极言王凤不可用，为王凤所害，死于狱中，妻子徙于合浦（今广西合浦东）。韩愈是唐朝大臣，因谏止唐宪宗迎佛骨，被贬往当时还是瘴疠之乡的潮州（今广东潮州），妻子不得随行。只是，虽有"前车之鉴"，也清晰知道会导致怎样的后果，但范仲淹为国言事的决心丝毫不为所动，他勇往直前、义无反顾地愿步王、韩两人之后尘。

谪居也罢，过客也罢，范仲淹始终以一种"生活给我以痛，我报之以歌"的态度泰然处之，兀自翻越人生的一道道坎，曲折斑驳中跫音悠长。贬谪饶州时，他率性赋诗《鄱阳酬泉州曹使君见寄》，诗云：

> 我爱古人节，皎皎明于霜。
>
> 今日贬江徼，多惭韩与王。
>
> 罪大祸不称，所损伤纤芒。
>
> 尽室来官下，君恩大难忘。

诗中直抒胸臆：我爱古人的皎皎气节，虽然贬谪饶州，却是罪大贬轻，我受的损伤只是毫毛之微。举家来到异地，但忘不了圣上的隆恩。

他在给京城的挚友谢绛的诗中写道：

> 心焉介如石，可裂不可夺。
>
> 尽室得江行，君恩与全活。
>
> 回头谏诤路，尚愿无壅遏。

以诗表明心迹：我心如磐石，可以断裂，但志不可夺。此次贬谪妻孥得以随行，还要感谢天子的恩典。但愿今后再谏诤时，能够一路顺遂，没有人再刁难、阻拦。

与之相似的还有《酬叶道卿学士见寄》，诗中写道：

> 一入谏诤司，鸿毛忽其身。
>
> 可负万乘主，甘为三黜人。

> 岂量尧舜心，如日照孤臣。
> 薄责落善地，雅尚过朝伦。

以诗言志，借诗寄情，其豁达胸怀跃然纸上，一片忠君爱国的感恩丹心灿然于字里行间！

氤氲之间，历史已成一谷风景。范仲淹一生为官 37 年，历任广德军司理参军、大理寺丞、秘阁校理、太常博士、右司谏、枢密副使、参知政事等职，曾出任陕西宣抚史、陕西四路安抚使，又曾做过泰州、楚州、陈州、睦州、饶州、润州、越州、延州、耀州、郴州、邓州、青州等十几个府郡的地方长官，屡遭奸佞诬谤，数度被贬，又不断被起用、重用，人生轨迹如"过山车"般，可谓愈挫愈勇，像极了屈原所言："安能以身之察察，受物之汶汶者乎？""安能以皓皓之白，而蒙世俗之尘埃乎？"他的一生像极了一部悲壮的命运交响曲。

溯源而上，承载着负重的历史，一路潮流涌动。在以范仲淹为代表的封建儒家士大夫那里，臣子维护正统的封建礼教乃是一种道德准则，这便是他们不遗余力、前仆后继地进谏的思想动力。在宋人张镃所著《仕学规范》卷二十五中记载了范仲淹的一句话："公罪不可无，私罪不可有。"在范仲淹心中，因公获罪，算不上犯罪，所以，他一生秉承初心，一生忠君爱国，其价值也体现出一名儒家士大夫为天下事而奋不顾身的精神和不畏权贵、刚正不阿的品格。这是何等悲壮，亦是何等令人肃然起敬！

"靡不有初，鲜克有终。"在浩瀚的历史长河中，挺立潮头者多为才华出众、敢于担当之人，他们有敏锐的政治嗅觉，有敢为天下先的勇气，还有知识分子所尊崇的凛然正气。千万别小看这种书生意气，这可是中国文人的骄傲。举目华夏史河，从秉笔直书的太史兄弟到饮雪吞毡的苏武，从不为五斗米折腰的陶渊明到不摧眉折腰事权贵的李白，哪一个胸中不蓄满书生意气？！哪一个不足以引以为傲？！正是因为胸中蓄满书生意气，书生那柔弱、儒雅的身躯，才坚挺成令人肃然起敬的中国脊梁！

　　世界上最珍贵的是生命吗？不尽然。至少于铁骨铮铮的书生而言，并非如此，与挺直的脊梁相比，生命差远了，人世间最珍贵的应该是这些书生挺直的脊梁。正是有像范仲淹这样以"宁鸣而死，不默而生""雷霆日有犯，始可报君亲"的特殊忠诚报答朝廷与君主知遇之恩的士大夫们，手握一截枯枝，为政权忠言谠论，一次次纠偏正误，一次次为民请命，在苍凉大地上抒写一段生命的传奇，才使社会在疼痛中曲折向前。

孤蓬万里征

康定年间的仁宗朝于太平粉饰之下，十面埋伏，暗流涌动。《清明上河图》中的繁华遮不住盛世的落寞。

康定元年三月，越州的大街小巷疯传着一则不亚于重型炸弹的新闻——他们的贤知州范仲淹大人接到皇上的紧急征诏令，恢复天章阁待制之职，知永兴（今陕西西安）军，派往西北前线主持兵政，还未到任，一路上便连升三级，提任陕西都转运使。

"皇恩浩荡，范大人终于东山再起、重担大任了，实乃可喜可贺。但他一介文官为将帅，文弱之躯可否抗击得了西夏？胜算如何？"越州百姓奔走相告、拍手称快，又满含担忧与不舍。

战争，是所有人的悲哀。范仲淹讨厌战争，治国、平天下才是他人生的最高理想，但这场不得不发动的战争，又与治国安邦息息相关。命运和机会总是垂青于乐观向上的有备者。西夏元昊僭号称帝，频频犯边；承平岁久，中原缺宿将精兵；主帅韩琦慧眼识英才，以全族人头为范仲淹担保。在特定的时代背景下，历史就这样宿命般地选择了范仲淹。

历经人生磨难之后，范仲淹终于找到了一展平生抱负的机会，因缘际会地出现在时代的大舞台上，开始了"浊酒一杯家万里，燕然未勒归无计"的军旅生涯。尽管他从未缺席过历史的现场，但此次与以往完全不同。范仲淹和他那帮看尽世事沧桑的知交盟友追风蹑景，心如烈焰，影如驼峰，矗立于闪亮的剑柄，依靠出众的才能和超凡的智慧，一路改变着历史的进程。

"弱宋"弱乎

宋朝是一个复杂的王朝，在中国历史上较有争议，地位稍显尴尬。南北二宋国祚 319 年里，既是历经五代十国的乱局之后，中华民族又一次迎来大一统的朝代；又是重文轻武，士族门阀衰败，庶族文人崛起，武将没落，丢失燕云十六州防御塞外游牧民族根基，导致澶渊之盟、靖康之耻的朝代；也是一个商品经济发达，却又被人称为"积贫积弱"的朝代。一面繁华，一面悲伤，取之繁华掩盖悲伤，或是得之侮辱掩盖功绩，历史的"两面性"鲜少如此醒目又矛盾地交织在一个朝代中。

史载，太祖立国之后，曾在太庙里刻下祖训，此训只有皇帝本人才能在祭祀太庙时，由一个不识字的太监引导到太祖誓碑前背诵。开封城破之日，有好奇者跑到太庙时方知上面的内容："柴氏子孙有罪，不得加刑，纵犯谋

（冯家祥作）

逆，止于狱中赐尽，不得市曹行戮，亦不得连坐支属。""不得杀士大夫，及上书言事人。""子孙有渝此誓者，天必殛之。"可以说这是有宋一朝 300 多年的大宪章，也是同时代世界各国中最开明的大宪章，它以制度为本，从根本上确保了宋朝成为中国文明的最高峰。

难能可贵的是，宋朝历代皇帝都还算听话，让宋太祖这几条堪称中国历史上最为不朽的名言、最为开明的政策，不折不扣地得到了执行。"与士大夫共治天下"的规定上升到了国策，文人地位之高、文人参政议政人数之多、文人的社会责任感之强达到历朝历代之最。作为把修身、养性、齐家、治国、平天下作为自己的理念，从底层被选拔上来的精英人士，士大夫们有殷切的家国情怀、发自内心的责任感，认为"天下"是中国的天下、群臣的天下、万姓的天下，而不是皇帝的天下，故"开口揽时事，议论争煌煌"，大臣和言官都敢于发表意见，甚至可以当面和皇帝争执。这种开明的政治气氛，使得宋朝的大臣在国家的政治生活中担当着十分重要的角色，呈现出皇帝与士大夫共治天下的君子政治格局，有些时候士大夫们甚至是主角。

宋朝士大夫普遍具有君子风度，纵然有政治斗争，也大多只是政见不同；有党同伐异，却也不"赶尽杀绝"，大多是贬谪"异端"。例如，王安石、欧阳修、司马光、苏轼等人之间，尽管政见不同，私谊却还不算差。欧阳修死后，给予欧阳修评价最高的，不是他的朋友们，而是政敌王安石。中国历史上有那么多的名臣贤士都出现在仁宗朝（唐宋八大家有六大家在同一时代出现），绝非偶然，这是适宜的政治环境孕育的果实。以王安石为首的改革党和以司马光为首的保守党轮流执政近百年，这在世界历史上都是一个奇迹。某种程度上可以说，这是儒家文化引领下的君子时代。中国历史上比较成熟的政党政治，就是这一时期典型的政治现象。这在范仲淹与权相吕夷简之间的矛盾交锋中也可见一斑。

宋朝的经济一度呈现繁华之景，尤其是工商业独领风骚。史料中的数据显示：宋朝经济总量占世界的 60%，年财政收入最高曾达到 16 000 万贯文，北宋中后期的一般年份也可达 8 000—9 000 万贯文，即使是偏安一隅的南宋，年财政收入也高达 10 000 万贯文。而 300 多年后的明隆庆五年（1571），国家岁入白银 250 万两；张居正改革之后的万历二十八年（1600），国家岁入400 万两。按照 1 两白银等于 1 贯铜钱来换算，即此时明朝的财政收入不及北宋的 1/10、南宋的 1/6，尽管明朝的国土疆域要远远大于宋朝。

　　一朝步入画卷，一日梦回千年。大画家张择端用穿越时空的画笔给人们展示了当时的繁华东京，一幅《清明上河图》描画的正是北宋开封繁忙的河运与热闹的街景。宋朝经济、科技、文化、艺术、工艺上的繁荣与先进，使中华文明自春秋战国后到达另一个高峰。

　　同时，宋朝也是中国历史上仅有的两个没有爆发过全国性农民起义的大型王朝之一（另一个朝代是西晋）。尽管农民革命的风暴是"处处烽起"，但仅有的几次较大规模的起义，如宋江起义，方腊起义，李顺、王小波起义等都不曾超过一省的范围。据欧阳修不完全估计，"入城打劫者约三四十州"。这说明总体上宋朝老百姓的生活状况还可以，一般只有活不下去了，才会去"革命"。

　　自宋以后，朝代的更替再也没有发生类似五代的悲剧。故，史学界在中国封建社会的分期中，一般把唐朝作为"封建社会的繁荣"时期，把宋朝列入"民族大融合的进一步加强和封建社会的继续发展"时期。确实，相较于朱元璋搞文字狱大开杀戒，康熙、雍正、乾隆对知识分子的野蛮诛杀，难怪不少有识之士把国力、疆域、武备、外交都等而下之的宋朝称为古代历史上最开明的时期。

　　只是，范仲淹时期的赵宋王朝，正是被人们称为"积贫积弱"局面的形成期。史书记载："纲纪隳坏，盗贼纵横，天下大乱。""边疆外叛，盗贼内攻""夷狄骄盛，寇盗横炽"，就是当时的真实写照。

　　或许，强与弱总是相对的。在黑与白的对峙中，一些人从清醒走向麻木，被迫搁浅；但依然有一群人，他们始终以一颗博爱之心，试图激活一条新的河流，努力支撑住那个摇摇欲坠的北宋王室。范仲淹等人就是这样一群人，横眉冷对恐与吓，俯首甘为孺子牛，谁能说文弱书生赢弱呢?!

西夏起兵

民间有俗语："不怕贼偷，就怕贼惦记。"宋朝的这些国情被长期盘踞西北、归顺北宋五十多年的党项族人、夏国首领李元昊看在眼里，一场阴谋正在紧锣密鼓地酝酿中。

宝元元年（1038），李元昊称帝，建国号大夏（史称西夏），定都兴庆（今宁夏银川）。为了成就这份宏图霸业，他从当太子起就已经养精蓄锐，徐徐图之，常劝父亲不要再向宋朝称臣，即位后，立马改名为"曩"，自称"嵬名兀卒"，改年号为"广运"。据欧阳修所记，"嵬名"应是拓跋鲜卑"元"姓的党项音译；"兀卒"相当于党项皇帝或可汗，汉语将此译为"青天子"（天之青子或青天之子）。

同时，李元昊还颁布剃发法令，颁行官制和仪服制度，创制西夏文，设立番汉二学院，改变礼乐制度，要求全国"悉用胡礼"，更新兵制等，一连串的政治改革主张如火如荼地推进着。而此时的赵宋王朝却还沉湎于安逸的太平盛世中。

李元昊称帝一事，令宋廷猝不及防，自然拒不承认，双方外交关系正式破裂。李元昊的狂妄和越轨惹来宋朝人的一致声讨，但无论文臣还是武将，他们却并未把西夏和李元昊放在眼里，这种轻视给宋朝带来了灾难性打击。次年，为逼迫宋朝承认西夏的地位，精兵如云、战将如雨的李元昊采取"围点打援"的计谋，率兵大举进犯北宋边境，于三川口大败宋兵（史称三川口之战），又迅速集兵于延州城下，气势汹汹准备攻城。

消息传至京师，朝野震惊。宋廷开始反思惨败的原因：究竟是敌人太强大，还是我军太无能？

"天下之选"

可以说，宋朝是真正的士大夫时代，也是文人口中称道而身行之的时代，是文人政治最彻底，知识分子们少有的政治上有理想、文化上有创新、道德上有追求、生活上有保障的封建朝代。

文人执政是比真理还真理的事。庙堂之上，君臣争论不已，包拯唾沫横飞，仁宗皇帝不得不以绢拭脸，而老包却只当不见，仍然在慷慨陈词；江湖之中，书生指点江山，范仲淹妙笔生花："先天下之忧而忧，后天下之乐而乐。"试问此前哪朝哪代，文人有此等殊荣和尊崇？

宋朝的军事力量非常薄弱，想来这是宋太祖赵匡胤的有意为之。一则他担心类似"陈桥兵变"的历史重演，二则他希望自己创造一个国泰民安的朝代，于是重"文治"而轻"武功"。"杯酒释兵权"，宋太祖轻而易举地把手下大将的兵权收归中央，敲定了偃武修文的治国方略。文人出任国防部长（枢密使）在西方是近代才出现的新鲜事，但在宋朝却不是新鲜事。这就不难理解为何有"北宋无将"之说了。

然而，事实果如此乎？

（张继钟作）

其实，北宋从建立以来就不乏名将，比如曹彬家族的曹家将、杨业家族的杨家将、种世衡家族的种家将、折从阮家族的折家将，以及号称北宋第一名将的狄青，等等。不仅如此，北宋文武兼备、文臣将兵且功绩显著的"儒将""臣帅"特别多，他们文能理政、武能带兵，在北宋与西夏等外患长达百年的冲突中，御敌戍边，征战沙场，大放异彩，成为宋夏战争中一道壮美的景观。

而范仲淹就是北宋第一代"臣帅""儒将"中最具代表性的人物。

"元昊逆贼犯我边境，如今谁可担此重任带兵御敌？"仁宗皇帝心急如焚，上朝议事，可朝堂之上，竟然无人应声。

烽火狼烟问天下，应时而出的英雄在何方？看着面面相觑、沉默无语的大臣们，宋仁宗想起了一个人，此人在十几年前，就多次提出武备的问题，还有一旦开战将无将可用的忠告，现在，不正应验了吗？

时势造英雄。仁宗果断地把范仲淹从越州任上召回京师，担任天章阁待制，出知永兴军。于是乎，号称"天下之选"的范仲淹就这样宿命般地出现在了元昊的对面，从此开始了他以文臣率兵的转型之路。

对于起用范仲淹，虽然众望所归，但大家还是心有顾虑，毕竟这是关系大宋国运的大事，与每个朝中大臣的切身利益息息相关。范仲淹头上还顶着"三项罪名"，是三贬之身，尤以"朋党"之罪为重，且他一直从政，让他带兵打仗能行吗？总之，这是一件看上去有很大政治风险的事。

陕西安抚使韩琦深知范仲淹的为人与才干，他承受着不小的舆论压力，决然上书举荐，并向仁宗保证，他的推荐完全是一心为公，如果涉及朋党，误国误军，甘愿被诛族。

宋仁宗道："带兵打仗，有武功固然重要，但是，比武功更重要的是忠义和谋略。范仲淹虽然性格刚直，时有过失之言，但其忠义之心大家还是有目共睹的，再者，范仲淹学富五车，深谙六经之义，他去西北御敌，朕还是比较放心的。"

叱咤西北

"孰知不向边庭苦，纵死犹闻侠骨香。"虽烈士暮年，但范仲淹壮心不已，磨刀霍霍向边陲。

康定元年七月，范仲淹升为龙图阁直学士，与韩琦并为陕西经略安抚副使，担任安抚使夏竦的副手。八月，范仲淹请知延州。到任后，他开始更改军队旧制，分部训练，轮流御敌；同时修筑青涧城和鄜城，作为军事基地，节省边境开支。仁宗诏命这支军队为康定军。

康定二年（1041）正月，仁宗诏命陕西各路讨伐西夏，范仲淹上疏，建议加强边防守备，固守鄜延，以军威恩信招纳西羌归附（时羌族为元昊向导，为其所用），徐图西夏，仁宗采纳。范仲淹又奏请修筑承平、永平等要塞，把12座旧要塞改建为城，以使流亡百姓和羌族回归。

二月，元昊进兵渭州（今甘肃平凉），仁宗批准夏竦的反攻计划，韩琦命尹洙谒见范仲淹，联络同时发兵。范仲淹认为反攻时机尚未成熟，坚持不从。韩琦派环庆路副都部署任福率兵出击，西夏军受挫撤退，任福下令急追，追至西夏境六盘山麓，于好水川遇伏被围，任福等16名将领阵亡，折兵万余，史称"好水川之战"。四月，仁宗降夏竦为亳州通判，范仲淹为户部员外郎，知耀州，职责不变。五月，范仲淹改知庆州，兼环庆路都部署司事，继续实行他的积极防御政策，一边招附当地流民、部族，一边筑城安寨，巩固边防要塞。

元昊起兵时，曾联络羌族，约定环庆路酋长600余人为其向导。范仲淹到任后，即以朝廷名义犒赏羌族各部，与之签订条约，严明赏罚，羌族遂脱离西夏，为宋效力。为进一步稳固边防，范仲淹又修筑大顺城，遏止白豹城、金汤城一带的敌军进犯；同时，修葺细腰、葫芦等军塞，切断敌军通路，使明珠、灭臧两部族安心归附大宋。

庆历二年（1042）闰九月，元昊分兵两路，再次大举攻宋。泾原路经略安抚招讨使王沿获知夏军来攻，命副使葛怀敏率军阻击，进抵定川寨，不料遭遇埋伏，宋军大败，葛怀敏与部将等16人战死，丧师9 400余人，史称"定川寨之战"。

元昊获胜后，挥师南下，进逼潘原，"关右大震"。十月，范仲淹率领6 000官兵，从邠州、泾州出发进行援救。韩琦、原州知州景泰亦派兵增援。在北线，宋军于麟府路主动出击西夏，劫掠牛马，引起西夏国内紧张。

此时，元昊已行进至渭州，深入宋境近100公里，所谓"劳师以袭远，非所闻也"，因害怕被切断后路、分割围歼，他只能回撤，没有实现"直据长安"的豪言壮志。

黄沙横飞，如血残阳，风隐马帮踪迹，候鸟凄然异向……三川口战役、好水川战役、定川寨战役相继大败后，西北边疆弥漫着一种悲凉、落魄的气氛。宰相吕夷简哀叹："一战不及一战，可怕！"在顾此失彼、堵不乏堵、防不胜防的战争形势下，宋廷上下几近崩溃，不敢再有进攻的妄念，惶恐中专心守土。欧阳修感叹道："今宋之为宋，八十年矣……为国不为不久，天下不为不广也……然而财不足用于上而下已弊，兵不足威于外而敢骄于内，制度不可为万世法而日益丛杂，一切苟且，不异于五代之时，此甚可叹也。"

但是，这次多方面军援救行动的成功，沉重打击了西夏军，西北宋军的精神面貌焕然一新，终于从"西夏不可战胜"的神话中解脱了出来，人们似乎看到了些许希望。这亦让范仲淹的军事才能得以展现，并受到宋仁宗赏识，遂再次被加封为枢密直学士、右谏议大夫，任鄜延路都部署、经略安抚招讨使。

对此，北宋学者、史学家、经学家、散文家刘敞（1019—1068）专门赋诗《贺范龙图兼知延安》抒怀："哀哉中国士，化作城下土。冤魂不得返，杀气凌彼苍。""此事天子忧，此心大夫辱"，意指三川口惨败之事。"今日公在西，知公德持重。筑城不必坚，解甲不可攻。何况保金城，弛张皆系公。"刘敞在诗中对范仲淹领兵上阵、御敌有方及其品性才德给予颂扬，也寄寓战役必胜之满腹期待。

十一月，仁宗采纳范仲淹的建议，恢复设置陕西路安抚、经略、招讨使，让范仲淹、韩琦、庞籍分领职事，总领四路军事。范仲淹与韩琦在泾州设置官第，将文彦博调到秦州做统帅，将滕宗谅调到庆州做统帅，并让张亢担任渭州的统帅。

当远域之光闪烁如梦，大鹏振翅飞临。针对西北地区地广人稀、山谷交错、地势险要的特点，范仲淹提出"积极防御"的守边方略，即在要害之地修筑城寨，加强防御工事，训练边塞军队，以达到以守为攻的目的。在军队制度上，取缔按官职带兵旧制，改为根据敌情选择战将的应变战术；建立营田制，解决军需问题，使军队面貌焕然一新，应变能力和作战能力大大提高。在防御工事方面，构筑城寨、修葺城池、建烽火墩，形成以大顺城为中心、堡寨呼应的坚固战略体系。

酣睡的霜夜，边疆静得只有月亮与风沙的低语。冰与火的天地中，追逐与逃亡，此起彼伏。范仲淹用高不可攀的思想与不离不弃的执着，把冻僵的大地捂热。他曾言："自古将帅与士旅同其安乐，则可共其忧患，而为国家之用。故士未饮而不敢言渴，士未食而不敢言饥。""谋可相济，兵可相援"，他精选将帅、大力提拔军队将领，使西北军中涌现出"度量勇果、能识机变"的狄青、"足机略、善抚驭、得番汉人情"的种世衡、"忠勇敢战、身先士卒"的王信、"武力过人、临战有勇"的范全等名将；选拔经过战火考验，有才能才干的士卒，又招募当地人充当士兵，即俗称的"土兵"，"战则相救，守则相安""一可当正兵之十，敌惮之"，训练出一批强悍敢战的队伍，使西夏"遂敛兵不敢近边，终不得以逞其奸谋"。直到北宋末年，这支军队仍是宋朝的一支劲旅。《宋史》记载："仲淹为将，号令明白，爱抚士卒，诸羌来者，推心接之不疑，故贼亦不敢辄犯其境。"

武士的剑，贴在地上；壮士的肩，扛起苍天。范仲淹用他的信仰和生命，与边关的一草一木相伴而行，所到之处，皆是路。他对沿边少数民族，动之以情，晓之以理，示之以威，诚恳安抚，信任不疑，慷慨优惠，严立赏罚公约，恩威并施，使其安心归宋。《范公庆州祠堂记碑》中记载："公是时方经略四路，请留延安，民闻之，亟相提挈，驰告麾下。公即日走符檄，放天兴令者还任，凡百苛敛，一切罢去。未几，公即受命专本路之师，窜者还，危者安，里巷相保，卒如平时之乐。"意思是范仲淹为庆州人民赶走了贪官污吏，罢免了苛政暴敛，使"窜者还，危者安"，人民得以安居乐业。同时，为保护民众的生命安全，范仲淹多次牒令："探候山外贼马回时，即多出奇兵，夜间或侵晓伏截冲击，收救人民。""只以收救人民，不得贪小功小利。"是以，羌人亲切地称范仲淹为"龙图老子",在他率庆州番汉兵往救,命种世衡援泾原时,"羌兵从者数千人"。范公病逝徐州,"羌酋数百人,哭之如父,斋三日而去",足见其"为政尚忠厚,所至有恩"的人格力量和精神感召。

"守策之外,更备攻术",范仲淹利用筑城修寨实施的积极防御备边战略,形成了稳固连片的环、庆防务,强有力地粉碎了西夏速战速决的企图,使西北军事防务形势发生了根本性的变化。"公之所在,贼不敢犯"。西夏兵敬畏地称范仲淹为"小范老子",以区别于被称为"大范老子"的范雍,并在军中相互警示:"小范老子腹中有数万甲兵,不比大范老子可欺。"西北边民则用民谣称颂韩范功绩:"军中有一韩,西贼闻之心胆寒;军中有一范,西贼闻之惊破胆。"

(《新时代清风廉路图》局部)

庆历四年,元昊见"杀敌一千,自损八百",占不到什么便宜,便主动与宋廷议和。双方签订《庆历和议》,西夏对宋称臣,宋册封元昊为"夏国王",宋朝每年赐给西夏一定数量的岁币、绢、茶,合钱约二十五万五千。自此,西北边疆得以重现和平。范仲淹亦以文臣将帅、戍边有功而出将入相,先后升为枢密副使、参知政事,迎来了他一生中最辉煌的时刻。

对范仲淹等人抵御西夏、成功戍边一事,明都御史马文升曾言:"与夫险要之处,悉筑城堡，举诸名士以守之，势相连属，综理周密。夏贼知不可敌，遂敛兵不敢近边……而宋室无西顾之忧者，皆公（范仲淹）与忠献公（韩琦）之力也。"明成化十一年（1475），他重修庆州"范文正祠堂"，增祀韩琦，改称"韩范祠"，在碑记中感慨道："生而为名将相，没而载在信史，使人仰慕于无穷，或血食于千百年之后而不已者，必其有大功德于生民社稷。"

明朝马中锡也在《重建范文正公庙碑》中写道："仲淹昔在军中，西贼破胆，卒成边功，较之老范为夏人所欺者，不以有劳而能定国乎？"明代大文学家李梦阳则在其诗作《韩范祠》中赞道："一封攻守安边策，千岁威名破胆谣。"可以说是满纸溢美，亦情理之言。

确实，崇尚气节也好，忧国忧民也罢，只有慷慨激昂的热情而没有安邦治国的真才实学，也只是纸上谈兵。就如东晋之所以期盼谢安，是因为此前清谈名士殷浩怀着"以手中拂尘横扫北方前秦"的壮志，却在北伐大战中一败涂地，只留下"沉者自沉，浮者自浮"的嗟叹。

满鬓白发，昏黄的油灯，蔓延着烽火味的铺叙直陈的思乡诗文，都是取之不尽、用之不竭的锦囊和令箭。范公脍炙人口的边塞词《苏幕遮》《渔家傲》等就作于此时。它们上承唐朝的边塞诗及民间文人的边塞词，下启苏辛派词人的创作，在北宋形式主义文风统治下的文坛上独放异彩，在"花间""樽前"之外，开拓了一个新的表现领域。"苍凉悲壮，慷慨生哀"的范词，也让范仲淹在中国词史上享有重要地位。

千年古道，丝绸飘零，路依稀，阳光未凋。纵横中华五千年历史，人品正直，能治理国家，又治得了地方，还会领兵打仗又能作文的人屈指可数。历史的车轮滑过900年，时任中华人民共和国第一代党和国家领导人的毛泽东在《讲堂录》中写道："在中国历史上，不乏建功立业的人，也不乏以思想品行影响后世的人，前者如诸葛亮、范仲淹，后者如孔、孟等人。但二者兼有，即办事兼传教之人，历史上只有两位，即北宋的范仲淹与清代的曾国藩。"时光的刀子刻下这个名字和这样的赞誉，让后人可以沿着文字的曲折找到它的历史。

江流石不转

暂时的离开，是为了更好地回归。

庆历三年八月，从西北边陲凯旋的范仲淹升任参知政事（副相），这是他经历半生仕途沉浮后，终掌中枢大权的一年，亦是为庆历新政唱响奏曲的一年。自景祐四年（1037）十二月因言忤宰相被贬出京师，至此时应召赴阙，弹指间已然六年。

6年前出京城时，他的心情是沉重的。6年后，重返京师，他的心情依然是沉重的。

伤痕来自伤害。西夏问题严重激化了宋朝固有的阶级矛盾，使革新派的士大夫们普遍形成了"攘外必先安内"的意识，这种来自政权外部的因压力而萌生的变革意识加剧了政权内部的革新需求，从而加速了政治改革到来的速度。

整场战争在客观上团结了在思想和理想上本就是同道的士大夫，为庆历新政做了铺垫。当时，朝廷政治权力的版图发生了转移：宰相是范仲淹视之如父的杜衍（978—1057），任枢密副使的是与他并肩作战、志气相投的韩琦、富弼，谏官是政见一致、彼此欣赏、交情深厚的欧阳修、蔡襄、王素、余靖。这些人皆是当时的贤明之士，与范仲淹亦是知己之交，这是一个堪称最理想也最完美的领导班子。

一场关于宋朝内政的改革，如箭在弦上。

整顿吏治、加强武备、改善经济的志向在范仲淹步入政坛后就已悄然萌发。在天圣五年（1027）的《上执政书》及天圣八年的《奏上时务书》《上资政晏侍郎书》中，范仲淹就提出了"固邦本、厚民力、重名器、备戎夷、杜奸雄、明国听"等革新主张，他还撰写了《任官惟贤材赋》《得地千里不如一贤赋》《选任贤能论》等，只因当时主、客观条件均不成熟，而未能付诸行动。

然，今时不同往日，对改革时弊一事的呼声日隆，"天下之人，延颈拭目以待"。只是，遭遇几起几落、宦海沉浮的范仲淹似乎谨慎了许多，开始一段时间，他除每天依例与两府官员一起处理寻常公事之外，既无建言，也无大的举措，以至于令拥护他的人都有些失望了，说"声名煊赫，未有如阁下（仲淹）者"的苏舜钦就曾对这种不敢有所作为直言不满。

但，无论是就仁宗一朝所面临的现实而言，还是就一个胸怀先忧后乐之志的政治家的为人而言，都不能允许范仲淹无所作为。得"天时、地利、人和"，范仲淹当仁不让地成为庆历新政的政治领袖、庆历改革的实际操作者，他有这个资格，有这个阅历，更有这个能力。无论是江湖之远，还是庙堂之高，他喝得了清粥，也尝得了佳肴。在朝堂之上，有他那种丰富阅历的，没几个，但所幸有富弼、韩琦、滕子京、欧阳修等一大批同盟，他们都是理想主义者，胸怀天下，天下为公，希望用自己的满腔热血，消除黑暗，迎接光明，这是一种炽热的穿透力，是能让生命颤抖的最强的音符。

困境中，仁宗认可了范仲淹"历代之政，久皆有弊，弊而不救，祸乱必生"的观点，不革新除弊，国家必定发生祸乱。庆历三年九月，仁宗在天章阁，召见范仲淹、富弼问策。"赐座，给笔札，使疏于前"，可见这次召见优隆有加，极其郑重，显示了仁宗皇帝对范仲淹、富弼等新晋宰辅大臣寄予重望，希图借助他们以求中兴的诚意。随后，仁宗下达手诏，一场以整顿吏治为核心，史称"庆历新政"的改革运动轰轰烈烈地挺进。革新除弊，是范仲淹深刻分析北宋王朝内忧外患局势后的决断，是他"先天下之忧而忧，后天下之乐而乐"思想和节操的崇高表现，亦是仁宗孜孜以重求的目标。

酝酿了一冬的思想，如灵性的种子，仿佛听见春天的召唤，开始苏醒、萌动。范仲淹兴奋得几宿没合眼，终于可以一展"慨然有志于天下"之夙愿了，那些曾被拒之以外的诸多美好的思路，穿过漫长的黑夜澄澈地到来了，"欲正其末，必端其本；欲清其流，必澄其源"，革新方案洋洋洒洒流于笔端，著名的《答手诏条陈十事》（即《十事疏》）横空出世。主要内容如下：

一是"明黜陟"，即严明官吏升降制度。改变过去官吏定期"磨勘"，只要无大过失照例升迁的做法。现在需根据政绩，好的提前晋级，差的可延期或停职。

二是"抑侥幸"，即限制侥幸做官和升官的途径。改变恩荫之滥，以减少官员数量，以解冗官问题。

（冯家祥作）

三是"精贡举"，即严密贡举制度。改革科举考试制度，选拔具有真才实学的官员，这是从另一方面来解决冗官问题。

四是"择官长"，即严格选任地方官制度。朝廷派人到地方巡视，根据政绩选择监司和州县长官，罢免老病和不称职者。这也能从一定程度上解决冗官问题。

五是"均公田"。公田，即职田，是北宋地方官的定额收入之一。改变各地由于职田有多有少，而造成地方官贫富不均的现象。

六是"厚农桑"，即重视农桑等生产事业，兴修水利，发展农业生产。其目的是改善农民生活，增加赋税收入。

七是"修武备"，即整治军备。增强军队实力，建议在京城附近地区招募强壮男丁，充作京畿卫士，寓兵于农，既能节省给养经费，又能在外交上取得一定地位。

八是"减徭役"，即减少民间徭役。改善人民的生活，使百姓不再因繁重的劳作而忧愁，也从一方面减少农民起义的发生和次数。

九是"覃恩信"，即广泛落实朝廷的惠政和信义，兑现皇帝给百姓的各种恩泽。

十是"重命令"，即要严肃对待和慎重发布朝廷号令。示信于民，取信于民。

这是一篇较为完整的精简机构、革除冗官冗费、进行吏治改革的政治纲领，也是范仲淹的廉政主张。这十条改革方案中，其中前五条是整顿、改革吏治，第七条是加强武备，其余四条是发展经济、增强百姓对政府的信心，以缓和社会矛盾。应该说这些主张确实抓住了北宋真宗、仁宗朝政治弊病的要害，是基于范仲淹清晰地看到了大宋王朝的不堪一击、大宋江山的岌岌可危、大宋百姓的水深火热而深谋远虑，它们无疑是暮气沉沉的赵宋王室起死回生的一剂良方。

没有制度，什么都不可靠；有了制度，却没有对制度普遍的敬畏，比没有制度更不可靠。范仲淹雷厉风行，以愚公移山的毅力无畏无惧地推行着改革的举措。他坐镇中央，每当得到按察使的报告，就翻开各路官员的花名册，把不称职者的名字勾掉。"一家哭何如一路哭"，在严格考核下，一大批尸位素餐的"寄生虫"被除了名，一批干才能员被提拔到重要岗位，官府办事效能提高了，财政、漕运等有所改善，北宋政权开始迎来春意。"士大夫贺于朝，庶民歌于路"，朝廷上许多正直的官员纷纷赋诗，赞扬新政，人们围着改革诏令，交口称赞。

《尚书》曰："德惟善政，政在养民。"这句话道出了衡量一种政治好坏、昌明与否的终极标准。范仲淹所求，自然在于要以那些为官不正、为官无能者的"哭"，换来一方黎民百姓的安居足食之乐，此思想放到任何一个时代，都可谓不易之论。

好的预言参与预言的实现，这是众所周知的常识。这个世界有太多不公平，在不平之前，总得有人义愤填膺，总得有人站在浪尖，逞匹夫之勇。改革就是促进资源的重新分配，让社会尽量公平、公正一些，这意味着必有一部分既得利益者占有的"不公平"资源被剥夺、甚至被毁灭。只是既得利益者们，像层层叠叠的蛛网，动一点而牵扯全身，大多时候是不太好惹的。如战国的商鞅、汉代的晁错，这样的变法者、改革家不是被车裂，就是被五马分尸，下场极惨。所以，大部分改革往往以失败告终。

宋朝的积贫积弱是由于地主阶级的过分侵占利益所造成的，但是宋朝的统治基础也是由这些地主阶级所构成的，改革需要建立在严重损害官僚和权贵的既得利益上，相当于触犯统治者赖以生存的政治环境，自然遭到了他们的猛烈反对。

这是一场新旧势力彻底"亮剑"的斗争。保守派根基很深，阵容强大，不择手段地玩弄阴谋诡计。"谗者乘间蜂起，盖以奇中造端飞语，无所不及。甚者，必欲挤之死而后已"，他们设计诬陷、诬劾石介、范仲淹等改革派，挑拨范仲淹和仁宗的关系等，一颗颗重型炸弹被处心积虑地一一抛下，在"无所不用其极"的阴谋下，朋党之论又在朝野内外悄然兴起。

而新政，表面上一派新气象，实际上手忙脚乱，进展缓慢，不得不"因循姑息"的地方太多了，派出的转运按察使也遭到来自各方势力的攻击中伤，流言蜚语此起彼伏。庆历新政面临难以为继的处境。

天地不仁，从来不会怜悯弱者，一张黑色大网向改革派们笼罩而来。"不敢自安于朝"，隐隐的不安潜藏于心，范仲淹明显感到在京师已是举步维艰。恰在此时，契丹与西夏交恶，包括范仲淹在内的一批忠君人士，很是担心他们不守盟约，乘宋无备发起突然袭击。于是，他借机向仁宗请行：河东国防薄弱，得防患于未然，请求罢免参知政事再度出守西北边关，调兵遣将，加以防备。

庆历四年八月，范仲淹以参知政事出京宣抚河东，这次是他主动自求外放，也是他第四次离开京城。同月，富弼也自求外放，在一番软磨硬泡后，以枢密副使宣抚河北。随着他俩的离朝，朋党之论愈加甚嚣尘上，连仁宗也"颇感谗言"，以至"仲淹愈不自安"。

世上很多事无法解释，难究因果。庆历五年春，范仲淹再次上奏朝廷乞罢参知政事。仁宗接到奏折后，想要"欲听其请"，时任宰相的章得象不怀好意地说："仲淹素有虚名，一请遽罢，恐天下谓轻黜贤臣，不若且赐诏不允，若仲淹即有谢表，是挟诈要君，乃可罢也。"仁宗依从章得象，范仲淹果然上了谢表，仁宗据此相信了章得象的话。其时富弼也事毕还朝。右正言钱明逸向仁宗进言，说富弼在朝廷更张纷扰，凡所推荐，多挟朋党，"与仲淹同"。

最终，范仲淹被罢免参知政事，出知邠州，江湖路远，范仲淹再也没有回过汴京。而富弼被罢免枢密副使，出知郓州（今山东东平），杜衍被罢相，韩琦被罢枢密副使，革新派悉数被逐出京师。已经颁布的改革法令亦全部中断，新政施行后出现的欣欣向荣景象如"昙花一现"，悻悻然回到"原点"，经历彻骨阵痛后的新政宣告破产。套用当时反对派、御史中丞王拱辰的话就是"吾一举网尽矣"，范仲淹这一"党"算是被一网打尽了。

万幸的是，改革派的各位大将并没有人头落地，所以宋朝的知识分子还是幸福和幸运的。而"君子"们的离朝，除保全了君臣之义，也体现了他们急流勇退、明哲保身的政治敏锐性。

虽然庆历新政从一开始就注定了"寡不敌众"的命运，但它却开创了北宋变法运动的先河，为日后王安石的熙宁变法提供了思路和经验教训，埋下了里程碑式的伏笔。或许正因如此，王安石在为范仲淹所写祭文中，称范仲淹为"一世之师"。

对于范仲淹而言，新政的失败无疑是残酷又痛苦的打击，但与历史上需"我以我血荐轩辕"的血腥味十足的变法相比，它的结局似乎又是温和的。尤其是作为庆历新政的核心人物，范仲淹的改革精神深刻影响了一代文人。

（张继钟作）

《宋史》说："仲淹以天下为己任，裁削幸滥，考复官吏，日夜谋虑兴致太平。然更张无渐，规模阔大，论者以为不可行。及按察使出，多所举劾，人心不悦。自任子之恩薄，磨勘之法密，侥幸者不便。"诚然，改革触动的既得利益者太多，作为后台的统治者对新政的支持又不稳固，"朋党"都是宋氏家法中绝不能容忍的罪状，历朝皇上对"朋党"是既怕又恨。以夏竦为首的反对派别有用意地打出了这张牌，令仁宗起了戒心，最高权威动摇了，新政的"夭折"也非意料之外了。

皇祐四年（1052），范仲淹在《遗表》中对庆历新政失败的原因做了总结："事久弊则人惮于更张，功未验则俗称于迂阔，以进贤援能为树党，以敦本抑末为近名……""及按察使多所举劾，人心不自安；任子恩薄，磨勘法密，侥幸者不便；于是谤毁浸盛，而朋党之论，滋不可解。"或许朋党之争也只是表象，宋代的祖宗之法太过强大，官员习惯了因循守旧，这才是根本原因。

只有极端的种子，没有极端的土地。千年前的经验告诉我们，文人政治虽更容易促成民主，但文人党同伐异的心性也易促成种种负面现象，尽管并非文人政治和言论自由必然导致这种现象。在革新派陷入以朋党治罪的悲剧中时，有决定权和制衡权的其实是皇帝。欧阳修的《朋党论》哪怕再精辟，也需要"人君辨"，一个"辨"字自然离不开皇帝的主观意志和情绪了。这就是人治社会、封建专制社会的悲哀，士大夫和皇帝共治天下的前提条件是：可以左右皇帝，却不能决定皇帝。就如楚国先知人物申无宇所言："择子莫如父，择臣莫如君。"

尹洙对这种人世逻辑了然于心，他说："或谓之公论，或谓之朋党。是则公论之与朋党，常系于上意，不系于忠邪。"说白了就是"是不是朋党"全由皇帝定基调。而且，后来发生的事似乎也证明，朋党之争确实为"靖康之耻"、北宋灭亡种下了一定的因果。当然，这是后话。

作为封建君主的宋仁宗可以说对结交朋党一事格外敏感，而此时范仲淹身居宰辅之位，朝中欧阳修、富弼，以及被夏竦改信污蔑谋反的石介都与范仲淹交好，倘若真的结为朋党，集大权于己，则从理论上对皇权似乎是一种威胁。

尽管，作为一个想当一代明君的皇帝，仁宗看得透这些新进的大臣们相互攻讦，甚至拿个人隐私说事，以表明忠心、获取进步的"小九九"，他知道这根本就是意义不大的小忠。可是，"朋党"之事实在过于沉重，沉重得只能宁可信其有。缓不济急，仁宗只能救当世，因此他要求行动的理性，要求结果的有效，而姑妄听之，自行用之。

"雨横风狂三月暮，门掩黄昏，无计留春住。"欧阳修描述的这种美丽而凄凉的景象，可以作为庆历五年新政结束时的写照。只是，我们也不必为此感到沮丧，一个国家的发展常常以循环往复的形式前进，任何改革也是如此，区别只是螺旋式上升还是螺旋式下降或是螺旋式原地踏步。范公等人救世济民的美好蓝图虽然遗憾地落幕，但他们的佳话和精神却流传千年，那些苦与痛凝聚于笔端而成的《岳阳楼记》《沧浪亭记》《清白堂记》，成了独特的文化符号。

作为大臣，范公等人的敬业虽然无济于事，但他们这种"心随时敞在光亮处"的生存态度及其示范却让人感觉到动荡、颠沛的中国上下阶层中仍有一种高贵的东西，他们传承这种东西，用孟子的话说就是"所谓故国者，非谓有乔木之谓也，有世臣之谓也"。放在德治、礼治秩序下，这种忠君爱国、先忧后乐的精神依然珍贵，也历久弥新。

时光碾过红尘，或许我们无法蹍出时间之外，只有追随。退而言之，倘若可把说话做事直截了当当成一种普世的风格，谁还甘愿卑躬屈膝地活着呢？其实，我们真的需要一往无前的勇气、毅力、能力和魄力。

思与天下芳

皇祐三年（1051），范仲淹移任青州知府。这里的冬寒，加重了他的疾病。次年被调往颍州，他坚持扶疾上任。但范仲淹只赶到了徐州。在徐州，这样一位位极人臣的朝廷显贵，却没有积攒半点财产，一家人贫病交困，仅借官舍暂栖，略避风雨。是年五月二十日，北宋一代名臣范仲淹溘然长逝，享年64岁。

范仲淹的死讯传开，朝野上下一致哀痛。宋仁宗亲书褒贤之碑，赠兵部尚书，谥号文正，追封楚国公。包括西夏甘、凉等地的各少数民族人民，成百成千地聚众举哀，连日斋戒。凡是他从政过的地方，老百姓纷纷为他建祠画像，数百族人来到祠堂，像痛失父亲一样痛哭哀悼。根据他的遗愿，其遗体没有运回原籍苏州，而是葬在他母亲长眠的那块地

（《新时代清风廉路图》局部）

旁——洛阳南郊万安山下。

"寸怀如春风，思与天下芳。"范仲淹"文武兼备""智谋过人"，不仅是北宋著名的政治家和军事家，还是一位卓越的文学家和教育家。无论在朝主政、出塞戍边，还是担任地方官，均系国之安危、时之重望于一身，无不殚精竭虑，鞠躬尽瘁。进，则"苟利国家，不恤典宪，宜及于祸，以贻厥羞"；退，可"优游吏隐，谢绝人伦"。居庙堂之高，或是处江湖之远，进退之道，并不抵牾，进退之间，浪沙淘尽。

作为宋学开山、士林领袖，他开风气之先，文章论议，必本儒宗仁义。他还以其人格魅力言传身教，一生孜孜于传道授业，悉心培养和荐拔人才。至晚年"田园未立"，全家人居无定所，然而他洋洋洒洒的《遗表》，一言不提及家事。仁宗皇帝特遣使者至徐州，询问范家人有何需求。他的儿子们的回答："如父亲一样，对朝廷无所求。"

打捞起心中的明月，抹上绚烂的色彩，让思想来得更凛然些。清白和德义是范公终其一生的追求，他倡导的"先忧后乐"思想和仁人志士节操，为儒家思想中的进取精神树立了一个新的标杆，是中华文明史上闪烁异彩的精神财富。

他在晚年回顾自己波澜壮阔的一生时，曾经留下一句话：我这一生经历了很多风波，但唯一一点就是受得了贫穷，才能免于灾祸。他痛心的只是士人风骨的沦丧："学者忽其本，仕者浮于职。节义为空言，功名思苟得。"南宋爱国诗人陆游的"忍穷安晚境"，想来也是受他的启示。《言行录》中记载："范公常以俭廉率家人，要求家人畏名教，励廉耻，知荣辱，积养成名。"《宋史》中也记载："（仲淹）以母在时方贫，其后虽贵，非宾客不重肉。妻子衣食，仅能自充。"他一再要求自己的孩子要学会"忍穷"，通过"忍穷"来砥砺自己的为官之德和克己奉公之品。同时范公还经常苦口婆心告诫自己的子侄，要"清心做官，莫营私利"。他在《与朱氏书》中也说："居官临满，直须小心廉洁，稍有点污，则晚年饥寒可忧矣。"

无中，藏着最大的有。历史在这里沉思，沉思成一尊无字的墓碑，是植人人类心壁上的一座凄美的丰碑。秦时明月汉时关，一千年绝尘而去，只留一轮明月，月光洗净了范公前世的负累，留下了不涸的清白泉和一行光明磊落、一往情深、铁面无私的足迹。他的行动和思想，赢得生前身后人的无限敬仰，历代仁人志士纷纷以他为楷模，这不仅仅是时光隧道里的情结，也是一种崭新的仰望与生命的礼赞。

　　范公，站着，就是大地的背影。

第二篇章　泽被越州

若得會稽藏拙去
白雲深處臥斜春

宝元元年十一月，范仲淹徙知越州。这或许只是他痛楚人生的一个历程，却是越州之幸。像一粒种子开始萌芽，他以一眼泉打开内心的辽阔与虔诚，叩响一个时代的繁华与绝唱，怀抱清风明月，山河从此无恙，清白得纤毫毕现。

从尘封的历史中，我们试着去还原当年的历史现场，探寻、梳理先贤的履迹，溯源先贤的思想脉络，或许无须浓墨重彩，已是精彩绝伦。

孤尘远帆来

岁月在俯首中苍老，夕照，拉长无形无色的思索。此刻，那些在刀刃上跋涉的灵魂，都去向了何方？

宝元元年十一月，范仲淹徙知越州，这是他在第三次被贬任期中的第三次调任。此前任知饶州、润州。

晓风残月的渡口，幽笳望漠，载野苍茫。今天的我们难以臆测范公当年的心理和思绪，但从斑斑驳驳的历史断截面中，或可以推测当时他的心态应该是平淡、从容，甚至是轻松和愉悦的。半截残垣，托起久远的传说，当我们走到史册背后，触摸那些血与火的冷酷、隐忍的苦难、翻飞的思维和低语的心音，感知范公知越州前尤其是在饶州、润州时的履迹与心曲，或许可更客观地读懂先贤的真实。

痛与愈的情感

景祐三年五月，48岁的范仲淹上《百官图》，抨击宰相吕夷简用人不当，被吕夷简指为"荐引朋党，离间君臣"，贬知饶州。

饶州因"山有林麓之利，泽有蒲鱼之饶"而得州名，享有"七县之会饶州府，景秀江南鱼米乡"的美誉。范仲淹在此，搏击豪强，视民如伤，为民请命，使百姓不用再向朝廷进贡鸟衔茶，而家给人足。同时，范仲淹还迁建郡学，虽则未及鸠工庀材、开工营建，他便奉调润州，但他说的"迨学校建成，20 年后当有人大魁于天下"，于治平年间一语中的：州人彭汝砺状元及第，大魁天下。为此，饶州人还专门建了座"九贤堂"，从宋太祖赵匡胤到宋哲宗赵煦，在饶州当过郡守的共有 68 人，入"九贤堂"的唯范仲淹一人。虔诚的供奉，陶醉于几多赞叹，美化了四面八方的厅堂，凝固了千年时光的春色。真正的诚意，是需要这样的仪式来维护。

明月照高林，有情怀的人往往有着不一样的情愫。公务之余，范仲淹饶有兴趣地在州衙的后花园中建了一个大厅，取名"庆朔堂"，此名寓意深长，并非纯粹为了游乐，而是仿照古代藏朔的礼仪而建之。

古时朝堂有个惯例，帝王于岁终把来年 12 个月要做的政事颁发给诸侯，但不是直接下发，而是藏于太祖庙内，诸侯于每月朔日（初一）朝庙，接受天子的命令，称为"朔政"。诏书藏于太祖庙，又是逢朔日才能见到，因此称为"藏朔"。范仲淹把堂命名为"庆朔"，表示要像古时诸侯那样效忠朝廷，这与他一贯坚持的忠君爱国思想一脉相承。

堂内黄墙关不住一簇簇浮动的暗香，一些落满尘烟的情节，沉入夜色，如山花般斑斓。这座庆朔堂因为范仲淹和他的两首诗而名声大振，也给素来以正直严苛著称的范大人印上了"多情"的标签。

一首是《怀庆朔堂》，是他写给接任者魏介之的诗：

> 庆朔堂前花自栽，便移官去未曾开。
> 如今忆着成离恨，只托春风管领来。

庆朔堂前的花还未开，便移官去他地，令我恋恋不舍、怀念不已，让春风把我的思念带到庆朔堂吧。

对于作此诗的缘由，宋人吴曾记载道：范仲淹任饶州知州时，对一位小歌伎颇为中意，因此离任时给魏介之写了这首《怀庆朔堂》。

另一首则是南宋姚宽记载的，称范仲淹被调回京城后，曾给这位歌伎寄去了一盒胭脂，并题诗：

> 江南有美人，别后常相忆。
>
> 何以慰相思，寄汝好颜色。

这首诗与《怀庆朔堂》一样，写进弯弯曲曲温暖的流水里，溅起一声轻轻的叹息。人们徘徊在银鳞游动的音符里，咀嚼五味杂陈的嗟叹与情思，产生了无限绮丽的想象。

世人本没有传说，有了文化记忆才产生传说。传说魏介之心领神会，就把小歌伎买来转送范仲淹。明人朱有炖便据此创作出杂剧《甄月娥春风庆朔堂》，剧前引言亦详述此事。

诗、文、剧被好事者辗转引述，如同一弯初月撩开了凤尾竹丛，触目是多情的目光，范公的这桩"情史"走入琴弦，几成他"一世之师，名节无疵"之污点证据。

蒹葭霜白，谁在水一方？情愫之波，是掩不住的江南柳色。一枝带露的垂柳，可以折断许多情节；汤汤流水，也未必载得动重叠的惆怅。尽管人们对风流韵事多有回避，世亦多訾诟，然而后世的我们没有必要去追问、探寻是否确有其事。

其一，此事无关乎道德。至少从唐代开始，官伎隶属于乐部。"呼白从来要助欢"，各地官府每有宴会，多以官伎作陪，歌舞佐兴。诗文酬唱，俨然一时盛事。由于研习歌舞词曲、琴棋书画，其中也涌现出不少色艺俱佳的才女，为士大夫所倾心，许多风流韵事也因此产生。

比如，范仲淹的儿子，后世称为"布衣宰相"的范纯仁就在《和持国听琵琶二首》诗中写道：

其一

> 美人成列抹朱弦，劝得嘉宾醉满筵。
>
> 却笑西湖游赏处，村歌社舞漫盈船。

其二

> 须知绝艺好娱宾，能使知音作伯伦。
>
> 累月应将笞乐籍，恐公重作独醒人。

"美人成列抹朱弦，劝得嘉宾醉满筵"，这并非范纯仁的夸张，而是官僚士大夫宴会真实场面的写照。士大夫宠爱乐籍伎女，这在宋代是公开的习尚，也是五代以来的文人风习，基本与道德形象无关。

其二，圣人亦人，也有七情六欲，何况范公从来没有把自己看作完人。他是个性情中人，曾毫不介意地向欧阳修袒露过自己的情感："人世都无百岁。少痴騃、老成尫悴。只有中间，些子少年，忍把浮名牵系。一品与千金，问白发，如何回避？"这首词好像是潮湿的梦中发出潮湿的气息，宣泄了他的愤懑，却也踏着梦中的箫音，漾动时不我待、壮志难酬的焦灼，与李白那首著名的《将进酒》有异曲同工之效："人生得意须尽欢，莫使金樽空对月"，搔首顾影，现实无情，徒唤奈何；"天生我材必有用"，从貌似消极的现象中露出了深藏其内的一种怀才不遇而又渴望入世的积极的本质内容。可以说，这几句亦真亦幻的牢骚话，显出了范公作为平常人的本色，心灵与诗歌，梦幻和现实，恰好对接，使他可亲可近，形象更立体丰满。

何况，饶州其实是范仲淹人生中无法绕过去的刻骨铭心的"痛点"。赴任数月后，他便痛失爱妻断知己。发妻李芳卿是唐朝名将李靖的后代，李家用文学家曾巩的话形容，可谓"族大而贵"。李夫人出身书香门第，仁孝慈恕，温柔和顺，深明大义，是后世士人眼中一位"母教典范"。

她究竟有多么贤惠呢？因去世时，丈夫和儿子们都尚未出将入相，当时没有人刻意保留她的资料或加以记载，但《范仲淹全集》收录了元祐元年（1086）三月她被追封为卫国太夫人的诏书，《赠太师楚国公卫国太夫人诰》中称赞道：

其官范纯仁母李氏，山河之容，江海其行。其君子正直，有羔羊之德，其后世信厚，有麟趾之风。宜锡褒荣，以慰存殁。乃祖唐相，实启卫国之封；眷我枢臣，愿为密章之赠。贲于幽壤，尚克嘉之。

从诰词中不难看出李氏出身名门，祖上是唐时宰相，她品性情操俱佳，虽半世飘零，却无怨无悔，相夫教子，勤俭持家，堪称"典范"。

对范仲淹而言，李氏是他生命中不可或缺也无人可比的人，是他生命中的贵人，"妻子休相咎，劳生险自多""一意惧千古，敢怀妻子荣""妻子屡牵衣，出门投祸机"，两人风雨相携、琴书相伴14载，育有5个子女。她没有预兆的溘然仙逝，于范仲淹犹如晴天霹雳，凄绝"黯魂"，"愁肠"寸断，宛如江边那失去伴侣的孤鹤，形容委顿，哀伤悲鸣，在流年的沉湎中，无情地裸露。

"夜夜除非，好梦留人睡。明月楼高休独倚，酒入愁肠，化作相思泪"，相当长一段日子，他走不出这个伤痛的阴影。忧伤伴着幽冷，从深处走向更深的深处，他只能日日忙于公务，不是上工地修城墙、固城基，就是防涝救火，以忙碌来麻痹神经，驱逐难以排解的痛楚。

"梧桐莫更翻清露，孤鹤从来不得眠"，当午夜的祭火燃起，天地涌出的泪滴把一切痛苦狠狠敲响，春风瑟瑟发抖，他只能弹上一曲《履霜操》，泪水涟涟，抚弦吟唱，任思念与忧伤在庆朔堂里蔓延。当我们还原这一历史现场，就能恍悟《怀庆朔堂》中的"年年忆着成离恨，祇托春风管句来"，与风月无关，而是景语即情语，字字透露出他对李氏深入骨髓的一往情深，作为"不以物喜，不以己悲"、以国事为重的

先天下之忧而忧
后天下之乐而乐

（周俊友书）

一代伟人，这是他情感世界里挥之不去的痛与哀怨。

范公一生秉持"先天下之忧而忧，后天下之乐而乐"，一直活在"忧"中，知饶州时，他又处在宦海沉浮、家庭变故的人生低谷期，倘若真有这么一段风流韵事，或许能够让他暂时忘记官场黑暗、丧妻之痛，稍稍舒展下那颗"进也忧退也忧"的心灵，圣人亦人嘛。

非祸即福的地震

事物的明亮与幽暗中，藏满玄机。在科学不甚发达的年代里，人们乐意行走在先入为主的概念路径里，垂青于那些扑朔迷离、变化莫测的传说烙印。

范仲淹在饶州待了一年半多一点时间，便调任润州，调动的原因和地震有关。

景祐四年，先是京师地震，接着忻（今山西忻州）、代（今山西代县）、并（今山西太原）三州发生地震，地裂泉涌，每日余震有四五次之多，无情的地震像一只巨手打破了三州的安宁，房舍倒塌，吏民死伤惨重，损失巨大，于是，夜被挤满了纷至沓来的想象。

在古人看来，发生地震这类灾害是上天警示，预示朝政有失。《东周列国志》中就记载了伯阳父的地震开诚说。当时三川地震报到朝廷，幽王却不以为然。伯阳父言语："夫天地之气，不失其序；若过其序，民乱之也。阳伏而不能出，阴迫而不能烝，于是有地震。今三川实震，是阳失其所而镇阴也。阳失而在阴，川源必塞；源塞，国必亡。"并预言："源塞必然川竭，川竭必然山崩，山崩是预兆，周室天下不出二十年当亡。"9 年后，幽王果然被灭。

伯阳父是周王室太史，活跃在周宣王、幽王时期。在中国哲学史上，他最早提出"阴阳"的范畴，以阴阳论地震，是最早解释地震现象的人。他冷眼旁观，不仅预言西周的灭亡，也预言郑国、晋国的兴衰，预言楚国的崛起，预言齐国、秦国的霸业，最后成为未卜先知的洞见者。可以说，用地震去推断国家的治乱，大抵始于他。

抽象的文字游戏，在光怪陆离中，高蹈在揽月的天际，重返远古的沧桑布局。用现代人的眼光去看，伯阳父的先知论多少有点神秘，却也体现了朴素的唯物主义：水土通气，人们才可以利用它来种植谷物；水土不通气，缺乏财物，国家也就灭亡了。他的预言在无意中暗合了现代环保思想，更遑论在原始宗教思想盛行的宋代，这种先知论所具有的威慑力了。

疑惑的心有时也会因充分的思考释然，一些大臣纷纷上奏谏诤，痛斥时弊，以匡正朝廷缺失。当时言辞最激烈、最切中时弊的是在史馆任职的叶清臣。他上奏道：范仲淹和余靖因上疏言事被贬谪，天下之人钳口结舌不敢议论朝政已将近两年，请陛下扪心自问，深刻反省，重用正直敢言之人，如此，朝廷在国人中才有威望，地震等灾害才不会发生。

仁宗听罢，觉得叶清臣还是言之有理的，便下诏迁范仲淹于润州。只是好事多磨，这其间又突生横枝，所幸"有惊无险"。那些曾经诬陷过范仲淹的奸佞小人，见润州离京城越发近了，唯恐仁宗皇帝某一天心血来潮想起范仲淹的各种好而再度重用，于是凭空为范仲淹捏造了不少罪状。耳根子软的仁宗听后龙颜震怒，不分青红皂白便下诏要把范仲淹贬往岭南。

眼见祸事又要临头，千钧一发之际，幸蒙参知政事程琳挺身而出，伸张正义，用大量有力的事实反驳那些"不实之词"，终使仁宗回心转意，重新把范仲淹调往润州。

正因有此机缘，范仲淹与比自己小 11 岁的叶清臣成为莫逆之交。宝元元年五月，叶清臣调任江南转运副使，八月底抵达润州，专程拜会范仲淹。

叶清臣的来访，令范仲淹不胜雀跃。时值中秋，天高云淡，明丽凉爽，花香馥郁袭人，范仲淹感激之余赋诗《依韵酬叶道卿中秋对月二首》，诗一云：

天遣今宵无寸云，故开秋碧挂冰轮。

诗人不悔衣沾露，为惜清光岂易亲？

诗二云：

> 孤光千里与君逢，最爱无云四望通。
> 处处楼台竞歌宴，的能爱月几人同？

有一种感动，月知道。皓月当空，夜深人静，两人谈兴酣浓，意犹未尽，不觉露水沾衣。此刻，人们都在欢度中秋佳节，但像我们两人在月下谈诗论文的能有几人？执一盏温暖的灯火，照亮友人也照亮自己，范仲淹把对挚友的感激和欣赏之情都融入这两首诗中。

此处略表下叶清臣。据《宋史》记载，叶清臣（1000—1049），字道卿，长洲（今江苏苏州）人，天资爽迈，24 岁时考中榜眼，并开创了"以策及第"的先河。虽才高，但他"遇事敢行，奏对无所屈"的性格，注定其仕途磕磕绊绊。"非才高见弃于荣路，乃道大不容于祸机"，从叶清臣在《松江秋泛赋》中表达的心声，不难看出他亦有一颗清心。他不愿陷身于政场上的勾心斗角，也不愿消极避世，而是不求荣华，只求裕民。这与范仲淹倡导的"清白而有德义，为官师之规"高度吻合。生命之血色是遮不住的灿烂，所谓朱赤相吸，两人成为至交也属顺理成章。

风波里的相逢

宝元元年正月，范仲淹从饶州动身前往润州。润州又称京口、丹阳郡，枕山襟江，林壑优美，古迹甚多，向为交通要冲、军事重镇，也是"山分江色破，潮带海声来"的山水名胜之地。

抵达润州后，范仲淹按例给仁宗写了《润州谢上表》。在洋洋洒洒的谢表里，范仲淹借汉朝直臣汲黯和唐朝名相裴度的事，表示自己和他们一样有缺点和过失，进谏时常常触及典章，难免有不当之处。但自己"徒竭诚而报国，弗钳口以安身""进，则持坚正之方，冒雷霆而不变；退，则守恬虚之趣，沦草泽以忘忧"，同时劝谏仁宗"总挈纲柄，博延俊髦"，以使"人心不在于权门，时论尽归于公道。朝廷惟一，宗庙乃长"。素心不改，忠君报国，范仲淹再一次用水稻拔节般的誓言表达了自己的心志和立场。

惊蛰的山坡长满期待，字里行间的诗韵、禅意充满雅静平和。在润州最令他开怀的一件事，当数滕子京、魏介之两位挚友的到访。三人皆是同榜进士，交情甚深，且机缘巧合，成为同僚，政事多有交集兼合作愉悦。

其中范仲淹与滕子京的缘分可谓由来已久。大中祥符八年举行贡举科考，众学子在候考时，少不了相互寒暄，七嘴八舌地就某个观点各抒己见，其时滕子京以一句"在下以为，清廉，才是为官之道的根本"，定格在了范仲淹的微笑里，令他刮目相看，一见如故。

天禧五年（1021），范仲淹调入泰州（今江苏泰州），任西溪（今属江苏东台）盐仓监官，职责是管理盐税，工作比较清闲，与他理想中的"建功立业"有很大差距。那只抒情的舟楫，日夜在他的梦里摆渡，更多的只有缄默，乍听风浪的呼啸及野鹤的长喉，范仲淹不免惆怅满怀，赋诗自我解嘲道："卑栖曾未托椅梧，敢议雄心万里途。蒙叟自当齐黑白，子牟何必怨江湖……一醉一吟疏懒甚，溪人能信解嘲无。"

舒展的云朵，浮动着他恬静如诗的梦，于云海尽头站起欢唱。不久，范仲淹便发现，这里尚有许多事情需要也值得他去做，比如解决海水之患，修筑捍海堤，救民出水火。主意既定，他便上书给当时的最高地方长官——时任江淮漕运的张纶。范仲淹对张纶的评价极高，说他"发身如班定远，事边如马伏波，修水利如邵南阳，议食货如耿大农"。在书中，范仲淹痛陈海堤利害，建议重修一道坚固的捍海堤堰。这果然引起张纶的共鸣和赏识，他完全赞同这项浩大的工程，力排众议，三次上表奏准朝廷，并荐举范仲淹担任兴化县令，全面负责修捍海堰工程。

在兴化，范仲淹遇到了同年旧识滕子京，其时滕子京任泰州军事推官，职责就是配合县令修筑海堰，一来二去两人交往愈加密切。有一回，两人一起去海堰工地现场督工，遭遇了一场罕见的大雨雪，海涛汹涌拍岸，冲毁建筑物，兵民们纷纷惊避，官吏也张皇失措，场面几近失控。见惯了大风大浪的范仲淹自是岿然不动，他有意看看身旁的滕子京，但见他从容不迫地指挥着，镇定自若地给大家分析利弊。大伙儿看见大人们如此泰然自若，情绪也就稳定下来。众人齐心协力，捍海治堰全面复工，不久，绵延数百里的悠远长堤，便豁然横亘在黄海滩头，从此，潟卤之地，变成良田，往日萧条荒凉之地渐又兴盛。"海水有时枯，公恩何时已"，人们感激范县令的功绩，把此海堰叫作"范公堤"，而且不少灾民竟改成范姓以纪念之。

此事令范仲淹对滕子京甚为欣赏，认为他有过人之才，命俦啸侣而愈加亲近。

魏介之是范仲淹离任饶州后的接任者，两人志趣相投，不言名利之语，不闻世俗之味，多次有诗唱和。范仲淹曾写两人相会之欢愉："与君今日真良会，自信粗官乐事多"；写分手时的惆怅："江上高楼欲千尺，便从今日望归舟"。

魏介之亦以诗和之：

> 使君去后堪思处，庆朔堂前独到来。
> 桃李无言争不怨，满园红白为谁开？

（冯家祥作）

诗中，魏介之以"堪思处""为谁开"等寄托情谊，怀念与范仲淹促膝谈心、诗歌唱和的时光，足见声气相求、友情笃厚。

"结交一言重，相期千里至。"此番滕、魏两人不顾滔滔长江，天堑之险，山长水阔，风尘仆仆联袂前来看望，令范仲淹深为感动。他赶紧令人备好酒菜，虽则只有炒青菜、酱萝卜、腊肉炖竹笋几个小菜，但丝毫不影响他们热火朝天地推杯换盏，一叙契阔。三人畅吐胸怀，感慨人生之变幻莫测，想当年，同年进士及第，何等意气风发，如今竟大半过世，而活着的人也是两鬓秋霜，青春不再，人生难得几回搏，人生亦难得几回醉呐。

酒至酣处，情绪奔涌，感激与兴奋一齐涌上心头。良辰美景若无诗，岂非辜负这荷塘月色、玉笛清音？范仲淹扭头唤纯祐拿来笔墨纸砚，扬起脖子一口喝干杯中酒后道："祐儿，今日你这二位满腹经纶之才的叔叔前来，为父甚为开怀，当赋诗相送。来，来，来，我念你写。"

> 长江天下险，涉者利名驱。
> 二公访贫交，过之如坦途。
> 风波岂不恶，忠信天所扶。
> 相见乃大笑，命歌倒金壶。
> 同年三百人，太半空名呼。
> 没者草自绿，存者颜无朱。
> 功名若在天，何必心区区？
> 莫竞贵高路，休防谗嫉夫。
> 孔子作旅人，孟轲号迂儒。
> 吾辈不饮酒，笑杀高阳徒。

纯祐立马乖巧地铺纸挥毫，言语间，《滕子京魏介之二同年相访丹阳郡》便已跃然纸上。诗中既道出三人之间情投意合的真情厚谊，又直抒胸臆：功名富贵、高官厚禄听从老天爷安排，不必费心去争，也不必防范那些势利小人的忌妒与诬陷。孔子恓恓遑遑，奔走于列国之间，企图得到各诸侯国的重用，结果事与愿违。孟子游说于齐魏诸侯之间，也没有结果，只好退而著书。郦食其为得到刘邦重用，自称高阳酒徒，颇笑煞世人。古来圣贤皆寂寞，唯有饮者留其名。

该诗点睛之笔乃是"风波岂不恶，忠信天所扶"。范仲淹借自然现象喻指自己的耿耿忠心：不管朝堂上有多险恶的风波，只要我心存忠信，就无所畏惧。自己尽管被一贬再贬，且已是知天命之年，可并没有意志消沉，每到一地，始终竭力为地方发展做力所能及的事情，为百姓民生谋福祉。范仲淹以诗言志，对27年入仕生涯做了总结，再次表明他无视安危、不计荣辱、为国尽忠的赤胆忠心与铮铮硬骨，这些近乎绝望的绚丽，恰是范公生命的真正本色。

今夕何夕兮，得与子同堂，心悦君兮君亦知，夫复何求?! 全诗应景"走心"，滕、魏两人拊掌喝彩，齐声呼好，也为后人留下了津津乐道的友情故事。

润州历来是文人墨客云集之所，范仲淹在润州的时间虽然短暂，但和文士素有来往，山山水水之间，多有唱和之作。他曾以一首《京口即事》赋诗遣怀，表达了自己对这座古老而美丽的城市的喜爱，摘录如下：

> 突兀立孤城，诗中别有情。
> 地深江底过，日大海心生。
> 甘露楼台古，金山气象清。
> 六朝人命薄，不见此升平。

诗中赞叹京口地势险峻、风光秀丽之余，反思六朝风雨混乱，给百姓带来的灾难，而今润州太平安定，百姓生活安稳，故唯有国家稳定，百姓才能安居乐业，再次道出了"以天下为己任"的抱负与胸襟。

"无穷功利无穷恨，有限光阴有限事""功名本是无凭事，不及寒江日两潮"。润州的山水滋养和人文滋润，令本就"不以物喜，不以己悲"的范仲淹，得以除去尘世的疲惫和官场的羁縻，可谓风尘尚有清骨在。人，一旦有气节，不管是到来还是离去，都很壮美且从容。换言之，他是怀着极为轻松的心情迈上了赴任越州的征途。

玄乎的逸事

范仲淹在润州境内做的最后一件事是造访邵餗先生，这也可以说是赴任越州的"前奏曲"。

大隐隐于市，小隐隐于野。邵餗可谓"大隐"者也。今考邵餗，字溪斋，润州丹阳（今江苏丹阳）人，著名篆书家，以篆显于天圣年间（1023—1032）。他留给世人最有影响的杰作当数《岳阳楼记》篆额（用篆字书写匾额），被世人誉为"巴陵四绝"之一。其事可见《至顺镇江志》卷十九。

范仲淹不打招呼，一身青衫径自到访，令邵餗喜出望外，赶紧相迎："范公造访寒斋，邵某有失远迎，请，请！"邵餗素来清高，屡试不第后，更是远尘嚣而独清闲。他的热情不是来自父母官造访的兴奋激动，而是范仲淹与他因心而友，唯德是依，神会心契。

景祐元年十月，范仲淹谪守睦州，修建钓台严子陵祠堂，并写下《严子陵祠堂记》，便致书邵餗求篆，信云：

> 谨奉短书于先生邵公足下：某今春与张侍御过丹阳，约诣先生，维舟水边，闻先生归山，所谓其室则迩，其人甚远。惘然愧薄宦之不高矣。暨抵桐庐郡，郡有严陵钓台，思其人，咏其风，毅然知肥遁之可尚矣！能使贪夫廉，懦夫立，则是有大功于名教也。构堂而祠之，又为之记……今先生篆高四海，或能枉神笔于片石，则严子之风，复千百年未泯……

范仲淹在信中表达了自己曾过访丹阳溪斋而未遇之遗憾，又对邵餗之篆刻"高出四海"致以倾慕，诚意满满地希望他能"神笔于片石"。邵餗是隐士，更是品德高尚之人，对范公又是钦慕有加，自然欣然应允。范记和邵篆之碑被誉为"双绝"，耸立在严陵钓台，千百年来，"贪夫廉，懦夫立"的风范长存不朽，滋润着一代又一代志士仁人的心田。这段"有大功于名教"的典实，也真切反映了两人之间的深挚交情。

"盖夫子之道，与天地为无穷，而公之功，则与夫子之道为无穷也。"范仲淹把培养、扶持、荐举人才作为己任，自然竭力向上举荐邵餗，可惜未就，但这并没有妨碍两人的交情，一来邵餗喜欢这闲云野鹤的生活，二则他对范仲淹的敬重之意甚浓，去留无意间君子之交皎皎乎、融融乎。若干年后，王琪知润州，同样感佩邵餗之德行与才干，再次举荐，邵餗因而被圣上赐号"冲素处士"，也算了却了范仲淹的一桩心愿。

正是因为有了范仲淹这个"中介"，滕子京才能和邵餗相识。其时滕于九华山服丧期满，即将调任湖州（今浙江湖州），赴任途中，他脑子一热，萌生王子猷"雪夜访戴"之雅兴，兴冲冲拉上在饶州任知州的魏介之，转道丹阳看望老友范仲淹，从而与邵餗结下一面之缘。有了这层关系，岳阳楼成，求范记、苏书，再请享有盛名的篆刻家邵餗篆额，便水到渠成了。

有了强强联袂的"黄金组合"，"巴陵四绝"想不出名都难。宋元丰二年（1079），郑民瞻撰《重建岳阳楼记》载："庆历中，滕子京作而新之，时人以范记、苏书、邵篆与兹楼号为'天下四绝'。"自此岳阳楼"四绝"闻名遐迩。

此番范仲淹移知越州，"首途之日，过邵餗逸人溪斋"，也足见范仲淹对邵餗忘言之契、欣赏有加。处江湖之远，依然可有诗书酒茶，一樟清风相伴，两位心仪已久的神交自是一番欣喜。

不多时，邵之家人已备上菜肴。邵餗满斟一盅酒，敬道："贺喜范公。越州乃东南重镇，此去乃真'荣光'也，想来离重回九重城已是指日可待。"范仲淹闻之，不由"哈哈"一笑，端起酒杯回敬道："哪里，哪里，邵公说笑了。"

红尘中要做到真的超脱，其实不易。邵餗的话正中范仲淹的心怀，生命中很多事情，沉重婉转至不可言说，从饶州到润州再到越州，看上去地理位置确实是愈显重要，也意味着这个知州的"含金量"愈重，这传递出皇上对他的忠心、正直是了然于胸的，只是，自己是三贬之身，头上还顶着"三项罪名"。前方的一切还是个未知数，不能居庙堂之上，施展济世经国的宏图大愿，只能一尊如旧，始终秉持"救民疾于一方，分国忧于千里"的信念，聊且话平生，难免有种激情过后的疲惫。

道不胜于命，命不会于时，人生苦短呀。何时才可"朝夕奉皇明"，真正重获皇上的信任和倚重呢？这江湖漂泊的生涯，何处是尽头？范仲淹的内心扒开了一个个缺口，像一幅北方秋天的油画。

"酒逢知己饮，诗向会人吟。"共同的认知使其打开柔软的心扉，二人互斟互敬，甚是开怀。酒精是撕开心灵防线的钥匙，几杯下去，两人话也多了起来，少不了扯到越州。范仲淹对贺知章极为景仰，他知道邵𫗧对贺知章也颇有研究，便饶有兴趣地问起贺知章在镜湖的逸事。

所谓逸事就是世人不太知道的事迹，多指未经史书记载的琐事。那么贺知章究竟有什么样的逸事哩？

贺知章（659—约744），越州永兴（今浙江杭州萧山）人，字季真，是隋唐开科取士以来浙江历史上第一位有史可查的状元，性格豪爽，善谈笑，有"清谈风流"之誉。他还酷爱酒，对酒喜欢到什么程度哩？"一时喝酒一时爽，一直喝酒一直爽"，与李白、李适之、李琎、崔宗之、苏晋、张旭、焦遂并称为"饮中八仙"，杜甫在《饮中八仙歌》中说："知章骑马似乘船，眼花落井水底眠。"

贺知章擅长草书、隶书，《唐才子传》记载："善草隶，每醉辄属辞，笔不停辍，咸有可观，每纸不过数十字，好事者共传宝之。"晚年尤纵，自号"四明狂客"。"贺公雅吴语，在位常清狂"，他可以说是"盛唐官场中最大的赢家"，在盛唐复杂的政治生态中风生水起、大放异彩。在长安最繁华的城市里，他乡音不改，操着吴语，全然没有"乡巴佬"的顾虑，狂放不羁又老成，堪称官场"常青树"。他没有参与"安史之乱"，还在死后第14年，被唐肃宗加赠为礼部尚书。

贺知章的离京，是天宝三载最大的告别。《贺知章传》云："天宝初，请为道士还乡里，诏许之，赐镜湖剡川一曲。既行，帝赋诗，皇太子百官饯送。"《会稽集》记载："得明皇所为送贺老归越之序与诗，及朝士自李适以下三十七人饯别之作。是时，正天宝三载正月五日也，青门祖帐，冠盖如云，虽汉二疏，无以加此。观者如堵，甚以为宠。"唐明皇不仅恩准贺知章"请为道士"，还把贺知章捐出的京城的房子赐名"千秋观"，赐"镜湖剡川一曲"，把今绍兴会稽山北麓的镜湖（也叫鉴湖）作为贺知章归隐地。

在诡谲变幻的宫廷斗争中，是没有几个人可以真正笑到最后的，并且死后依然有扶摇直上的运气。要知道他可是比写下千古名句"念天地之悠悠，独怆然而涕下"的好友陈子昂还要大两岁哩。

如同秋天的稻谷，总是高过仰望的头颅，高过蔚蓝的天空，高过茁壮的诗歌，贺知章的"狂"是从唐诗宋词里飘出来的。他超凡脱俗的才，是"狂"的资本；他受到的帝王对他无人能及的偏爱，是"狂"的资本；而他

（张继钟作）

在最恰当的时间全身而退，更是"狂"的资本。他与他的诗文总是乐观豁达、气度雍容、清新潇洒，才留下"金龟换美酒""为儿子乞名"等诸多逸事，甚至发生了"死而未死"的逸事。

不管星象图告诉人们观察什么，或易学经书寓示人们找到什么，世人总是乐意感兴趣于自己的发现，让故事在时间之上发酵。贺知章的声望隆于庙堂与江湖，他虔诚地执着于修道，最终弃官归隐并正式成为道士。只是他没有留下足够多的诗文，让人知道他修炼的细

节。加之回乡后史载不详，以至于无人知晓他什么时候去世。然，从他多年修炼、道心精坚而言，得道仙真，羽化登仙，按古人的神仙信仰和对世界的理解，这也未必不行。如同《抱朴子》所说："夫存亡终始，诚是大体，其异同参差，或然或否，变化万品，奇怪无方，物是事非，本钧末乖，未可一也。"意即：天地无穷，仙鹤长存，所以未必所有的人和物都遵循生死存亡的规律。

范仲淹和邵餗谈到贺知章这件逸事时，不免因此事玄乎而带点小兴奋。但见邵餗眉飞色舞地击了下手掌，起身道："范公，巧了，邵某刚好有友人从江夏（今湖北武汉）寄来了一篇唐人许鼎撰写的《唐通和先生祖君墓志铭》，其中就提到贺知章。"言毕，他乐颠颠地从里屋拿出来给范仲淹看，铭文写得辞精理远，还有宋朝初年大学问家徐铉所写的序。其间载："贺监知章得摄生之妙，近数百年不死，负笈卖药，如韩康伯。近于台州上升，遍于人听。元和己亥年，先生遇之。""此碑正元和间所作，相去未远也，不知何以言此。"换言之，在贺知章"死后"多年，居然还有人看到他活生生地出现。

而观李白《忆贺监诗》有云："昔好杯中物，翻为松下尘。"又云："人亡余故宅，空有荷花生。"如李白所云，则是贺知章实亡矣。此事正如《江南野录》载，陈陶不死，而曹松、方干之徒，皆有《哭陶诗》之类也，虚实不可深信。或者，这也是人们对他的一种美好期望吧。

同为文人才子、朝中重臣，范仲淹对贺知章甚是佩服、钦慕。贺知章的人生之路，有悲欢，有起落，他也曾在诡谲多变的官场里斗智斗勇，在直率坦荡的文人里醉酒交友。但他该喝的酒，都喝过了；该交的朋友，也交完了；该做的官，做到极致了；该享受的人生，也享受遍了。可谓既遂报国志，又无人生憾，一生洒脱，余生至尊，为人做官能得此境界，夫复何求！

而反观自己，具有相似的个性和抱负，却是不一样的际遇。历史与现实总是难解难分，在豪门权臣相争中，私利与恶成为社会的推动力。自己如叔向一样，可谓"古之遗直也"，在现实中却无能为力。像《诗经》里说的那样，"优哉游哉，聊以卒岁"，悠闲逍遥一些，聊以度过岁月，这才是明智啊。"有客平生爱白云，无端半老尚红尘"，在朝不保夕的时候，保持一份从容的心态，总有一种力量能找到回家的方向，有那么一瞬，范仲淹的脑海中闪过效仿贺知章抛却凡心、弃家修道的念头。

范仲淹感觉此际成为一个动词，一个走向历史的某个片段，驰怀却无以言表，不由轻轻地叹了口气，"时代有其命运，我有我的坚持"。只是，"古来中酒地，今见独醒人"，相较屈原"纵身一跃"的悲壮，自己似乎还是幸运的，遇上的仁宗算是个明君，允许忠心能干的士大夫阶层的代表们一道治政，在一定程度上延缓了国家走向衰落、分裂的步伐。只是他有他的局限或者说无奈，作为皇帝他不能不制衡各方势力，有时"平衡"对朝廷是一种苟且的维持。

生活是没有水的海洋，每一个人都是玩命的水手，而自己从来不是孤军作战，还有那么多的知己好友志同道合，不惜以身试法，甘愿遭受同贬。圣意虽难测，但皇恩依然浩荡。此次徙知越州，不是离京城近了些？他日重用也或可能。反正朝廷若用我，我则坚持正直立朝；如朝廷不用，我也安于贫贱，不怨天尤人。做一个光明磊落之人，多好。

论成败，谁是英雄？岁月的签约不过是一纸月光瞥过的空文。范仲淹不愧一路滚爬摸打过来，虽则心潮如煮，目光却依然澄明。刚滋生的落寞想法一闪即过，便若无其事地继续与邵餗谈古论今，把酒言欢，真正的"大家"往往能上天入地。

晨光熹微，两人互道珍重作别。范仲淹精神抖擞地牵着一匹瘦马，水墨一样，彳亍山水，横渡春秋，奔赴最辽远的水域。"孤"是一种独有的真实，用思与想的形式说话，什么都不在话下，拜谒贺知章旧居一事也毫无悬念地植入范仲淹心间。

并不陌生的越州

"悠悠鉴湖水，浓浓古越情。"越州也称会稽，素称"文物之邦、鱼米之乡"，不仅山光水色冠绝天下，且是人文荟萃之地。相传4000多年前，大禹为治水曾两次亲临此地，治平水土，此地存禹陵胜迹。春秋战国时，越王勾践建都绍兴，卧薪尝胆时，"越池"一度成为我国东部政治文化中心。汉朝置都稽州，隋朝改称吴州，唐朝又改称越州。

历朝历代，迁客骚人、俊才雅士在此或壮游或宦游或隐游或优游者不胜枚举。书圣王羲之曾意气风发、神采飞扬地写道："山阴路上行，如在镜中游。"与之并称"二王"的七子王献之亦有云："从山阴道上行，山川自相映发，使人应接不暇。若秋冬之际，尤难为怀。"东晋书画家顾恺之如此形容："千岩竞秀，万壑争流，草木蒙笼于上，若云兴霞蔚。"

《全唐文》第九部卷八百四十二写道："江山右地，吴越名区。百雉则前朝旧都，会稽乃夏后遗址。宜旌社土，以统藩维。"这毫无疑义地道出越州乃东南重镇这个不争史实。隐居越州镜湖别业的方干（？—约888）在《旅次钱塘》中说："此地似乡国，堪为终日吟。云藏吴相庙，树引越山禽。"由此足见越州山光水色令人顾盼神往、流连忘返。

永和九年（353）的一桩"雅集"，不仅为中国文学史平添了一段佳话，也令会稽越州惊艳了历史。时任太守的王羲之与居住在始宁（今浙江上虞）东山的谢安等41位名流高士，在越州西南郊的兰亭修禊事，即农历三月上巳（三月三日）临水洗濯、祓除不祥的祭祀活动。

其时，茂林修竹，曲水流觞，惠风和畅，魏晋名士的风雅与书法的神韵在此不期而遇。研墨，煮茶，烹酒，与会者临流赋诗，各抒怀抱，抄录成集。召集人、德高望重的王羲之当仁不让，为之倾情作序，极尽波澜起伏、抑扬顿挫之美的《兰亭集序》横空出世，其迹被称为"天下第一行书"，是世人公认的瑰宝，引后世无数文人墨客流淌秋思。

从唐代开始，自六朝逐渐形成和发展而来的山水文化进入了鼎盛时期，文人雅士在越州的山水游历活动更趋频繁，并从稽山鉴水向新嵊腹地深入，出现了一条被今人命名为"浙东唐诗之路"的山水旅游景观。其中李白到越州时，有感而发写下的《越中览古》独领风骚：

　　　　越王勾践破吴归，义士还乡尽锦衣。

　　　　宫女如花满春殿，只今惟有鹧鸪飞。

　　这是一首怀古之作，全诗见今昔盛衰不同，令人览之而生感慨，亦寓荣华无常之戒于其中，怀古忧戚中映射着越地之繁盛。

　　南宋著名爱国诗人陆游在《送王龟龄著作赴会稽大宗丞》一诗中所写的"有越逾千载，何人不宦游"，可谓以无比自豪的家乡荣誉感，淋漓尽致地表达了越州这份独特的人文历史及其无限魅力。

　　后梁龙德三年（923），钱镠建吴越国，拥有浙江和苏南、闽北的 13 个州。越州虽仅是十三州之一，地位却非常重要。钱镠是临安人，但由于他两次平叛的军功都产生于越州，因而在一定程度上也可以说他是从越州起的家。也正是这个原因，他成为吴越国王后，设杭州都城为西府，设越州为东府，相当于陪都，使越州在吴越国 13 个州中的地位仅次于杭州。

　　范仲淹的曾祖父范梦龄，曾任吴越国中吴节席判官；范仲淹的祖父范赞时在吴越国当过朝散大夫、检校少府少监，官至秘书监，为正四品；范仲淹的父亲范墉虽未及出仕，便遇上了钱俶归宋事件，但还是历任成德军、武信

（张继钟作）

军、武宁军掌书记之职。据《范氏家谱世袭·跋》记载，范隋"曾孙坚、垌、墉、埙、埴、昌言六人，从钱氏归朝，仕官四方"。

可以说，范氏家族世代鏊缨，祖上数代与吴越国有着千丝万缕的关系。而越州作为吴越国的东府，也留下了诸多史迹和传说，对于饱读四书五经、深谙经史子集的范仲淹来说，可以推测他对越州并不陌生，甚至对这里的风土人情颇为中意。要不然，天圣四年（1026）春天，他不会兴致勃勃地从兴化直奔杭州，据说还顺带去越州"一游"。

宋朝规定，凡贬谪官员调往离京城较近之处为官，称"量移"，意味着有朝一日还会被朝廷重用。"苏湖熟，天下足。"在人们眼里，东南沿海，美丽富庶，令人向往，越州又是越国古都、江南重镇。范仲淹知道能知越州是件好事，一定程度上显示王室对他依然"器重"，意味着"东山再起"的概率很大。佛的殿堂，打开经纶满腹的竹简，那面曾经写满召唤的旗帜从宿命的祭坛上一跃而起，以理想的高度又一次飘扬在北宋阴霾的天空。范仲淹隐隐看到前方希望的火花正次第绽放，一种游刃有余的力量正自脚下升起并开始向远方企及。

素心慕真堂

　　踌躇的意志剽悍地游走在山峰的跌宕之后一马平川的温情中，像是飞舞的一面旗帜。范仲淹带着家人，车马舟船，行走在黎明和夜色的分界线上，辗转二月余，于宝元二年正月，抵达越州。未曾洗涤远路风尘，范仲淹即去与前任知州郎简做交接。郎简（975—1063），字叔廉，一字居敬、简之，尤好医术，人如其"字"，是位千秋颂扬的清官廉吏。

　　白雪虽未褪尽，却已有点点青绿破土而出，别是一番神韵。各方面基础条件比较优越且并不陌生的越州，令范仲淹此次履新驾轻就熟，得心应手。

　　公务之暇，范仲淹带着随从，带着与邵餗阔别时闲聊逸事的新奇和对先贤的神往，兴致勃勃前往贺知章旧居天长观，叩访这不朽的情感来源地。

　　贺知章的故居也是他的归隐地，在今绍兴会稽山北麓的镜湖一带。关于"一曲亭"的地理位置后人颇有争议。南宋《嘉泰会稽志》记载："放生池，在府东南一十里。天宝二年，秘书监贺知章表，乞永周湖数顷为放生池，诏许之。明年春，以黄冠归故乡，赐鉴湖剡中一曲，敕永周湖为放生池。"（"剡中"应为"剡川"）唐时镜湖完整，贺知章要的是永周湖（唐朝称"周宫湖"），此湖在"府东南一十里"，应是镜湖的"一曲"，即与镜湖相连通的一个小湖。

　　清康熙《会稽县志》记："贺知章宅，在县东南三里五云门外。知章以秘书监请为道士，还乡里，诏许之。以宅为千秋观，后改天长观。宋郡守史浩建怀贺亭、鉴湖一曲亭于观前。又有赐荣园，取李白诗曰'敕赐鉴湖水，为君台沼荣'之句。其内有幽襟亭、逸兴亭、醒心亭、迎棹亭、今并废。"
该志又云："天长观，即贺知章宅，名千秋观，天宝七年改额天长。今废为
五云河泊所。今考前志，乃知贺监宅在五云乡，其地风景宛然如昔，而宅乃
为河泊之废署也。"南宋丘宗山的《夜行船·怀越中》写道："一曲亭边，五
云门外，犹记最花多处。"

　　清嘉庆《山阴县志》记："道士庄在镜湖中，与三山连接。唐贺知章致
政归，自号黄冠道士，故名。""三山"即现在的韩家山、行宫山、石堰山。
陆游有好几首诗提到"剡曲"："家住山阴剡曲傍，一番风雨送新凉""四纪
移家剡曲旁，白茨生草作山房""萧萧白发濯沧浪，剡曲西南一草堂""一官
始巴棘，剡曲何时归"……同时，嘉庆《山阴县志》又载："鉴湖一曲亭在
常禧门外，贺知章建。"原注引自"旧志"。"常禧门外"范围较大，偏门至
三山一带都可算。

　　其实，不管"一曲亭"位于何处，集万千宠爱于一身的贺秘监"还乡
里"、在绍兴安度晚年是不争的事实，已足以被世人仰望。

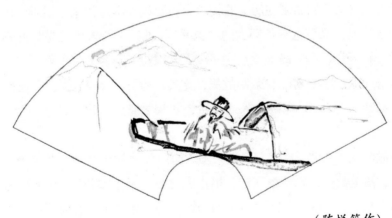

（陈悦笙作）

　　在现实与理想的水域，文明举着悲壮的画笔把理由粉饰得冠冕堂皇，贺
知章还乡时的隆重在时光里溜进溜出。

　　天宝三年正月初五，西北风尽职地"嗖嗖"刮着，京城东门长乐坡却是
人声鼎沸、浓情绵绵，宛若春暖花开。唐明皇亲自在此设帐，率宰相、太子

等强大阵容为贺知章饯行。37 个顶级才子争先恐后、热情洋溢地赋诗唱和，谁也不甘心错过这千载难逢的表忠心、展才情的机会。

兴奋、离愁、不舍……诸多情绪在空中萦绕。看着眼前这个陪伴自己励精图治大半生的爱卿，唐明皇感慨万分。深厚的情义和美好的意境，点缀了这离别的场景，没有虚假和伪饰，唯一的表达依然还是诗，唐明皇兴会淋漓，便即兴赋诗《送贺知章归四明》：

> 遗荣期入道，辞老竟抽簪。
> 岂不惜贤达，其如高尚心。
> 寰中得秘要，方外散幽襟。
> 独有青门饯，群僚怅别深。

宠爱可表达倾心，倾心也可成为景观。这次送行是诗情画意的，玄宗作序，集结为卷，是当时文坛一大盛事。这种礼遇也引来人间无数惊叹，"玄宗送行"这样的千古奇观在历史的长河中想要再找出几例来，很难。可发生在贺知章身上，似乎也不是那么的"玄乎"，谁让他的人生总是如此不可思议的"一路开挂"哩：既能生活在多少人曾想要梦回的大唐王朝，又能从朝堂上全身而退，平安着陆、荣归故里，完美地避开"安史之乱"，还能在死后获无数"荣光"。只能说"人道我贵，非我之能也，此乃时也、运也、命也"。

镜湖流水漾清波，狂客归舟逸兴多。原以为"厅馆好墙壁及屏障，忽忘机兴发，落笔数行，如虫篆飞走，虽古人之张、索不如也"，此地应是盛况犹在风水地。然，映入范仲淹眼帘的场景却是杂草丛生，断垣残壁，虫豸和野猫在屋檐下苟延残喘，一丝棱角分明的光，在昏暗的殿内，仿佛刺向时间之河。

看堂外，幽丝萦絮，春风依然不改"旧时波"，波上却是"亦无黄庭亦无鹅"，三百年的风尘甚是无情。悠悠往事如潮，那个堪称史无前例的"告别"坠绪飘蓬，曾经的葳蕤时光，如今消瘦成诗，似一首《短歌行》。

　　一种"酒外惊回春晚，匆匆过了清明"的无限同情还有丝丝悲哀在范仲淹的心中交会，他的脸不由微微抽搐了下，眼光落在斑驳的雕像上，他一脸肃穆，缓缓道："漫将盛祀忆前朝，魂未远，应挥涕，旧人却是多凋零，可叹可悲悯哉！"

　　略作停顿后，他好像在自言自语又似是在对别人说："贺大人乃千古先贤，荣光一生，其堂怎可如此萧条！当即日修缮。"

　　范大人不怒而威的眼神，神色凝重的样子，令一旁的衙役们如木雕般发怵，空气似乎凝固了。听到他开口说话，众人才稍感缓过神来，忙不迭地齐声道："得令，大人。"

　　凡事领导重视就好办。次日，府衙内一干人等便火速招聚工匠，筹集材料，施工队浩浩荡荡进场，大刀阔斧地对真堂进行"整容"。

　　其间，范仲淹数度亲临施工现场督查，详细过问材料质量和工程进度，还拿出自己的俸禄捐为修缮的物资费用。

　　赫赫有名的知州大人如此重视贺秘监旧宅修缮工程，十里八村的乡民们兴奋地奔走相告，"范大人真是个亲民务实的好官呀"，五云门附近的一些村民还自发地出工出力，热火朝天地参与建设。

　　众人拾柴火焰旺。未几，真堂焕然一新。待基建工程完结时，范仲淹特令工匠把徐铉写的序文碑刻于堂前，同时蔽襟抒怀，专门作《刻唐祖先生墓志于贺监祠堂序》。序中对修葺一事作了说明："既抵郡，访天长观，即贺公之旧居也，叹其真堂卑陋以甚，乃命工度材而新之，又刻徐公所序之文，以广游人之观采焉。"这也算了却了邵竦的一桩心愿。

（贺秘监祠，绍纪宣供）

此处略表下"徐公"。徐公即徐铉（917—992），其先世是浙江绍兴人，后迁居广陵，世称"徐骑省"。史载徐铉10岁能作文，不妄游处。在文学上卓有成就，尤其在诗歌、散文创作方面。其文章承晚唐骈俪之风，而体格孤秀，与韩熙载齐名，江东谓之"韩徐"。他为李煜所作墓志铭，立言得体，《宋文鉴》曾录此铭。

同时，又传徐铉好谈神怪，有门客蒯亮乃江东布衣，90余岁，好大言夸诞，所言皆载入《稽神录》。故对于贺知章"死而未死"的说法，恐有神怪论之嫌，但他为贺知章墓志铭作序之事却是"如假包换"。

褒扬名人就是尊重名人、学习名人，就是让后人了解这些非凡之人和非凡之功，更是让他们的精神融会于当下的中国精神中，可谓功德之事。越州文化，源远流长，历代名人辈出，他们站在家国济世的高度，鸣国家之盛，在中华历史文化长河中开创多个第一，人格魅力光照千秋，功绩成就影响至今，褒扬他们就是坚持文化自信、文化自觉、文化自强。范仲淹对贺知章旧居的修缮义举，从一个侧面反映了他自身的品行，也体现出一个地方长官高瞻远瞩的胸襟与情怀。

"天长观"经修缮后，此后虽经岁月颠沛、风雨飘摇，仍得以相对完整地存世，成为珍贵的名胜古迹。古钟悠悠中，留下满天繁星，不知明媚了多少人的双眼，也把清辉洒向遥远历史的纵深处。

诸暨道中行

几湾流水，数点遥山中。梦游天姥的寻觅，千里江陵的两岸猿啼，峨眉山前的半轮秋月，都是文人墨客心中一念的里程。"有客平生爱白云，无端半老尚红尘。"范仲淹在《赠茅山张道士》一诗中留下了如此的歌吟，坦言自己喜欢像悠悠白云那样舒卷自如、恬然宁谧、自由自在、无拘无束的生活，然而如今年过半百，尚在喧嚣红尘中烦扰，多么希望拂去尘世的薄幸，除去心以身囚的遮蔽，赋生命于一点幽兰、一分柔软。

站在大宋更远的风声里，我们似乎能隐约听见范公内心深处这种挣扎的独白。只是，"身处江湖，心存魏阙""敢不尽心，以求疾苦"，那颗不羁的心怎能允许自己悠游山水、无所事事？

时在中春，阳和方起。忧国忧民、闲不下来的范仲淹已然走在下基层调研的路上。今儿个，他轻车便装径往越州辖区诸暨县。早行的人总是在夜色里，一边打着盹儿，一边把行囊里的故乡扯在手里。

诸暨县城外驿亭里，一团暖阳在冰冷的土上跳来跳去，县衙里的官员们在兴奋与忐忑中恭候，兴奋的是能与这位名满天下的上司近距离接触并向其汇报工作，忐忑的是但凡有个闪失，过不了这位严峻上司的视察检查"关"，该如何是好？

范仲淹到达县城时已是晌午，但见大街上车水马龙，茶楼酒肆人声沸扬，人们三五成群聚集，或吃喝或闲侃或小酌，杂乱的方言此起彼伏。三月的阳光嫣然，迎风盛开的数枝桃花，没有被时光所搁浅，倔强地挺立着，衬出尘世的熠熠光华与一派升平景象，让人感觉春意是如此情深意长又朴实无华。"处一隅而观全局"，老百姓的小日子蛮滋润的呀，范仲淹不由露出了欣慰的笑容。

原本诸暨官员们安排的下榻处位于县衙附近一家颇有知名度的"鸬鹚草堂"酒坊，大伙儿正想要迎范大人前往，范仲淹却摇头示意："不急不急，咱们边走边聊。"

溪流浅唱，春虫低吟，平平仄仄的石板小道，如同记录历史的竹简，散发出另一种盎然生机。一干人等沿着浦阳江畔缓缓而行，范仲淹详细询问老百姓如何谋生、诸暨的治水工作等情况，陪同的知县谨慎又利索地一一作答，内心甚为庆幸事先"做足了功课"。

"一去二三里，烟村四五家"，说话间，一行人已行至诸暨南部近郊苎萝山下，相传这里是春秋时越国美女西施浣纱处。"珠光丽影馆娃宫，天籁佳音响履廊"，西施是吴越争霸、"生聚教训"经典历史中不可或缺的人物，绝世的惊艳被推向吴越之争的无形战场。《吴越春秋》记载："越王使相者求美女于国中，得之苎萝山鬻薪之女西施、郑旦，饰以罗縠，教以行步，习于土城，教于都巷，三年学服而献吴王。"结果就是世人熟知的故事：吴王沉迷于这个精心制作的"糖衣炮弹"，最终成为亡国之君；而勾践卧薪尝胆，东山再起，成就霸业。

千年风霜弹指而过，浣纱石历经多少寂寞繁华，依然傲立江畔，静释历史中的凄婉与荣光，搅动几多过往游客的情怀。而"大功臣"西施的下落，却耐人寻味，令人遐想地流传着多种版本：

唐朝陆广微《吴地记》所载"西施亡吴国后，复归范蠡，同泛五湖而去"，说的是西施身心俱疲，什么都不想要，只想待在范蠡这个深爱的男人身边，泛舟江湖追赶那波光闪闪的情愫。花前月下的眷恋，摇曳的风影，凝固了一方梦里美景。这是影响最大、传播最广的说法，也最吻合人们对于

"有情人终成眷属"的美好期许。

战国《墨子·亲士篇》说："西施之沉，其美也。""越浮西施于江，令随鸱夷以终。"即西施被越王赐死，活生生地盛以"革囊"沉江。这是关于西施结局的最早记载，与伍子胥尸体"革囊"随江浮沉类似，只是更为残酷与血腥。

《东周列国志》记载："越夫人潜使人引出，负以大石，沉于江中，曰'此亡国之物，留之何为'。"即西施被勾践夫人所沉江。此种说法比较符合女性的妒忌心理和宫廷争斗。

此外，还有"归隐山林"说，即西施不恋荣华富贵，恳求回家侍奉双亲，终老山林。曾任越州长史的唐代诗人、儒客名士宋之问有诗云："一朝还旧都，靓妆寻若耶。"大体指西施回归越国古都，后失足落水。

浪漫年华随着模糊的传说，如落叶般飘散在滚滚红尘。苍茫的岁月堆积了人生太多荒谬的残骸！

（冯家祥作）

世道，是另一类主角；故事，是另一种演绎。无论或浮或沉，或隐居湖畔，或失足落水，几乎所有传说都与水有关。水中有心，没有尘埃的心。靠近水的地方，就靠近春天。靠近春天，就会有绿，绿得清纯，绿得净白。而干净、纯洁就是一个女人想要的尊严。天上，人间，理想，爱情，一缕诗魂湿了多少梦里的相思，倦了几世如水的红颜，沉鱼落雁，揉碎江南烟雨，何尝不是尊贵又诗意的归宿？

历史的荒凉与萧条不一定美丽，却往往能触动情绪。范仲淹对范蠡推崇备至，以子孙自居，而西施又与范蠡有着千丝万缕的关系，翩然身影入苍冥，瘦削的肩膀担起那沉重的大理大义，却将万千心事托付于箫瑟和鸣的欢娱或倚栏望乡的惆怅之中，是身无所依，还是为伊断魂？是现实对爱的追捧，还是历史对情的追悔？

倏忽间，范仲淹的脑海中跃过李白的"未入吴王宫殿时，浣纱古石今犹在"，这两句诗似沉淀在岁月中一支饮恨泣愁的断章，一半清馨芬芳，一半惆怅哀伤，凝重的嗟叹徐徐弥漫，范仲淹不由对西施多了几分敬重。

临江眺望，一只鹧鸪掠空而过，更远处是薄雾掩绕的青山，蹁跹出视野里唯美的意象，正适合一颗心，于此中长久地旅行。有那么一刹那，范仲淹感觉自己像一个游子，荡起一曲遥远乡愁的呼唤。只是未待情绪过多酝酿，几声高亢的谈笑声打破了这份宁静。循声而望，原是旁边几棵巍然耸立的大树下，有个简易的露天酒肆，热闹声来自那几个正兴致高涨喝酒闲侃的庄稼汉。

"春阴垂野草青青，时有幽花一树明"，自在惬意的场景令寥落的内心充实起来，范仲淹不由精神一振，趋身前往，边用手指边朗声道："就在此处用午膳吧。"

陪同官员听闻此言不禁内心一个激灵，范大人完全不按常规出牌呀，一句话便打乱了节奏。

眼见范仲淹已兀自坐下，此时清场已然不妥，官员们只能忙不迭地小声招呼店家把特色菜、招牌菜等悉数摆上阵。

素闻范大人嗜好杯中之物，县衙接待处早已备下多种美酒，不意计划没有变化快，很多情节来不及设计。陪同官员们不愧经过官场历练，应变功夫了得。赶紧询问店家可备有酒，被告知自制白酒"保够"，便让赶紧拿出应急。

知县略为战战兢兢地斟酒相敬，范仲淹端杯喝下满满一口。这一喝不打紧，但觉一道火辣辣的液体穿过喉咙、直透胸膛，爽滑甘冽又"劲烈如刀"。

看着杯中清澄、红润如玉之物，范仲淹连声道："好酒，好酒呐。"随即饶有兴趣地问："此乃何酒？与黄酒着实不同。"

陪同的官员立马热情洋溢地介绍道：此乃诸暨老百姓自酿的土酒，也叫"烧酒"，是以当地特产的高脚拐糯高粱为原料，配以传统工艺酿造，再用纯天然红色高粱枝叶浸泡之后而成的手工蒸馏酒，度数多在60度以上。可以直接喝，也可以掺和蜂蜜喝，是谓"瑶浆蜜勺，实羽觞些"。口感清香，温文尔雅又不失厚重，浓香丰满又不显妖艳，酱香悠长又不失余韵，"一口三香"而享有"酒中君子"之称……

听罢介绍，范仲淹端杯再喝了一口，赞道："好酒，痛快！"

众人见范仲淹有如此雅兴，一个个赶着敬酒，且不打马虎眼。酒量好的先干为敬，"咕咚"一口，仰头即满杯下去，还不打折扣来个三连敬，"噌噌噌"就像喝白开水似的"倒"下去。酒量不行的，酒风行呀，怎么着也可顶个两三杯吧。

须臾之间，一个毫无伪装的世界一览无遗，酒风如民风、作风，范仲淹颇为欣赏这种痛快的喝酒风格，笑意便蔓延开了，对诸暨这方爽直、剽悍的风土人情更多了几分好感。

坐在不远处、刚还喧闹着的几个汉子，得知大名鼎鼎的范大人居然近在咫尺，兴奋得合不拢嘴，七嘴八舌地说着："范大人是清官，是天下第一大好人。"于是便都借着酒胆，扯起嗓门，恭恭敬敬地端酒敬道："范公范大人，小民敬您！"

一旁严阵以待的衙役们赶紧挺身欲制止。范仲淹挥手道："无妨，无妨。"起身向敬酒的村人拱手，笑道："乡亲们，勿拘礼，范某谢了。"随即豪气地一干而尽。

"君子有酒，酌言献之。"酒在古代文人的精神世界中，是血脉偾张、冲击肉体与灵魂般的存在，恰似明月与碧波的瑶池陷阱，乘风而去，逆流而上，引无数人心驰神往。范仲淹对酒也是情有独钟，只由于身体原因，无奈不敢豪饮，但也不妨碍他与友人们小酌浅吟。他曾在写给滕子京的信中说："某肺疾尚留，酒量大减，水边林下，略能清吟。"

"拂堤杨柳春烟，周遭古木苍茫""林中好物闲宜进，林下幽人静可邀"，此等场景极称范仲淹心仪的边饮酒、边听琴、边吟诗的意境。透明的酒水，游动透明的笑声与意念，一切重负仿佛解脱了，躯体、心灵和思想都溶于这腾腾的琼浆中，仿佛忧伤被清洗。是啊，"对酒当歌，人生几何？何以解忧？唯有杜康"。

俗话说"酒壮怂人胆"，酒是极好的催化剂，能发酵出人性骨子里的至纯和至诚，众人见范仲淹如此亲民又有如此雅兴，情绪愈加澎湃激越，此前的拘谨渐渐隐去，"宁失人格，不输酒格"，对饮相搏，争当酒丈夫，诸暨式的豪爽与耿直高潮迭起。

"三杯吐然诺，五岳倒为轻。"酒场是亲临另一种表现形式的现实。人心热，酒似火，放杯豪饮，酒不醉人人自醉。几巡轮回，范大人已有几分醉眼蒙眬，他没想到这酒的后劲竟会如此之大。

此时，春色浓如酒，云石静如昔；子规绕树飞，声声啼归去。子规就是杜鹃，也称杜宇。传说中古代蜀国国王，周代末年在蜀称帝，也称望帝。后归隐，让位于宰相开明。时值二月，子规啼鸣，蜀人怀念他，称鹃鸟为杜鹃。

范仲淹对子规有着不一样的情感，曾数次在诗中描写。

如，他在《依韵酬黄灏秀才》一诗中说："再贬鄱川信不才，子规相爱劝归来。"戏谑因为自己无才，就像蜀人希望杜鹃鸟归来一样，我也希望再次回到南方来。

再如，《归雁》一诗中云："子规啼到晓，鹦鹉锁经年。应羡冥冥者，东风羽翼全。"子规叫到天亮，鹦鹉被锁在笼子里，很多事是无法预测的，不如等东风来时，羽翼丰满万事备，含蓄表达了内心升腾的宏图壮志，忧国忧民之心，灼然可见！

此刻，在这一隅之所，树丛中子规的鸣叫声在流淌的酒香里翩然穿梭，范仲淹似乎想起了李白的《闻王昌龄左迁龙标遥有此寄》："杨花落尽子规啼，闻道龙标过五溪。"在杨花落完、子规啼鸣之时，我听说您被贬为龙标尉，要经过五溪。他又想起了白居易的《琵琶行》："其间旦暮闻何物？杜鹃啼血猿哀鸣。"在这里早晚能听到的是什么呢？尽是杜鹃、猿猴那些悲凄的哀鸣。

再思自身，贬谪越州，苦竹绕宅，早晚听到杜鹃啼血，壮志难酬。一切不过都是被时间驱逐的一个个影子，而时光都到哪儿去了？自己这一生奋斗难道就为这些？那家国情怀呢？那居庙堂之高的皇上呢？那处江湖之远的百姓呢？那为之奋斗了大半生的大宋呢？

一路走来，自己走得真是踏实又艰辛，有不符合规矩的地方，就提建议；地方没有治理好，就努力去干；朝堂风气若有不好，就先律己正身。逐鹿山河，总得有人登高一呼，总得有舍生取义的开路先锋，挟裹奔雷，义无反顾。这有错吗？何错之有呢？浓情一滴，划破春的脸，一股酸涩与心痛涌上范仲淹心头，千丝万缕搅动如潮。

俗话说，酒是水制的诗，诗是心酿的酒。诗情与酒兴盎然，心情被搅乱，生活的节奏在这里戛然打住。眼花耳热后，意气素霓生，仰

林下提壶招客醉
溪边杜宇劝人归
可怜白酒青山在
不醉不归多少非

范仲淹诗祗暨道上作文英书

（张文英书）

首把杯中酒一饮而尽，范仲淹从腹中呼出一口粗气，兀自缓缓吟道：

> 林下提壶招客醉，溪边杜宇劝人归。
>
> 可怜白酒青山在，不醉不归多少非。

酒意诗情谁与共？《诸暨道中作》应景而生。林下酒肆客人饮兴正浓，溪边杜鹃却啼叫不如归去，但是春色烂漫，青山妩媚，不如不醉不归。

"曲终人不见，江上数峰青。"心事，是生痛的乡愁。子规的叫声，像一滴相约来世的泪在世界的眼眶里打转，那些被掏空的灵感、被压抑的情愫，从未像此刻认真而虔诚地落满范仲淹的心间。灵感与诗情就像一阵浩荡的春风，涤荡万物，"凭君满酌酒，听我醉中吟"，一首《越上闻子规》，同销万古愁，诗云：

> 夜入翠烟啼，昼寻芳树飞。
>
> 春山无限好，犹道不如归。

子规夜间在山中啼叫，白天绕树而飞，春山无限美好，但还是不如回到家乡去。

"泛此忘忧物，远我遗世情。"心口像被撕扯，痛楚不断地从里面发出来，像要冲破身体似的。一个人总要坚持些什么的，未来依然可期，想到这里，范仲淹舒展了眉头，他并不是真的想归隐，想与烟波钓徒为伍。信念似水般清澈，他想的是国家，是江山社稷，假若回归朝廷，自己所能发挥的作用，岂不比在地方更大？"居庙堂之高则忧其民，处江湖之远则忧其君"，这才是他内心的真实写照！

"花时同醉破春愁，醉折花枝作酒筹。"如同面对凛冽的"倒春寒"，平静地转身，回到现实的红尘，与白居易的这两句诗表达同样的心情，范仲淹作了《寄题溪口广慈院》：

越中山水绝纤尘，溪口风光步步新。

若得会稽藏拙去，白云深处亦行春。

"绝纤尘""步步新"，范仲淹对越中山水毫不吝啬地大赋笔墨，赞叹不已，会稽的山水之间，山岚云影下、青松翠竹间，白云深处也温暖如春，这世上何处富贵荣华比得过平畴田畈桃花林，如果可以这样终日宴坐于此，不亚于神仙日子了。

"藏拙"指掩饰自己的拙劣，不以之示人。"儒者报国，以言为先。"于范仲淹而言，"藏拙"并非指不问政事，归隐田园，而是指不遗余力地尽进忠言时，要讲究策略。毕竟，有谋略的拨乱远比横冲直撞的进攻要有胜算。这是范仲淹抖落一身的疲惫，于多年宦海沉浮中得出的深刻教训。

在范仲淹那颗终日忧国忧民的心里，也有一席之地藏着对"归隐"的向往。他对隐士一直较为敬慕，例如，他与西湖孤山隐士林逋（968—1028）多有交往，在《寄赠林逋处士》一诗中说，"唐虞重逸人，束帛降何频。风俗因君厚，文章到老淳"；在《和沈书记同访林处士》一诗里写下"山中宰相下岩扃，静接游人笑傲行"；在《送邢昂处士南游》一诗中写"东南赖有林君复，万里清风去不孤"，表达了他对忘年交林逋的敬慕之情；在《赠余杭唐异处士》诗中称其"名动公卿四十秋"，赞誉他"厌入市朝如海燕，可堪云水属江鸥"的高风清节。他也曾赠诗给滕子京："泰山采芝人，吏隐清淮滨""与君置青山，解冠松桂间"。只是造化弄人，他的追求与担当使其人生无法真正超脱，做不到像陶渊明《归田园居》中所言的"但使愿无违"。

落魄江南载酒行，熟谙时事乐于贫。饮的是烈性的酒，喂养着绵软的时

（梁浩酞书）

光，醉着唱那不是歌的歌。现实与理想的差距，其实随时都存在着，自己需要的，是逃出世俗的追逐，逃脱时间的镌刻，减少心理需求的落差，整顿行装再出发，随遇而安，到哪里都要为国尽忠，即便所有的努力都没有收到回报，但，努力了，奋斗了，尽责了，也就无憾了，浩然正气长存人间，事业就会后继有人。范仲淹深谙，只要内心平静，一切都不是问题。一切似乎无足轻重，可以轻描淡写，甚至蜻蜓点水，只要文人的风骨能耸立在每一个角落里。寥寥诗行折射出的恰恰是他急于为国分忧的心情，一种永恒而伟大的沉默，一种铁骨铮铮的雄辩。

流光容易把人抛，红了樱桃，绿了芭蕉。那一日，范公文理兼美的即兴发挥，令陪同官员们仰慕之余，亦喜不自胜，左右皆鼓掌称善，书吏衙役赶紧拿笔记下，或许他们中只有少部分人能够解读，但字里行间镌刻的是快乐还是忧伤，都无所谓，重要的是范大人举起文字的火把，在酒香里打捞意境，这是最货真价实的历史场景。

千年沧桑，风霜雨里。《诸暨道中作》和《越上子规书》是范公留给诸暨的最宝贵的历史文化遗产，也是他留给地方当政者们的启迪与鞭策。

【相关链接】

西施故里

一笑一颦间，水中游的鱼沉了下去。

情感的丰盈，点活了高山流水的千古绝唱。

所有的经历都是音符，所有的岁月落满音阶。

在那异乡的馆娃宫，夫差收敛凛冽的剑气，正在荷丛中捉迷藏，你却迷失在一段被命运绑架的凄美爱情里。

左手是情，右手是义。

道不完的故里情深，诉不尽的人生无奈，弹不完的人间寡情，唱不完的你的不能往返。

我想，你离别时，肯定有太多的不舍与依恋，也拖着浓浓的乡音，拥抱寂寥的心情。

故居早已片瓦无存，你的故里依然在。

望眼欲穿的家园，还在飘着你的影、你的魂，还有穿透历史的声声告白。

你的芳名，连同那婀娜的爱情，刻在浣纱石上，千年成精。

至今，江里的鱼还羞涩地沉在水底，痴痴地等你来浣纱。

穿行其间的游人，很想

（西施故里，绍纪宣供）

拿出点勇气，学一学效颦的东施，在一颦一捧间，做一回娴静自如的浣纱人。

浦阳江边，远古与现代，仅一河之隔，联系如此紧密，过渡如此自然。

一弯新月，就像古文字里花朵的灵光，涨满无限的温柔。

注：西施故里坐落于浙江诸暨，是诸暨唯一的国家级风景名胜区——五泄国家重点风景名胜区的重要组成部分。整个旅游区总面积约 1.85 平方公里，按功能划分为一轴一心六区。一轴为南北穿越整个旅游区的浣江游览带，一心指已有一定规模的西施殿景区，六区指主入口管理区、鸬鹚湾古渔村景区、古越文化区、美苑休闲娱乐区、三江口湿地生态保护区、休闲度假区。

稽山书院歌

　　"王侯将相宁有种乎？"陈胜的这句话竟说出了几千年的历史沧桑。"一等人忠臣孝子，两件事诗书耕田"，读书可荣身，耕田可致富，是古代宗族的传统。书院更是"万般皆下品，唯有读书高"理念的孵化基地，从萌芽之日起，就和士人"独善其身"的生活道路联系在一起，无数英才人杰的人生从这里启航，引领着心灵的高度。

　　"朝为田舍郎，暮登天子堂"，作为一个没有任何背景和靠山的"田舍郎"，凭"三更灯火五更鸡"终"一举登科"的寒门士子，范仲淹对学校教育的重要性感同身受，是"学而优则仕"的既得利益者。

　　"国家之患，莫大于乏人""善国者莫行育材"，作为一个进退皆忧的肱股之臣，范仲淹更深知人才对国家之极端重要性，"致天下之治者在人才，成天下之才者在教化"，由此，兴学重教成为他毕生实践，足迹所至，"示之以文，存之以仁""衣冠礼学""教化

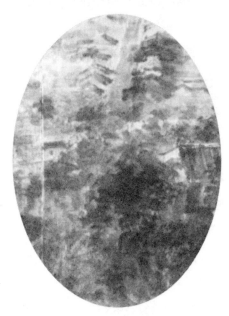

（张继钟作）

民生"，弦歌不辍，耕读文化在他所任职的地方，均得以完美传承。

"鉴湖越台名士乡"，这句 20 世纪中华人民共和国第一代党和国家领导人毛泽东所作《七绝两首·纪念鲁迅八十寿辰》中的诗句，搁到 900 多年前的北宋，依然是"一例氤氲入诗囊"般的存在。人杰地灵的越州有着得天独厚的教育实践的现实之基，一贯重视书院教育的范仲淹到任后，毫无悬念地对"办学"这个保留节目摩拳擦掌了。

儒家士人把书院看成独立研究学问的安身立命之所，以体现儒家超凡脱俗的精神追求和人文精神的超越性，因此，书院创建者总是把书院建在僻静优美的名胜之地，多依山而建，前卑后高，层层叠进，错落有致。例如，白鹿洞书院在江西庐山五老峰下，岳麓书院在湖南长沙岳麓山下，嵩阳书院在河南嵩山脚下，石鼓书院在湖南衡阳石鼓山回雁峰下。

越州，这个小桥流水人家，风里都携带文化气息的古城，它的书院建在何处是好？范仲淹对此没少费心神。经多处调研、综合论证，最终花落越州卧龙山麓（原绍兴府城隍庙西邻，新中国成立后为绍兴丝织厂，今偏门直街府山下绍兴博物馆附近位置）。

此处，古城的历史典故隐在山岩中，像六月风中的铃铛，绵延着，流淌着。一石一木一砖都浸染着文化的血脉，写满曲径通幽的顿悟，尘土与光荣混合成的结局就此被保鲜，文种的墓碑比大理石更坚硬，越王台在低吟浅唱的吴侬软语中，交流数千年的和平盛宴。此处，唐诗之路踩响了远古的诗韵，穿透浓重的晨雾，穿透厚厚的城墙，历史与现实没有边缘，思想与灵魂在此穿行。此处，数千年文明的厚度比历史的记忆还真实，没有比此更适合建书院的理想场所了。

潮涌的思绪向上，文明的火把点燃智慧的光芒。站在文化之上，我们不妨先了解下背景知识，梳理一下范仲淹教育方略之启蒙影响及其渊源。

其一，当数西汉扬雄的影响。扬雄（前 53—18），辞赋家、思想家，还是一位教育大家。他认为："人之性也，善恶混，修其善则为善人，修其恶则为恶人。"人性中善、恶同存，何方占上方，关键取决于"修"，修善得善，修恶得恶，而"修"离不开教育。所谓"玉不琢不成器"，在他看来，圣人和普通人的差别并非不可逾越，只要努力学习修行，人就有可能成为君子甚至圣贤。尽管努力可能"求而不得"，但"不求而得之者"是绝对不可能的。故，主观上人一定要有追求、有目标、有行动。

想走向上的路，必须悟透低处的天涯。扬雄一针见血地指出："大人之学也为道，小人之学也为利。"为利禄而学，终究不过是小人，要想成为君子，就必须重其道而轻其禄。而"天地之为万物郭，五经之为众说郛"，圣人之道的精华在"五经"之中，学问之博大、精深、纯正，非"五经"莫属。"学，行之，上也"，付诸实际行动是学习成果的最高体现。

"仕则欲行其义，居则欲彰其道。"即使是求仕，也以行道为本，而不能"委己而从人"，既然是以行为上，则必须谨慎地对待自己的言语和行为。"师者，人之模范也。"扬雄高度推崇教师的作用，指出"务学不如务求师"，致力于自己学习，还不如致力于寻求合适的教师。"呱呱之子，各识其亲；譊譊之学，各习其师。"学术继承的师生关系就类同于血缘继承的父子关系。

扬雄在重教、劝学、行道、修德和尊师等方面这些较为精辟的观点，在论述性与习、学与行、博与约等关系问题上引人注目的见解，对后世意义重大，也在治学和修身方面对范仲淹产生了积极深远的影响。一方面，他熟读四书五经，此后的从政生涯中，也始终是"不以物喜，不以己悲"，两袖清风，清正廉洁；另一方面，在对扬雄的教育观点大加赞赏的同时，范仲淹结合自己的教育实践加以推崇运用，提出要培养经邦济世之才，"明经籍之旨，练王霸之术""劝学之要，莫尚宗经"。

其二，当仁不让应是晏殊的影响。写下"梨花院落溶溶月，柳絮池塘淡淡风"名句的晏殊（991—1055），字同叔，北宋政治家、文学家。范仲淹虽比他大两岁，但对他极为敬佩，终身以门生礼事之。若没有晏殊的推荐和提携，范仲淹不可能到应天府书院执掌府学，也缺少了当"山长"（即如今的"校长"）的重要实践历练，步入仕途也不会如此顺畅。无论是晏殊对学校教育重视的言论熏陶，还是对学校管理的探索实践，都促使了范仲淹"育道德、兴礼仪"教育思想的开始形成。在应天府书院，范仲淹根据切身体会到的教育的魅力、师资的重要，以及教育与科举的弊病，写了《南京书院题名记》《南京府学生朱从道名述》《代人奏乞王洙充南京讲书状》三篇文章，系统阐述了对书院的认识和对教育的理解，以尽可能扭转当时教育中出现的"文庠不振，师道久缺，为学者不根乎经籍，从政者罕议乎教化"等种种弊病。

"令公桃李满天下，何用堂前更种花？"聚沫攒珠，带着那个时代的底色，吟咏心里的敬仰。此后范仲淹把这些教育理念运用到他历任履职中：走到哪里，学校就办到哪里。天圣八年，时任河中府通判的范仲淹在《上时相议制举书》中，提出"夫善国者，莫先育材。育材之方，莫先劝学""先之以六经，次之以正史，该之以方略，济之以时务"、培养"明经籍之旨，练王霸之术"的人才等教育主张，并终身倡导。后官至宰相的富弼就是在那一年，受范仲淹鼓励参加制举，如愿中科，从此，仕途之顺，鲜有人比。

信念是一艘远征的帆船，如同阳光拍击海水，行驶在空阔无边的大海上。范仲淹的一系列关于学校教育的上书，在当时引起了强烈反响，最直接的是景祐年间，北宋兴起了第一个办学高潮，应天府书院改为府学，官府拨学田10顷，名副其实地官办了，成为天下书院的一个样板。也在那时，苏州、润州、洪州、密州、衡州、真定府等17个州府立学。

而范仲淹关于教育走向与方略的思考，也淋漓尽致地体现在庆历新政关于"精贡举"的改革措施中，即严密贡举制度，改革科举考试内容，把原来进士科只注重诗赋改为重策论，把明经科只要求死背儒家经书的词句改为要求阐述经书的意义和道理，促使学生有真才实学，可以依其名而求其实。颇类似我们现在实施的笔试与面试相结合的公务员考试和"德能勤绩廉"相统一的干部考核机制。

"盖夫子之道，与天地为无穷，而公之功，则与夫子之道为无穷也。"当我们试着去梳理范仲淹之教育思想渊源及教育理念，就不难理解他一生都在勤奋读书，每到一地都不忘发展教育事业，始终以培养、扶持、荐举人才为己任的初衷，也可清晰窥见他"大行夫子之道"，不遗余力兴办地方府学的脉络。

远观其势，近取其质，稽山书院众望所归，于次年尘埃落定。书院基地约 9.33 亩，学田约 15.445 亩。书院建筑虽较封闭，但环境十分开敞，有包括讲堂、斋舍、书楼、祠堂在内的建筑群，庭院绿化，林木遮掩，亭阁点缀，山墙起伏，飞檐翘角，与自然景色相融相映，从位置、装饰到总体格局都遵循纲常礼教的严谨秩序，具有"骨色相和，神采互发"之效，使师生能置身于一种浓厚的政治伦常的观念和秩序之中。

"师之贵也，知大知也""务学不如务求师"，范仲淹深知硬件齐备后，当务之急是寻觅、邀请到良师、名师执教，提升软实力。如同当年晏殊主动与他相约长谈，诚恳邀请他去应天府书院执掌教席一样，范仲淹向两位名儒抛出了橄榄枝，他们就是新昌大儒石待旦和著名教育家李觏（泰伯）。

石待旦（985—1042），字季平，号石城，越州辖区新昌县人。他比范仲淹大 4 岁，登第前在新昌县南创石溪义塾，史称"鼓山书院"，义塾分"白云青嶂""石城半隐""集贤讲道"上中下三区，并建有万卷书堂以供藏书。石待旦亲自掌教，乡曲俊异慕名前来，争相师之，就学者多学有所成，考中状元、进士者不少，一时书院声名鹊起，成为越州诸多义塾中之龙头。宋天禧三年（1019），石待旦赴京赶考，一举高中，登进士第，任大理评事。因为人耿直、不喜官场尔虞我诈，不久便弃官，回归故里，隐居石溪山水之间，仍以办学为职志，延请各方学者讲学，使新昌县内学风大盛，成为求学高地。

石待旦归隐办学的事迹不胫而走，朝野皆有议论。相传皇上还特赐"待之景公问宗孝正奕祖"十字作为其子孙辈分命名序列。石大宗祠内的一副对联，也印证了两宋时期新昌石氏的光辉业绩："义塾宏开，造就七十二奇英，陶镕四宰相，德望浙中第一；儒林丕振，继起五百六进士，中兴三状元，科甲天下无双。"

范仲淹甫知越州，有关石待旦的为人品性和他成功创办义塾的事迹，便已陆续传来，于是内心便对石待旦颇为敬重和佩服。恩师晏殊与石氏也多有交集，曾专门赋诗《留题越州石氏山斋》，详细描写了石氏住所与书院的位置和风景，以东晋谢氏家族的人才辈出为喻称赞石氏优良家风和子弟的优秀，录如下：

> 书仙十阁壮儒宫，灵越山川宝势雄。
> 岫柏亚香侵几席，岩花回影入帘栊。
> 千秋碧锁东南竹，一水清含旦暮风。
> 文酒雅宜频宴集，谢家兰玉有新丛。

诸多因缘凑在一起，故当决定筹建稽山书院时，石待旦就是范仲淹心目中的最佳"山长"人选。书院建成后，范仲淹以极为虔诚的态度致信于他，敬称其为"石城先生"，诚邀他出山承担大任。当石待旦到任后，囊中羞涩的范仲淹还捐出资俸作为石山长的薪酬。

笔者曾试图去找寻当年范仲淹邀请石待旦的书信，惜未能找到相关史料痕迹。为啥说是书信，而不是官衙文书哩？这是基于范公一贯礼贤下士的作风。那时没有通信设备，除了信，就是快马加鞭的文书。范公尊重石待旦，且是诚心相邀，故不可能以行政命令的方式去请。

石待旦对范仲淹这个在朝在野均负盛名的好官，亦是极为仰慕和膜拜，得此礼遇，二话不说，欣然同意。不仅以最快速度到岗到位，并且充分发挥其卓越的管理经验，将稽山书院治理得井井有条，受到诸学者学子的推崇，一度成为国学高地。这从一个侧面说明了范仲淹识人用人的眼光和能力。

名校与名师是密不可分的，校长人选到位，关键还需物色重量级名师来支撑。这就好像20世纪新文化运动时，北大校长蔡元培先生聘请李大钊、胡适、钱玄同等"新派"人物在北大任教，邀请梁漱溟、徐悲鸿等学术大师任专业科研会导师，泰斗级名师的加入，成就了北大不可超越的经典。此刻，范仲淹把目光瞄准了他的好朋友、著名学者李觏。

李觏乃何方神圣？李觏（1009—1059），字泰伯，号盱江先生，北宋建昌军南城（今江西抚州市南城县）人，系当时著名教育家、哲学家、思想家、改革家。史载其 5 岁知声律、习字书，10 岁通诗文，20 岁以后文章渐享盛名。和众多读书人一样，他想"学而优则仕"，通过科举登上仕途，干一

（《新时代清风廉路图》局部）

番事业。可惜造化弄人，他在科举仕进的道路上却一再受挫，未能如愿，自叹："生处僻遐，不自进孰进哉！"景祐年间，他步行到京城汴梁（今河南开封），寻求仕进之途，毫无结果而归。次年，参加乡举，又名落孙山。庆历元年（1041），应茂才异等科，有旨召试，又未中选。遭受这几次打击之后，遂无意仕进，从此退居家中，奉养老母，潜心著述。他不拘泥于汉、唐诸儒的旧说，敢于抒发己见，推理经义，成为"一时儒宗"。后在南城立学，创建盱江书院，开课授徒，慕名求学者常有数百人，而声誉日隆。

范仲淹尊其为"一字之师"。皇祐元年（1049），他上书称李觏"讲论六经，辩博明达，释然见圣人之旨；著书立言，有孟轲、扬雄之风"。后经范仲淹、余靖等人多次举荐，李觏乃被授为太学助教，历任太学说书、海门（今江苏海门）主簿、太学直讲等职。李觏重经世实用等思想给予了范仲淹推行庆历新政理论上的支持，这也是后来王安石变法的思想渊源。北宋时期

的江西学风重经世致用，这一学风，由欧阳修倡之于前，王安石得君行道于后，而李觏则是处于其间的一个十分重要的思想代表。800多年后，学者胡适先生称李觏"是北宋的一个伟大思想家。他的大胆，他的见识，他的条理，在北宋学者之中，几乎没有一个对手！……他是江西学派的一个极重要的代表，是王安石的先导，是两宋哲学的一个开山大师"，实乃一语中的、恰如其分。

范仲淹知润州时，见当地地方官不重视教育，原有府学规模甚小、残破不堪，生员不多，便在到任后醵资扩建，置义田为办学之资，添购图书，使府学焕然一新。为了物色名师任教，范仲淹发动官署中人出主意、想法子，同时，连续给李觏写了两封言词极为诚恳的书信，"今润州初建郡学，可能屈节教授？"如今润州初建郡学，请您屈驾前来充任讲席。恐怕您远道而来，孤身独自，难以长久，若能携带眷属前来，我会妥善安置，请您示知。李泰伯感佩于范仲淹礼贤下士之雅量，爽快赴约。没想到一年余，范仲淹接诏改知越州。

"位置决定想法"，虽稍稍有些过意不去，毕竟润州府学刚起步，但为了越州的府学，情急之下也顾不得那么多了，范仲淹立马给李觏书信一封，诚意满满地抛出橄榄枝，在《与李泰伯书》中写道：

"……此地比丹阳又似闲暇，可以卜居，请一来讲说，因以图之，诚众望也。"

信中把越州大大夸了番，"此中佳山水"，这是个好地方呀，宜居宜游，延年益寿，可以携家带口前来"卜居"。为了证明自己所言非虚，范仲淹还充分展示自己在绘画方面的造诣，附图介绍越州地形地貌，可谓情真意切，用心良苦。

士人多讲义气，加之条件还如此优渥，泰伯先生爽快应承，乐颠颠地来到了越州。因有多位名师执掌，知州大人范仲淹又多次到郡学视察，还亲力亲为，在百忙中为学生讲授经学，不久，稽山书院便声名大噪，四方受其业者不可胜计，在历史上留下了不可磨灭的"高光"时期。

在范仲淹的大力倡导下，越州"文教自此兴焉"，郡内"多自置学，聘名儒主之"，人才辈出，耕读传家蔚然成风，郡学掀起一个里程碑式的高潮。

康定元年三月，范仲淹被任命为陕西经略安抚副使兼知延州（今陕西延安），走上了抵抗西夏进攻的前线。在他离任后，越地人民念其功德，建"希范厅"纪念他，又在亭前立一牌坊，上题"百代师表"，以褒扬他的兴学之功。《（乾隆）绍兴府志》记载："范仲淹，字希文，苏州人，以吏部郎知越州。有惠政，尝作清白堂以见意。既去，越人祠祀之。至今郡中有泉曰清白，有亭曰希范，郡前有坊曰百代师表，盖久而不忘如此。"

宛若在一本线装的书里，把烟火色的书香与音符播撒在醒来的山崖，稽山书院史诗般的命运并没有随时间沉沦于浩浩江流，书卷香，笔墨气，千秋充盈于斯，荣光与赞誉融入的姓名，石头刻着，山泉念着。

宋淳熙八年（1181），52岁的理学集大成者、南宋大儒朱熹提举浙东常平茶盐公事，因慕"天地间气第一流人物"范仲淹，特往稽山书院"讲学敷政，以倡多士"。

明嘉靖元年（1522），50岁的阳明先生辞官归隐绍兴，专事讲习活动。次年，南大吉出任绍兴知府，所做第一件大事，就是重新修缮稽山书院，增建了明伦堂、尊经阁，并邀请王阳明撰写《稽山书院尊经阁记》。感于绍兴府及南大吉的盛情邀请，王阳明遂将讲学之所移至稽山书院，主持书院讲学论道。经王阳明多年的讲学及官府的扩建，稽山书院再次成为当时国内最为著名的书院。

阳光铸成的几个大字，雨露为其镀上晶莹，云彩为其拭擦光环。稽山书院由明到清，又几经兴废。刘宗周、黄宗羲等大儒亦曾在稽山书院讲学论道，尤其有范仲淹、朱熹、王阳明这三位光耀千古。这些影响了中国人精神世界的思想家，架起稽山书院的千年桥梁，使它成为当之无愧的绍兴最负盛名的历史文化遗存、国学高地。

2014年10月11日，在范仲淹第二十九世孙、著名国学大师及书画家范曾先生等人的倡导下，稽山书院在绍兴市柯桥区会稽山龙华寺内举行了复牌揭幕仪式，这标志着这座历经千年沧桑的宋明时期的"越地讲学圣地"宣告正式复院，数十位国内外文化名流相聚会稽之巅，见证了这一历史性时刻。这也意味着稽山书院再次与范仲淹等先贤的用心良苦相遇，将重启越地讲学之风，在时空里泅渡远航，永远滋润人们的思想与行为。

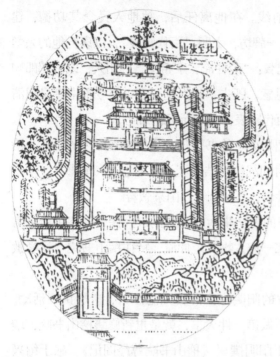

（稽山书院，绍纪宣供）

徜徉在稽山书院，一步便解千年的离愁，似乎能听到"读书求学不宜懒，休负春色和时光"的吟诵声，被裹挟在当年前来求学的莘莘学子中间，虔诚，热烈，欢畅。古今时空浓缩于一帧书签上，一种被不断更新的美丽，一种被岁月磨砺的沧桑，化为无限的希望，时空的梦想——唯绍有才，于斯为盛。

【相关链接】

阳明洞天

无语寡欢，悄悄地来，你在"龙场"悟道；

长夜是彻骨的痛，一架瘦骨没入黔地的山谷深处，不为人知地录下一个人的心路历程。

晓风似禅，悄悄地离开，你在阳明洞天布道；

洞外有美景，可赏心悦目；洞内有乾坤，足够品读一世。萌芽的心学，突兀在人世间思辨的海平面上。

如同青草在无人注视的地方坚持，所有的文字睁开蒙眬的眼睛，揭示生命的真理，敲击思想的火花，成了耀眼的星。

其实，"知行合一"也好，"致良知"也罢，无非就是找回与重逢。

口碑留下的都成仙迹，在灵魂的山峰之上，什么都不能阻止你接近生命的本质。

你读前人，后人读你。

五百年之后，人们追赶着你的脚步急急而来。

所有的人经过这里都会仰望，所有的人拎着梦想的初心努力攀登。

有人说，这里是你的风水宝地。其实，你才是这里的风水。

人生节点与历史时空，一旦重合在一条轴上，每步迈出，都是阳光道。

天道酬勤的路上，萤火虫早已点燃火光，一群奔波的人沾满朝露。

注：王阳明（1472—1529），名守仁、字伯安，明代杰出的思想家、教育家。明弘治十二年（1499）中进士，官至兵部尚书，一生倡导"心学"，为姚江学派创始人。曾筑室于会稽山脉宛委山的阳明洞天（道教的十大洞天之一），并将"阳明洞天"的"阳明"作为自己的别号。嘉靖六年（1527），

（阳明洞天，绍纪宣供）

应召西征，翌年冬因病而归，卒于途中，归葬于绍兴书法圣地兰亭镇以南1 000米左右的仙暇山庄。墓地有近2 000平方米的山麓地带。

翠峰白云闲

"伏惟圣朝以孝治天下"，孝是中华民族上下五千年来所追求的美德，孝道是一个永恒不变的话题，"百善孝为先"始终根植在无数人的内心深处，"二十四孝"的故事深刻地传达了这种价值取向，令人叹为观止。对中国古代读书人而言，忠孝观念对其精神品质具有决定性影响——在这样的窠臼之中，即便是那些最杰出的读书人也往往难以从中摆脱，儒家思想成为儒士的精神内核，士人的道德信仰扎根于传统儒家伦理道德的土壤，孝道观念正是儒家伦理道德的重要组成部分。

范仲淹无疑是孝道的忠实践行者。《宋史》有载，范仲淹"性至孝"。他进士及第后，便将母亲接到身边，"欲便亲养，授广德军司理参军，迎母以往"。母亲去世，范仲淹悲痛欲绝，自陈："臣仕未及荣，亲已不待。既育之仁则重，罔极之报曾无。夙夜永怀，死生何及！"对于继父朱长翰的养育之恩，范仲淹也念念不忘，他曾上《乞以所授功臣勋阶回赠继父官奏》："继父故淄州长山县令朱文翰既加养育，复勤训导，此而或忘，己将安处？"请求给予继父封赠。只是范仲淹的孝，除了尽家族之孝，更多的是对国家、对民族乃至一切众生的大孝。

范仲淹认范蠡为范姓祖先，对其推崇备至。天禧元年，他在给朝廷上的恢复范姓的奏表中如此写道："志在投秦，入境遂称于张禄；名非霸越，乘舟偶效于陶朱。"我本姓范，由于特殊原因不得不改姓朱。在历史上，改名换姓的不少，我们范家就有两位，一个是先秦时的范雎，因为避难不得不改名为"张禄"，最后入秦当了宰相，为秦国立下大功；另一个是春秋时的范蠡，他帮助越王勾践灭吴后，功成身退，泛舟五湖，改名为"陶朱"。此表写得甚是合情合理又得体，在获得朝廷恩准的同时，使范仲淹对范氏先祖的敬仰之心也是昭然若揭。

范蠡（前536—前448），字少伯，楚国宛人，少时贫贱，仕越为大夫，擢上将军，楚学开拓者之一，是范姓始祖范武子的玄孙，被视为顺阳范氏之先祖。他是天才设计师，善于设计政治谋略，料事如神。"十年生聚，十年教训"，公元前494年，越国被吴国打败，退保会稽山，范蠡忍辱含垢，与勾践夫妇在吴国为奴三年，使越国躲过灭顶之灾，归国后与同为股肱之臣的文种，扶着兴国的犁铧，在若耶溪走廊绘出越国东山再起的图腾，助勾践一雪会稽之耻。

（范蠡祠，绍纪宣供）

当大功告成，富贵唾手可得时，范蠡却为自己设计了后来由文种之死得到验证的隐退理由，书辞勾践"请从会稽之诛"，全身而退，并留书劝文种："蜚鸟尽，良弓藏；狡兔死，走狗烹。越王为人长颈鸟喙，可与共患难，不可与共乐。子何不去？"直言不讳称勾践只可共患难，但不可共安乐，若恋栈不去，将有不测之祸。可惜憨厚的文种大人没有引起高度警觉，不久，果如范蠡预言，文种以自杀这一悲惨方式结束了呕心沥血又短暂光辉的一生。

而范蠡则"乃装其轻宝珠玉，自与其私徒属乘舟浮海以行，终不反"。范蠡"挥一挥衣袖，不带走一片云彩"，消失在镜湖茫茫的烟雨中，在齐国的海边结庐而居，率家人勤耕苦耘，没几年便富甲一方。齐人相当佩服他的贤与能，众望所归，他被拜为齐相。范蠡从盛衰、泰否的演变中，隐约感悟到"久受尊名而不祥"的道理，这与老子的"圣人不积，既以为人己愈有，既以与人己愈多"思想有异曲同工之妙。在世人难以理解的惊慕声中，范相国毫不犹豫地弃官散财，急流勇退，还给自己取了个天马行空的名字——"鸱夷子皮"。

告别江山社稷，告别跃马扬鞭，告别阴谋诡计，范蠡潇洒地遨游于七十二峰之间，后定居于宋国陶丘（今山东菏泽定陶区南），自号"陶朱公"，利用老师计然之术，开启了后半生风生水起的实业生涯。

史载他三次经商成巨富，又三散家财，被后世尊称为"商圣"，誉为中华道商的鼻祖，在中国千年历史长河中是一个令人津津称颂的传奇。连惜字如金的司马迁都不吝赞词誉之："忠以为国，智以保身，商以致富，成名天下。"

越州翠峰院相传是范蠡的旧居。关于翠峰院的方位，史上有争议。《嘉泰会稽志》卷八有载："净观寺在（诸暨）县西一里，唐天祐元年（904）建，乾德三年吴越给翠峰院额，后改今额。有范蠡祠，相传云范蠡宅也，山上有鸱夷井。寺有仁宗朝赐经二藏，又有范文正公题诗石刻。"《（万历）绍兴府志》卷十亦载："诸暨范蠡宅在长山侧，今为翠峰寺，山后有鸱夷井。"我们还可以从历代文人雅士凭吊范蠡，寻访其旧宅翠峰院时所写的诗篇中，想象千年前翠峰院之风雅。宋知制诰、直徽猷阁王洋曾作《留题翠峰》一诗云："陶朱山下金仙宅，云是当年故相家。去国岂知传貌象，扁舟端自访烟霞。平吴霸越功何在，吊古伤今事可嗟。早是登临饶客泪，几行征雁落寒沙。"元文学家吴莱作诗云："淡淡寒云鹤影边，荒阡古宅已千年。大夫已赐平吴剑，西子还随去越船。白石撑空留罔象，青松落井化蜿蜒。徒怜此地无章甫，只解区区学计然。"明朝诗人张世昌作诗云："陶朱山头枫叶殷，山人一去何时还。阖闾坟荒白虎逝，欧冶剑古青蛇蟠。鸱囊有智帷筹决，鸟喙多忧泪成血。封存大禹拓遗疆，力扫夫差殄余孽。功成自古抽身难，五湖烟浪秋漫漫。风吹故宅智井黑，漆灯夜照藤盘寒。"

从这些史料和诗作中，可知翠峰院这个古宅至少元明时尚在，至于究竟芳踪何处，还是交给史学专家们考证吧，重要的是越州翠峰院和范蠡有着千丝万缕的关系，这是湮没不了的文化印记。

"乾德三年吴越给翠峰院额，后改今额"，宋太祖乾德三年（965）时翠峰院还是一处受政府关注的名人故居，自然少不了护理维修。由此推断，范仲淹知越州期间，翠峰院的寻访凭吊者尚络绎不绝，香火旺盛。若是已然衰败，估计范仲淹也不可能坐视不管，八成会如贺知章旧居那样对其进行修葺。

既是自家先祖，拜谒这位"事了拂衣去，深藏功与名"、思想独立、灵魂自由、堪称完美男人的偶像先贤，又为弘扬孝道精神、传承优良家风，拜谒翠峰院自是范仲淹议事日程中的一件紧要事。

宝元二年四月，一个乍暖还寒、柳絮飘扬的日子，范仲淹乘公务之余，兴冲冲前往翠峰院，其时距范蠡离开越国已有1512年。

翠峰院内，寺院、古树、石像、佛龛、青烟袅袅，空气中弥漫着一种奇异的香味。据说此处颇灵验，许多生意人专程来此顶礼膜拜，或参神，或拜祭，或访古，或探幽，各有各的心思，各有各的追求，各适其成，各得其所。峰不在深，有神则灵。内心有多虔诚，神的福祉就有多宽广，唯有悟透禅机，才能有此番不同凡响的评价吧。

红墙之内，是一片璀璨的镏金飞檐，仿佛经年累月的阳光镀在了上面，一支支红烛燃烧着无数祈求的愿望，有苍茫的光阴泊在上面。雄伟的殿堂内，范蠡的雕像如仙风道骨，神采奕奕，那模样既是仙者，又是善者，令人肃然起敬。

范仲淹正身敛气，毕恭毕敬地上香祭祀。礼毕，他在众人簇拥下，精神抖擞地沿着山坳的脉络，信步观澜。草木葱郁，花香四溢，盘曲的古松伫立在旁，洗耳静听近处的山泉叮咚声，还有那远处的钟声，古老、宁静、淳朴。登临峰顶，远眺山峦，山顶的泉口，如悬挂的明镜将过往的烟云一一揽进，穿越千年时空的往事都在风中翻腾。今日，他更多是以范氏后裔的身份前来，对这个先祖，他发自肺腑地引以为傲，举手投足间是满满的虔诚，还有掩饰不住的自豪。

在这个先祖曾经生活过的地方，范仲淹仿佛有一种回家的感觉，脸上露出舒适、恬淡的笑容，内心是少有的轻松与愉悦，连双鬓的白发也显得特别的精神。

陪同知县甚是有眼力见，不失时机地躬身往前，以满怀崇拜的口吻说："范大人，小的素闻大人文才翘楚，今日百忙中造访翠峰院，实乃吾地之幸，不知可赐墨宝否？"

翠峯高與白雲
閑吾祖曾居水
石間干載家風
應未墜子孫還
解愛青山
辛丑五月
雪軍書

（陈雪军书）

说话间，一旁的衙役们心领神会，迅速呈上文房四宝。

范仲淹爽然颔首，凝神思索片刻，便拿起毛笔，蘸上墨水，在纸上龙飞凤舞。近旁的知县适时探身向前，朗声吟诵：

翠峰高与白云闲，吾祖曾居水石间。

千载家风应未坠，子孙还解爱青山。

众人听罢，齐声赞叹：妙哉妙哉，好诗也，范大人威武！

一切之上，是阳光的密语；一切之上，还有自如的心。《题翠峰院》是首感激祖上荫德的古诗，全诗一气呵成。范仲淹还在题目下用小字标注了"范蠡旧宅"四字。"翠峰高与白云闲，吾祖曾居水石间"，点出了祖先范蠡的旧宅是翠峰院。不管是天意还是人为，注定有一种传承属于永恒。

"千载家风应未坠"，范蠡忠心辅国，功成身退，淡泊名利，家产雄厚，却都分散给贫苦百姓。忠义、勤勉、孝悌、持俭，这就是范蠡的家风。范氏子孙应该继承这一份珍贵的遗产。"子孙还解爱青山"，有朝一日，我告老还乡，也要采樵青山，垂钓水滨，过着悠然的生活。

范仲淹以诗言情，既表达了自己以先祖为荣，对范氏家族千百余年来依旧保持清正风范、勤政为民，没有在官场、商场中堕落的自豪，也寄寓着对传承、弘扬范氏家风的期望，又寄托着自己有朝一日也想采菊东篱、洒脱生活的期待。

按照儒家的思想，他们进则庙堂，退则山林，身处山水之间时，生活极其淡泊，饱含着道家归返自然的思想境界，隐逸是儒家退则"独善其身"和道家复归返自然的最终选择，意味着高尚、超脱。但其实，"修身、齐家、治国、平天下"的入世思想才是大多数古代士人共同的人生目标，而"兼济天下"与"独善其身"互补的人生价值取向则是他们共同的心态，"为天地立心，为生民立命，为往圣继绝学，为万世开太平"是深受儒家思想熏陶的古代士人的人生哲学，相较于归隐山林，孤独一世，清淡一生，他们更希望跻身于朝堂之上去实现自己的宏愿目标。

"安能摧眉折腰事权贵？使我不得开心颜。"内心深处，谁不向往无拘无束的自由、不羡慕桀骜不驯的潇洒哩！就如范仲淹在《移苏州谢两府启》中写道："风俗未殊，足张条教，江山为助，宁慕笑歌，鹤在阴而亦鸣，鱼相忘而还乐，优游吏隐，谢绝人伦。"所谓"优游吏隐"，是指在外任官，既避免朝廷的纷争，又享受闲适自由的生活，居官而犹如隐者。这是他当时向往的生活方式。只是人在江湖，身不由己，生活中的自己却无时无刻不在循规蹈矩，千斤心事，遍身淋漓。如同孩子在父母亲面前不会藏着掖着一样，范仲淹在翠峰院摘下了肃穆的面具，甚是自在练达，那些厚重的心事、负重的疲累，似乎慢慢释放了。文字在这里生根开花，带着儒香和佛音的指引：放下是一种胆识，也是一种智慧。

《题翠峰院》中，范仲淹把这种心理纠葛给予了现实的铺陈，既透露出向往归隐的生活，又用"青山"两字表达出自己并非想了无牵挂地归隐，而是希望像青山那样高洁、那样绵延不绝。换言之，他不可能"独善其身"，也不会丢失经邦济世、直道而行的"初心"和济世的抱负、忠义的情怀。

事实诚如是，无论在边防或朝堂，还是在地方，其忧国忧民之心如炽如焰，"进亦忧，退亦忧"，耐得住重复的寂寞与日子里的苦寒，脚踩荆棘，每一步都追随阳光。他按自己认定的处世治国之道，鞠躬尽瘁地去做，将全部才华都投入处理具体政务、军务中去。不刻意为文，并非没有文才，而是没有太多空闲，却也并不妨碍他以一篇浓缩自己一生思想结晶的《岳阳楼记》，奠定其在文坛的历史地位，留一抹清凉于身后的时光。

范公留存的诗作中，含"家"的诗词有 40 多首，而有"家风"二字的则以《题翠峰院》最具代表性。通览范氏家风，所涉甚广，精意颇多，其中，清廉是家族不败的基因，读书是家族兴旺的源泉，行善是家族强大的灵魂，堪称历代优秀家风之范本。

孟子曰："君子之泽，五世而斩。"古语云："道德传家，十代以上，耕读传家次之，诗书传家又次之，富贵传家，不过三代。"范氏家族却打破了这仿佛命运枷锁般的"周期律"。

"染于黄则黄，染于苍则苍。"若一个家族中某个人物出类拔萃、深孚众望，被家族其他成员所敬仰追慕，则其嘉言懿行便成为家风之源，再经过子孙接力式的恪守遵循，其流风余韵，就会代代不绝。范公就是范氏家族中被敬仰追慕的人，他在一个家族的灵魂中播下一颗善良、清白的种子，通过子孙后代不断地施肥灌溉，长成参天大树，变成蒙荫整个家族的最强大的保护伞。惠泽之中，一门多有俊秀英才脱颖而出。无论是子孙的继承，还是旁人的援助，范氏一族的善举义行赢得了后人的云集景从，创造了 800 年兴盛不衰、令后世之人为之高山仰止的千古传奇。

谁能手持执着，与千古握手，静观红尘变幻？没有什么比接受风雨的打磨更能让一颗灵魂熠熠闪光。被正直和清廉冠名的同时，将自己抽丝剥茧，面带微笑走进风情万种的人间，范仲淹依然爱并深爱着自己最初的样子，一如他钦佩万分的先祖范蠡。

是以，与其说越州翠峰院风水好，不如说他俩是越州翠峰院的风水！一个是千载而下几近无人可比的奇人，忠以为国，智以保身，商以致富，成名天下；一个是博学多才、德厚流光的政治家，未必重身后名，却名重千秋，毕生修养和体悟得以延续，激励无数志士仁人，匡正多少士人官宦。他们装得下人间的大喜大悲，扛得住世间的大恶大凶，看得清凡尘的大本大宗，辨得明世俗的大是大非，沧海万里涛声远，他们是谁都辜负不起的贤者。

草本的心，不会湮没于时光的潮汐中。因为范公和他的诗，让古越大地这方生机勃勃的土地，始终绵延德义、清正、耿直等人文秉性，传承孝道、忠义等优良家风。也许，在山上刻字的人终究留不住，留下的只有这默默无言的山；把寺院修得宏伟的人也存不住，长存的是那些曾用生命去撬动历史车轮的人。

南岩物外游

"智者乐水，仁者乐山"，自古以来，山水似乎是中国士人的圣经，众多名士对山水有着近乎乡愁式的眷恋，他们观山阅水，采菊东篱，戴月荷锄，将政治的诉求寄情于山水，将人文的关怀隐逸于林涛，寻找着心中的桃花源。这种潜藏在生命底色里的山水乡愁，开凿了一条精神走向自由、高蹈的通道。

"行到水穷处，坐看云起时""人生在世不称意，明朝散发弄扁舟"，山水是士人们自觉人格的理想追求，山水田园诗亦是士大夫精神对山水信念的一次践履。

如众多文人雅士一样，范仲淹也有着"穷诸名山，泛游沧海"的渴求，他将山水视为知音，当成内心漂泊的归依，于山水田园中找到了另外一扇窗子，平衡失重的命运，慰藉创伤的心灵。公务之闲，他放怀于越地优美的自然风光，登山则情满于山，涉水则意溢于水，在山水清音、草木荣枯中寄托自己的情怀，排遣自己的愁思，展露质朴无华的气质与情操，流淌最自然的天性。

《南岩》就是范仲淹在登新昌南岩时所作，此诗写得雄浑空旷，壮阔大气，纵横捭阖，又笔下有神，浸染神话色彩的浪漫主义，是他在越州留下的少有的为山水人文景点直抒胸臆的佳作。诗云：

> 沧海三神山，北斗千岁鳌。
> 灵鳌载神山，亘古凌洪涛。

伯禹水既治，一峰留此地。

鳌去犝牛空，任公无复尔。

桑田径变迁，由来不记年。

于时峙峻螯，绀宇罗金仙。

余属山林兴，约策来寻胜。

高步出青霞，杳在无尘径。

"沧海三神山，北斗千岁鳌。灵鳌载神山，亘古凌洪涛"，诗从上古神话起笔，宇宙洪荒，大禹治水，任公钓鳌，沧海桑田，诸多经典穿越时空，由远及近，一气呵成，像一出大型神话剧，最后落脚于南岩。时间以不变的姿容，反复地以风、雨、露、雾，打磨一座山，以及山上所有的树木与传说。

"余属山林兴，约策来寻胜"，诗人坦言自己是如此钟情于此处山水，相约前来寻胜登临。"高步出青霞，杳在无尘径"，崔巍的南岩在云雾的烘托下，天然屏蔽了世外的纷扰，而从山寺中袅袅传出的凝重清扬的钟声，在山谷中回荡。一边是滚滚红尘，一边似桃源仙境，岩石之上，点燃一树心事，释放一些心灵深处的微语。高士也罢，俗人也罢，都阻挡不了岁月的流逝，喜悦与惆怅间，"居庙堂之高则忧其民，处江湖之远则忧其君"的诗性思维灵动于字里行间。

蝉鸣，风声，细流，与声有关；怪石，松柏，霞光，与色有关；飞鸟，灵鳌，行人，与生命有关。诗人在认同与共振中，率性吐纳着人生遭际浸润下的思想意境，流水的岁月被目光点亮。

范公何时写就此诗，文献资料中未能找到明确记载，但他缘何寻胜南岩，大抵可作如下推论：

其一，观景。南岩位于新昌县城西5公里外，峰岭奇峭，林木苍翠，上接碧霄，下临绝涧，遗世独立，位置隐蔽，又山高水长，天然地连山通海，世人又称"海迹神山"，可谓无限风光在险峰。

　　山上有诸多洞穴，大小寺院置于洞中，自成一景。其中南岩寺是中国历史上南方较早的寺院之一。据史料记载，东晋永和岁中（350），高僧释晖持杖，走进南岩山，栖居"月光洞"，在此开寺立院，成为南岩寺的开山祖师。南朝刘宋时，高僧法藏入住后将此寺院改称"南岩院"，此寺从此闻名遐迩。唐开元年间，李邕曾到南岩院，撰文手书（唐宣慰师行状），并刻成石刊，署"李邕撰并书"名。唐会昌五年（845），南岩院遭废弃。至唐咸通八年（867），得以重建，改为"南岩寺"。

　　南岩风物绝殊，王权的神经末梢亦少到达，是为洞天福地。加之舟楫之利，足以支撑名人雅士慕名而来。唐朝李绅《龙宫寺碑》载："南岩海迹，高下犹存。"山水之美与人文精神相映衬，特有的中国文化的诗性审美吸引魏晋以来众多高逸名流争相前往。唐宋时僧众达到800之多，唐明皇闻其名，也曾在此映水塑貌。

（王法根作）

　　意中流水远，愁外旧山青。在这里，每一块岩石，都是无言的诗，不朽的画，无声的歌，不息的舞。是什么留住雾？又是什么神秘了山？几片山茶在掌杯中漂浮、沉沦，也恍若是在思索。阳光穿透云层瑰丽了全部的雾气，每一座山峰都变成眺望者。此等胜景令范公心仪之、向往之，委属正常。

　　其二，访亲。史料记载，范仲淹同父异母的兄弟范仲温（985—1050），字伯玉，于仁宗景祐二年调越州新昌尉，任县尉。范仲温是范氏宗族中与范仲淹关系最好的一个。在苏州任上，是范仲淹奏请朝廷，才使范仲温以"乾之节恩例补，试将作监主簿，调除越州新昌尉"。后来承蒙范仲淹的关系，范仲温做了几任地方官。在其年老致仕后，范仲淹也常去信问候，信中再三叮嘱子侄"勿烦州县"，要求他们在官当廉洁谨慎，必须有乡曲之誉，方能推荐。

无愧家风优良，范仲温也是一个兢兢业业、务实爱民的好官，颇有政声，"在邑三年，盗不及境"，后除宁海节度推官，庆历七年（1047）知黄岩县，以太子中舍致仕，皇祐二年（1050）卒，时年六十六。范仲淹在《太子中舍致仕范府君墓志铭》云："先公五子，其三早亡。惟兄与我，为家栋梁。"可知范氏兄弟共有五人，实际长大成人的仅他和范仲温。虽则造化弄人，两人自幼分开，但兄友弟恭，血浓于水的骨肉亲情任距离再远也隔不断。范仲淹知越州时，正是范仲温任职新昌时，故百忙中前去探望，也在情理之中，诗作或成于此时。

此外，笔者大胆推测，"贤贤相与"，范仲淹乘此造访新昌大儒石待旦先生亦有可能。其时稽山书院应该在建设中，石待旦作为他钦定的理想的"山长"人选，顺道拜谒，也符合范仲淹一贯礼贤下士的风范和作风。

其三，寻古。南岩除景色峻异外，还盛产美好而励志的传说，信手拈出一个都具有沉甸甸的神秘气息。相传因东海曾漫到新昌南岩山，大禹为了解决水患，东注积沙成岩，是为海门，留下千古一峰，该岩就此成为大禹"三过家门而不入"、历十三载终治水患、华夏九鼎的重要见证。旧志载："山岩陡险，皆砂石积成，如筑墙壮，以物触之，纷纷而落，时或有崩堕者，世传大禹治水，东注积沙成岩。"《万历新昌县志》记载："南岩山，在县西十五里，山岩陡险，皆砂石积成，如筑墙状。以物触之，纷纷而落。世传大禹治水，东注积沙成岩，是为海门。"

任公子，亦称任公、任父，《庄子集释》中注解说是古代传说中善于捕鱼的人。因南岩古时临近东海，传说任公子曾经在这里钓鱼。《庄子·外物》有言："任公子为大钩巨缁，五十犗以为饵，蹲乎会稽，投竿东海，旦旦而钓，期年不得鱼。已而大鱼食之，牵巨钩，馅没而下，骛扬而奋鬐，白波若山，海水震荡，声侔鬼神，惮赫千里。"说的是任公子以犗牛作钓饵，日夜不辍，终钓上巨鱼，其惊天动地之壮举，千载而下依然声势赫然。《嘉泰会稽志》卷九也有记载："南岩山，在县西南二十里，世传任公子钓鱼之所。有钓台，岩侧有任公钓车，石棺蜕骨存焉。"庄子笔下的"任公子钓鳌"故事亦成为与新昌相关的道教神仙传说的最早记录，也是数千年尘埃覆盖不了的文化胎记。

行走南岩，在时间里走过，又在时间里茫然。独立于山风中，在想象的高度，阅读灿烂的思绪，曲折的往事，开满归途，随手抓来，都是精神的食粮。

那一日，应是霞光掩映，云海佛光。范仲淹不着官服，一袭青衫，与数位好友，轻松自如，兴致勃勃前往南岩寻胜而去。一步一喘息，一喘一抒情，去寻一种与禅有关的心境。

不知是时光的刻画，还是仙人的神笔，南岩那些栩栩如生、活灵活现的符号，忘情地亲吻时光，在云雾中若隐若现，清风徐来，水波不兴，入座晴岚。满目苍翠，梵音飘动，一线绛紫，宛若一幅震撼的水墨画卷。

行走在这条富有特色的山水文化与士气文化相融合的唐诗之路上，没有香火庄严、禅房幽深，没有游人如织、熙熙攘攘，万物俱为初生的样子，宁静得像一口青苔封衍的古潭。比石头更坚定的是轻柔的云雾，云雾把一座山包裹，却又若隐若现，诗人伸出手，抓不住云雾，准备离去时，云雾却又扑面而来，潮湿是不是对坚贞的检验方式呢？诗人不由心情大好，俯身掬一捧甘露井水挹进心口，血脉里似乎听到丝丝回音，扯出一片月下山水。

心儿一畅亮，诗兴就盎然。诗人陶然赋诗，以深情之意，写清丽之章，兴玲珑之象，盛赞山林之俊美，亦抒发自己虽不停地奔逐于尘世，但也想走上葳蕤的高坡，扬钓东海、建立功业之豪气干云。情以物兴，物以情观，禅机四布的诗文语境，渲染出诗人以南望的姿势，期待钟声被撞响的憧憬，像岩石那样和时光，互相提携，相敬如宾。或许在诗人眼里，南岩不是岩，是石头在论道。

无独有偶，时隔80余年的靖康年间，礼部侍郎卢天骥也慕名寻胜新昌南岩，写下《游南岩山》游记，录如下：

> 不着乌纱只岸巾，寻山还得爱山人。
> 半空飞雨侵衣润，入座晴岚照眼新。
> 风过松杉犹蕴藉，雪消岩壑更精神。
> 何时亦把任公钓，坐钓日东横海鳞。

　　那天，卢侍郎也是一袭青衫，不着官服道袍，与三两好友，轻松自如，探幽南岩、点赞山野景色、风光宜人，亦借诗抒怀"何时亦把任公钓，坐钓日东横海鳞"，想把钓东海，尽显其豪气干云之志。稍加品味，便觉其与范公寻胜南岩时之景之情极为神似，不失为隔空神交之举。

　　山川往前，晨光转动，转山转水转经纶。绍兴二十七年（1157），写出"北斗城池增王气，东瓯山水发清辉"名句的王十朋任绍兴府签判，他十分景仰范仲淹在绍兴留下的清白之风，将范公作为自己的从政楷模，把官衙命名为"民事堂"，警醒自己克己奉公、为民办事；他还追随先贤之风，慕名登临南岩，峰回路转，感叹千百年如一日的时光，诗兴大发，在名篇《会稽风俗赋》中写道："南明嵌嵰，宝相涌兮。南岩嵯峨，海迹古兮。"对南岩的山川自然风物和历代人文景观胜景赋予极高评价。宋朝著名文学家、遍游东南各地的释文珦也写下代表名作之一《新昌南岩》："大禹未疏凿，此山为海门。试从樵迳上，犹有钓车存。佛屋栖灵窦，仙坟荫远村。"

　　"岩头一滴水，居者不知源。"摇晃的流年，轻摆的时钟，留住了被偷走的时光，藏住了南岩千年前的静好岁月。青瓦砖墙，竹树婆娑，指尖触摸着山水古厝，扑面而来的都是古朴的气息，人间的梦与人间的歌勘透玄机似的，此刻也静下来了，这是在闹市中难以体会到的感受。闲暇时光，约上三五好友来到南岩，细品大佛龙井、天姥山茶，触摸范公等人在这里留下的时光痕迹，甩开所有的疲劳和烦琐，让心儿彻底放假，想来是美得如一首唐诗的韵味。

　　而平静如水的，正是一颗脱俗的心。

【相关链接】

南　岩

大禹未疏凿，此山为海门。

试从樵迳上，犹有钓车存。

佛屋栖灵窦，仙坟荫远村。

岩头一滴水，居者不知源。

怎么可以这么巧夺天工？怎么可以这么大气磅礴？怎么可以这么精美绝伦?!

怎么可以?!

是多少巧匠的鬼斧神工，才能熔千年的文明和繁华在一块岩石上？

是多少妙手偶得的神力，才能把五岳三山的雄奇栩栩如生浓缩在一隅？

无法猜测，这些石头活了多少年，它们始终立在那里，低调，敦厚。一棵树，恰到好处地探入石缝中，挤出一树柔软的生命。

当我抚摩的时候，我感到了世界由冷变热的心。

五桥岁月里，一木一石，存在于山水间，如我们飘摇的浮生。

想象低过天空，多少烟尘之土，被带向更高，更远。

静谧中，水用一生的柔情浸过石的枝头。

庄稼沿着水岸把远处的山峦抚慰，像生命中一场美好的游戏。

江流天地外，山色有无中。

一朵浮云低卧水底，心在水中沉浮。

遥迢的奢求被幽情收割，想象披上了真实的外衣。

大佛寺雄壮。大佛寺里，眠着大佛。

塔前感恩的银杏叶，缠绵低语；柏树们站着，很谦卑。

植物的根系渗入柔软的因果之缘，揭下一个诺言，一句偈语，循环着江南纤弱细腻的暖式气流。

明黄的墙面，鱼鳞状的玻璃瓦，流露矜持、逍遥与魏晋风度。

一种庄严，一种神圣，一种霸气。

一池放生水蕴满慈悲为怀，体念众生善小而为之。

月下观风，石上听泉。

每一寸光阴，每一块青砖，每一块灰瓦，都折射着一片土地孝德的光芒。

《心经》照见五蕴皆空，《大悲咒》里没有悲苦。

佛，似乎把该想的都想透，把该说的已说完，剩下的事情是俗人的，可以做，也可以不做。

每一个走近的人，一颗心都会小心翼翼。人们在此，最想带走的是一声声绵长的佛号。

人间天堂，都有一册寂静中的福音。

那些无法说出的心事总是美的。

（南岩风光，绍纪宣供）

注：南岩位于绍兴新昌县，又名"紫霄岩"，因面朝南方，故称"南岩"。南岩宫全称"大圣南岩宫"，南岩峰岭奇峭，林木苍翠，上接碧霄，下临绝涧。元朝在此建有道观，明永乐十一年（1413）在此营建殿宇640余间，清末被毁。现仅存元朝建的石殿，明朝建的南天门、碑亭、两仪殿等建筑及元君殿、南熏殿、圆光殿等遗迹。

　　南岩山景区延绵 5 000 多米，胜迹有南岩寺、任公子古钓台、化云洞、大洞、铁佛寺、蝙蝠洞等。南岩寺是最早的石窟古寺之一，距今已有 1 600 多年，唐宋时有 800 名僧众，唐明皇闻其名，曾在此映水塑貌。据说，新昌是先有南岩寺后有大佛寺。

嘉醴垂书迹

　　如泉，上善荡漾；如泉，大爱弥漫；如泉，至纯不言。我们在尘埃里混迹了太久，需要一眼泉的荡涤和洗濯，需要观象后的静思与禅悟。或许一眼泉说明不了什么，但它与一个名字拥抱后，便举世皆惊，高于一种神思，那是范仲淹一世的感叹。

　　越州是历史文化名城，乃春秋时越王勾践建都之地，后更名为会稽郡，隋朝大业年间改名越州，南宋初年高宗赵构迁都于此，改名绍兴府。越州府衙位于卧龙山的南侧。

　　卧龙山是座有故事的山。山上有口废井，这口废井是眼有灵魂的泉。没有废井，就缺少一段历史。废井之上，没有更多的语言，只有思想之源，反复触摸。

　　卧龙山盘旋回绕，因形若卧龙而得名，南宋后称为府山，是越州城内诸山之最，海拔最高74米，占地面积22公顷，最风光时有70余处亭台楼阁。其文化内涵甚为丰富，是范蠡所筑山阴小城的核心，又因越大夫文种藏于此山下被称为种山或重山，历来为郡治、州治、府治所在，地位之重要，不同凡响。《太平御览》载："种山之名，因大夫种，以语讹成'重'也。"

　　《吴越备史》云："逊王倧于卧龙山西寝后置园亭，栽植花竹，周遍高下，且暮登临，讫于四时。倧能为歌诗，亭榭间纪录皆满，卧龙山名始见于此。"也即逊王倧这个五代时的吴越国君是卧龙山之命名者。

卧龙山之南，亘东西鉴湖也；山之北，连属江与海也；周连数里，盘曲于江湖上，状似卧龙。龙之腹，即府衙；龙之门，府东门；龙之尾，西园；龙之脊，望海亭。每当旭日东升，便有种行至朝雾里，坠入暮云间之境地。

时光留住岸影，迄今，这些历史古迹依然壮实地存在着，以文化的名义淡定地诉说着这里曾发生过的故事。

宝元二年的一个夏日午后，骄阳似火，知了在榕树上"吱吱"地叫个不停，空气中弥漫着一种懒散的燥热。从早上到晌午未得空闲的范仲淹终于处理完了手头的公务，不由放松地伸伸懒腰，踱着方步，迈出衙门。

不知不觉来到府衙往北不远处的蓬莱阁，阁的西面有一座凉堂，范仲淹信步走入，一缕轻风从拐角处隐隐吹来，丝丝缠绕，驱散了炽热的暑气。山风嗖嗖，虫鸣唧唧，竟有种心旷神怡之感，不由精神为之一振。

环顾四周，凉堂西侧的一座山岩落入眼帘，这习习凉风想来是因山岩独特的地理位置而汇成，范仲淹不由好奇地趋步前往，转角是一片荒芜地，杂草丛生，荆榛遍地。几株杠板归的钩刺缠住了衣袖，他不得不停了下来。

其时，随从已紧跟而来，赶紧趋身上前，小心翼翼地处理这些纠缠的钩刺。

数分钟后，沾在衣服上的一丛密密麻麻的刺被清理完毕，范仲淹返回凉堂内，指着荒地说："此处杂草，委实有碍观光，把它们清理后，想来是个纳凉的好去处。"

随从心领神会，立马叫来几个衙役，撸起袖子说干就干，开展一场环境整治行动。

（《新时代清风廉路图》局部）

众人拾柴火焰旺，不一会儿，杂草处理殆尽，开辟出一片空旷地，一口废井醒目地跃然于前。

范仲淹甚是满意这种高效的工作效率，兴致勃勃地问身旁一位年长的吏员："可知此井有何来历？"这位老同志茫然又诚惶诚恐地道："大人，老臣在此工作数十年，今日还是首次得见此井，委实不知出自何处。"范仲淹把目光转向其他人员，众人面面相觑，均摇头呈迷茫状。

见此，范仲淹便不再深问，移目对随从言："李白诗云'恒公名已古，废井曾未竭'，恒温虽已千古，然，他挖的井依然清泉长涌哪。料此井或有渊源，不妨疏浚，以观其效。"

随从拱手道："是，大人。"

次日便叫了工匠前来清理。这工匠是个行家里手，一镢一锹将废井中的淤泥翻起，利落地清理到一侧，那些新土被翻到上面，湿润润地散溢着泥土的腥味，半天辰光，泉眼便通了。之后，新砌了井壁和井栏，为使水中杂质沉淀，又将泉眼进口关闭。

擦擦汗水，抖落身上的淤泥，工匠有点嘚瑟地看着自己的"作品"，赞叹道："这是眼好泉啊。"

三天后，随从去检查工程状况，发现废井已焕然一新，俯身探望，水深有丈许，一汪清泉"汩汩"静涌，清澈晶莹，几近透明。阳光穿过树叶间的缝隙，洒在水面上，斑斓一片。双手掬起一捧，饮之，竟十分甘甜。

随从喜出望外，始信工匠所言着实非虚，赶紧一路小跑，兴奋地去向范仲淹汇报此等美事了。

范仲淹听后甚是欣喜。令人打来井水，果见水质清冽白净。他对茶道颇有研究，一看就知这是上等泉水。着人煮沸后泡上好茶，阵阵清香，入口醇厚，不由击掌道妙，感慨不已。

"铫煎黄蕊色，碗转曲尘花。"自古以来，文人喜欢茶，以茶会友，谈诗作对、神游天下、说古论今，是一件韵事、一大乐趣、一种高雅的活动。元稹在

《咏茶》中写道："茶，香叶，嫩芽，慕诗客，爱僧家……"一个"慕"字，道尽茶与文人那种难分难解的情缘。

文人对茶的追求，不单单在于茶的本身，更是追求一种纯净深远，空灵的意境。茶的清心、淡泊完美地契合文人的这种心态。"弹琴阅古画，煮茗仍有期。"与众多文人士大夫一样，范仲淹也嗜茶，还写过一首在后世茶文化史上具有相当地位的著名茶诗——《和章岷从事斗茶歌》，简称《斗茶歌》，引录如下：

年年春自东南来，建溪先暖冰微开。

溪边奇茗冠天下，武夷仙人从古栽。

新雷昨夜发何处，家家嬉笑穿云去。

露芽错落一番荣，缀玉含珠散嘉树。

终朝采掇未盈襜，唯求精粹不敢贪。

研膏焙乳有雅制，方中圭分圆中蟾。

北苑将期献天子，林下雄豪先斗美。

鼎磨云外首山铜，瓶携江上中泠水。

黄金碾畔绿尘飞，碧玉瓯中翠涛起。

斗茶味兮轻醍醐，斗茶香兮薄兰芷。

其间品第胡能欺，十目视而十手指。

胜若登仙不可攀，输同降将无穷耻。

吁嗟天产石上英，论功不愧阶前蓂。

众人之浊我可清，千日之醉我可醒。

屈原试与招魂魄，刘伶却得闻雷霆。

卢仝不敢歌，陆羽须作经。

森然万象中，焉知无茶星。

商山丈人休茹芝，首阳先生休采薇。

长安酒价减千万，成都药市无光辉。

不如仙山一啜好，泠然便欲乘风飞。

君莫羡，花间女郎只斗草，

赢得珠玑满斗归。

这是一首他和同僚友人从事章岷的唱酬之作。章岷，字伯镇，福建浦城人，曾出任苏州从事，性刚介，工诗，范仲淹称其诗真可压倒"元白"。"从事"系宋代官名，乃州郡长官的僚属。范仲淹生活的宋代，饮茶风俗已相当普及，"茶会""茶宴""斗茶"之风盛行，"斗茶"即茶叶品评大赛。

该诗生动地将宋代斗茶的场景完整地呈现在读者眼前，并对茶的功效进行了热情洋溢的讴歌，是宋代斗茶之风普及全国的艺术写照，从中可见当时人们对斗茶活动的热衷与推崇，也可见范仲淹对茶艺之道的精通。

时间之下，故事不甘平淡。它随时发生，风生水起。一个爱茶的人来到一个产茶的地方，遇见一方嘉泉，所有的情节便鲜活起来了。

古人称茶叶为"大茗"。绍兴不仅有丰富的茶历史文化和故事，还有许多典籍和诗文传承，更有丰富的优质茶品种，被誉为"茶都"。绍兴关于茶叶的记载，可追溯到汉代。据《神异记》等记述，东汉时魏伯阳等已在上虞凤鸣山一带种茶炼丹，饮茶服药；三国时，饮茶之风在吴越一带流传；魏晋南北朝时，北方战乱，大批贵族、士人、高僧南来定居，他们以茶养生，以茶悟道，以茶会友，绍兴饮茶之风由此迅速兴起；唐朝时，越州茶叶生产遍及各地，茶叶品质居两浙之冠。一些茶叶良种还由高僧传至日本。

《全唐诗》中收录了100余位诗人的400余首茶诗。著名的"唐诗之路"也拓展了绍兴茶的影响。唐朝的陆羽是中国的茶圣，他多次到越州考察，在《茶经》中盛赞"浙东（茶），以越州上""碗，越州上""越瓷青而茶色绿"。

到了宋朝，会稽山"日铸茶"名扬天下，与城内卧龙山所产"龙山瑞草"平分秋色，宋《剡录》有言："会稽山茶，以日铸名天下。"明清时，绍兴茶区广阔，名品迭出，出现了"日铸雪芽""平水珠茶"这些饮誉四海的高档品种，并被大规模销往国外，还出现了星罗棋布的民营茶栈。当代茶圣吴觉农以毕生精力，编写《茶经述评》，他在绍兴创新了制茶技术，丰富了中国的茶文化内涵。

范仲淹知越州时，正是卧龙山"龙山瑞草"名扬遐迩之际。府山公园有座卧龙瑞草碑对此有记载，碑文说这里产一种植物——瑞草，为众茶之

（卧龙瑞草，绍纪宣供）

魁。杜牧曾在《题茶山》中写道："山实东吴秀，茶称瑞草魁。""瑞草魁"，即茶为瑞草之首领，龙山瑞草在当时茶中的地位由此可见一斑。

"平生于物原无取，消受山中水一杯"，山水、自然、清茗，似乎是造物主赐给中国古代贬官和失意文人的一剂治心良药。而在卧龙山，一切竟然如此神奇地偶遇了。

与季节无关的认知总是站在心灵的跑道上，还未出发就抵达了。一次偶然的散步，不经意间令一口废井华丽转身，一不小心载入史册，只能说是"意外"无处不在，每一个都有一番新的言说。

情节是由无数的细节组成，细节又离不开说不清的情结，不管是情结还是情节，都是意外惊喜。令范仲淹不胜欢欣的是卧龙山的"龙山瑞草"与此泉水竟是如此相得益彰，堪称完美的组合。此后，他还用建溪、日注、云门等地的名茶试这里的泉水，无一不甘甜滋润，味道醇正，如饮甘露，回味无穷。

井泉与时光，取不尽的幽水碧天。在烈日炎炎的盛夏，饮井水如食白雪一样，冰冷爽口、薄冰般的泉水，令所有的烦躁烟消云散。在朔风怒号的严

冬，井水又如同阳春三月般温润，三两好友，坐而论道，其乐融融，足以驱散贬谪所带来的阴霾。

《易经》有言："井养而不穷也。"意指井水供人饮用，源源不竭，这就是井水给人的恩惠。范仲淹素来崇尚清廉，他爱这井水清白无瑕、有德有义、慷慨供人饮用的品性，感慨做人也应当如井水一样清清白白。有感于此，特命之为"清白泉"，居住的凉堂亦随之更名为"清白堂"，并在井旁盖起一小亭，命名为"清白亭"，希望它可以成为官吏们效法的楷模，希望自己居住在这座厅堂、登上这座亭子的时候，没有玷污它的名声，可以向大地宣告：方方正正，清清白白，是留给我们自己的位置。

置身"清白堂""清白亭"，大山的气息从根须中溢出来，从岩缝中钻出来，从泉眼中漫出来，这是一种非常亢奋的自然气息、生活气息。历史与水，神祇与精神，端着一弯月华，把卧龙山、翠树，把楼台亭阁、清泉，摆放得层次分明。这方苏醒了的弹丸之地，是范仲淹的心灵栖息处，又是赋诗会友之所。闲暇时，煮上一壶清白泉水，品茶吟诗，以茶会友，是他忙碌的日常生活中的一种享受。

好山好水好茶，行看流水坐看云。茶得山川之胜而显风流，山川得茶之养更显人文神韵，诗魂与茶魂合而为一，如入忘我清境，内心的超脱与恬淡融入杯杯清茗，是何等惬意，何等酣畅淋漓。"天下山川越为先""佳气龙山冠越州""蠡城种山出宏才"，卧龙山本就是名胜古迹集中之处，于是乎，此处也成为越州文人雅士们登高览胜、赋诗唱和之雅所，一大批著名诗人留下大量名篇佳作，给越中第一胜景平添无限芳华。

宝元二年，金秋十月，云山行处合，风雨兴中秋，范仲淹得闲，相邀众友，在清白堂内煮茶烹酒、吟诗诵叹。靡靡秋已夕，凄凄风露交，安知千里外，不有雨兼风，大家谈到西夏战乱，满腹忧虑丝丝缠；而观眼前，"青山隐隐水迢迢，秋尽江南草未凋""头上尽教添白发，鬓边不可无黄菊"，不由感叹逝者如斯夫，人生匆匆；感慨"柳下系舟犹未稳，能几日、又中秋"；感怀"万物静观皆自得，四时佳兴与人同"；感悟莫若倚重当下，珍惜韶华。

在意兴阑珊中，众人再次对挖掘古井、发现"清白泉"、建"清白堂"等事大为赞叹，意味深长地道："好泉好山好境界呀，妙哉！妙哉！"有人欣然提议："今日云景好，水绿秋山明。范公莫若就此事一书如何？"众皆道好。

　　范仲淹对此泉一直满怀感慨，它或许在高度的对岸，也或许在深度的外围，却与一种姿态相系。回想当年，自己以吏部员外郎兼开封知州的身份上书针砭时弊，批评权相吕夷简，而被诬"荐引朋党、离间君臣"，遭到下放。越州是被贬斥的其中一站，虽是放逐之身，自己的信念却不改，依然抱负在胸，如今蒙圣恩，得以"重启"。但，无论身处何地，廉直美好的品行是自己行走时不变的"行囊"，如同这"清白泉"总是那样清白又富有德义，这"清白而有德义"不就是可"为官师之规"吗？

　　定睛凝神，思忖片刻后，范仲淹铺开纸墨笔砚，卷起衣袖，便在宣纸上，笔走龙蛇，如行云流水：

　　会稽府署，据卧龙山之南足。北上有蓬莱阁，阁之西有凉堂，堂之西有岩焉。岩之下有地方数丈，密蔓深丛，莽然就荒。一日命役徒茇而辟之，中获废井。即呼工出其泥滓，观其好恶，曰："嘉泉也。"择高年吏问废之由，曰："不知也。"乃扃而澄之。

　　三日而后汲，视其泉，清而白色，味之甚甘。渊然丈余，绠不可竭。当大暑时，饮之若饵白雪、咀轻冰，凛如也；当严冬时，若遇爱日、得阳春，温如也。其或雨作云蒸，醇醇而浑；盖山泽通气，应于名源矣。又引嘉宾，以建溪、日注、卧龙、云门之茗试之，则甘液华滋，说人襟灵。

　　观夫大《易》之象，初则井道未通，泥而不食，弗治也；终则井道大成，收而勿幕，有功也。其斯之谓乎？又曰"井，德之地"，盖言所守不迁矣；"井，以辨义"，盖言所施不私矣。圣人画井之象，以明君子之道焉。予爱其清白而有德义，为官师之规，因署其堂曰"清白堂"，又构亭于其侧，曰"清白亭"。庶几居斯堂，登斯亭，而无忝其名哉！

　　宝元二年月日记。

（清白亭与清白泉，绍纪宣供）

　　腕带毫笔，蘸水吸墨，悬肘之间，洋洋洒洒、历史上颇负盛名的《清白堂记》一挥而就。在文中，范仲淹对清白泉的"出身"作了说明，对井水的妙处亦不吝赞词予以褒扬，更在"清白"两字上做文章，深化主题思想。他借"清白泉"表明自己"清白而有德义，为官师之规"的从政之道。又借"井德"喻"官德"，大力宣扬"所守不迁"，即坚定信念、坚持原则、信守不移；"所施不私"，即清正廉洁、不徇私情。全文叙事简洁，要言不烦，由景入情，浓墨重彩，字字珠玑，生动微妙，引人入胜。

　　清亮的吟咏，在风中穿越。文字代替语言，从缜密的思考中抽身而出，以一种新的姿态，伫立平仄，抽出骨骼。范公以300多字的如椽大笔，敲打脊梁骨，不啻为当时贿赂成风的官场开出了一剂道德修养的良药，倡导居官要清白廉洁、勤政为民、克己奉公，伸张了"清白德义"之正气。诚如汪中求所言："一个不经意的细节，往往能够反映出一个人深层次的修养。"范仲淹就是想通过这泉的清白，既勉励自己，亦给百官指引榜样。

　　《清白堂记》只是范仲淹一生真诚做人、真心做官、真实做事、真情作文，喷发而出的许许多多道德文章中的一篇而已，但是它使一口水井由普通的井而至伟大，赋予与"井德"相得益彰的"官德"感言。它与6年后名扬天下的姊妹篇《岳阳楼记》遥相呼应，互为辉映，一脉相承。尽管它在影响上略逊于《岳阳楼记》，但在文采、思想、境界等方面不输风采，尤其对越地而言，无疑是一份独特的历史文化遗产。自宋以降，清白泉和清白堂作为一处有深刻教育和警戒意义的场所，在绍兴府衙中得以长期保留。

南宋爱国诗人陆游在《剑南诗稿》的一首诗中写道："有越逾千载，何人不宦游？向来惟一范，真足壮吾州。"大意是，绍兴上千年历史，风光秀美生活富饶，谁不想到此做官游赏呢！但在历朝历代中，只有范仲淹，为绍兴作出的政绩是最值得赞颂的。范公在越任职时间虽不长，但清白为官，有史为证，事迹长驻。

现在的清白堂和清白泉，已是后人重建而成，但能得以建起来，至少说明了后人对清白观念的认同和期望。如同只要路不拒绝你，你就没有理由拒绝路，后世的我们确实没有理由拒绝对清白德义的向往和追求。

一眼泉里养着歌谣，清白泉、《清白堂记》，与立在州署前的"百代师表"牌坊一样，是古城廉脉之所在，舒展一座城市最不易被模仿的清风廉韵，无论岁月如何更迭，依然不泯不朽，潺潺流淌在我们的血液里。借用宋人诗云："甘清汲取无穷已，好似希文昔日心。"这水清如镜的泉水，令后人深信范公一直在越州，一直未曾离开。

追求一世的清凉，心净，何惧墨染？有多少清泉的水珠，就有多少美好的心事。从井走向泉，从泉走向井，挺立着笔直的腰杆，执着于自己的影子，吟唱震古烁今的"清白德义"绝唱。"微斯人，吾谁与归？"一缕时光里，斯人已往，而清泉静流，如同时光衔敬畏缄默，如同记忆花开花落，泅渡无数朝圣者：我们的眼睛必须清澈，我们的心必须干净。

清白泉撑起一方清澈的桃花源。

【相关链接】

越王台

一段城墙是有记忆的。

何况在府山，何况在越王遗址，何况在千年古城。

不知星光是否还记得千年前的星球？

那时，天空残阳如血；那时，府山上肃穆如戈。

那时，也曾有过多少血雨腥风里的如泣如歌；那时，也曾有过多少凄风苦雨里的满目疮痍。

百年千年，越王台踩踏着古城细碎的神经，纷沓的脚步在奔忙中绵延成一座丰碑，一个瞭望厚重历史的窗口。

往事已被风吹远，白云的写意，此刻正澎湃着激情。

一些城砖如牙齿般倔强地排列在一起，让人能够想象它当年的风采，那绵延不绝伟岸的身躯，那御敌于门外厚实的胸膛，那矗立的雄伟身姿，那隐忍的血性。

岁月镂刻的遗痕，似乎没透出多少苍凉。

古城的雕塑，像一块珍世奇宝，横亘于千年时空。

我不知道，在纷乱的战火中，这越地一隅为何总能岁月静好？

或许，那些战火无法左右的天空与祥光普照的大地。

南风吹来，一个垂暮的历史老人竖起了警惕的耳朵。

那么多人活在岁月的晨曦中。

一撇一捺，成为一句诗，一首歌，一壶醇香的绍兴黄酒……

越国的逸事、史话、商贾市声，任你怎么翻读，都是那阅不尽的诸多精彩。

（越王台，绍纪宣供）

注：越王台位于绍兴市卧龙山东南麓，为缅怀越王勾践卧薪尝胆复国雪耻而建，从越王台向西拾级而上，登临府山主峰，上有望海亭，可饱览越中风貌。据《越绝书》记载，越王台规模宏大，"周六百二十步，柱长三丈五尺三寸，溜高丈六尺。宫有百户，高丈二尺五寸"。后屡建屡毁。1980年，根据南宋嘉定十五年绍兴知府汪纲所建越王台遗址重建越王台城楼。现今的越王台下部分为砖砌结构的越王台基座，系宋代建筑遗址，基座中间有一高7米的拱形大门；上部分为宫殿式建筑，现为"越国史迹陈列"厅，以图片和实物展陈2 500年前的越国历史。

【相关链接】

文种墓

肯定有些什么，已经淡忘。

献计的人，背影渐渐模糊，所有的忠都在文字里。

时光里没有壳，你把时局看得透亮，却没有看透王那复杂的目光。

红尘中一些阴谋四处游离，陷阱出没在自负的背影里，无形的绳索紧紧地跟随其后。

光阴已大梦初醒，世俗总在那里。

这样半冷半热的情景，适合取道回家。

你还是有一丁点儿恍惚，想活在高尚的日子里。

（文种墓，绍纪宣供）

把人想得太美好，是你的天真还是现实的嘲弄？

你在流失的过程中，又丢失了什么？

西风未给出解释。

或许一切本无所谓有无所谓无，空在空白之上。

花朵与绽放无关，功与罪却有关。

不远处是真实的空。

注：文种墓位于绍兴市卧龙山东北隅，是市级重点文物保护单位。春秋时，范蠡在此建飞翼楼，高50米。1981年，文种墓重建。

文种（？—前472），也作文仲、字会、少禽，一作子禽，春秋末期楚之郢（今湖北江陵附近）人，后定居越国。春秋末期著名的谋略家，越王勾践的谋臣，和范蠡一起，助勾践最终打败吴王夫差。尔后，为勾践所不容而被赐死。

鉴湖霓作裳

　　"千顷波澜谁作砥，苍茫入望古犹今。"鉴湖是一个有特定使命的湖，一个有思想、有历史的湖，湖上住满了传说。要想成为湖的知己，那他一定不能仅仅是过客。冥冥之中，范仲淹与鉴湖有一场心照不宣的相遇。

　　范公流传下来的诗作中标题与"湖"有关的约 26 首，具体写"湖"的有 13 首，其中《忆杭州西湖》被视为赞西湖之作，但笔者以为，此首七言绝句更多是为鉴湖而作，且为吊古怀今之作。

　　《忆杭州西湖》诗云：

> 长忆西湖胜鉴湖，春波千顷绿如铺。
> 吾皇不让明皇美，可赐疏狂贺老无。

　　时常想到杭州西湖的旖旎风光，一直认为其美要胜于鉴湖，碧波千里，水势浩渺，绿浪涟漪如同一块铺开的大绿毯，一派江南湖光山色，令人流连忘返。真希望当今圣上也有不亚于明皇的成人之美，像明皇对豪放又不受拘束的贺知章那样，赐鉴湖一曲。诗人将景与典相结合，表达了对此境的喜爱向往之情，也隐隐表达了欲归隐湖上的情感。

　　"长忆西湖胜鉴湖"被认为是赞美西湖的"力证"，仅从字面理解确实如此，但若与第三、四句串联品味，便会发现所言实有"抛砖引玉"之味。若是纯粹赞美杭州西湖，似与下面的用典有所脱节。唐明皇"赐鉴湖一曲"与"四明狂客"贺知章的"请求辞官""入道还乡"，实乃千古美谈，体现非比寻常的和谐温馨的君臣关系，这是天下士大夫心中最美的场景，而故事发生地是在越州鉴湖一带。

"可赐疏狂贺老无"与白居易所写的《问刘十九》中"能饮一杯无"表述方式类似，传递出诗人的渴望和期待，既想忘却尘世繁杂，在此与白云共住，岁月静好，又想得遇圣上的知遇之恩，让"士大夫共治"的政治格局更显人性化。此处虽是用典，也隐指了范仲淹在鉴湖的事实。

（冯家祥作）

摩崖石刻之上，远远传来隔世音。鉴湖位于越州城南，俗称长湖、大湖、庆湖，雅名镜湖、贺鉴湖。东汉永和五年（140），会稽太守马臻，一个出色的地方长官，一个富有实干精神的水利专家，利用当地地形和水系特点，相形度势，主持兴建了古鉴湖，汇纳会稽山麓诸河来水于湖内，湖面面积200多平方公里，灌田9 000余顷。这是一座集灌溉、防洪及供水作用于一体的长江以南著名的水利工程，人民深受其益，造福浙东千年。而一心为民、两袖清风、不懂官场处世哲学的"鉴湖之父"马臻却因此而丧命，在那个历史年代里上演了一出绍兴水利史上绝无仅有的悲喜剧，令人扼腕。

北宋赵抃（1008—1084）任越州知州时，在《次韵前人谒禹庙三首（其二）》中写道："鉴水为功利一州，至今称颂古诸侯。"这是一首歌颂治水先贤马臻的诗，盛赞其治理鉴湖的功绩被历代绍兴父老所颂扬。

"鉴湖八百里"，她有多少美？李白曾打出"广告"："镜湖水如月。"鉴湖山环水抱，既有山之阳刚，又有水之阴柔，交会阴阳，蕴含着曲与直、宽与窄、陡与缓。从古至今，不知有多少文人墨客为她的旖旎和莞尔而折服。宋朝著名政治家、诗人王十朋赞之为"越之有鉴湖，如人之有肠胃"。

唐时出越州城，当时在城门外有三处游船码头，一为都赐埭，可乘舟去游赏东湖；二是稽山门，可舟行东湖，又可以舟行西湖；三系常禧门，也即西湖码头，山阴道的起点。大多数诗人渡浙江后先是落脚在绍兴鉴湖周围，主要是在郡城，从这个核心出发再延伸到周边。浙东唐诗之路上，从诗人的活动范围和诗歌创作的集中度看，鉴湖区域即诗人们所称的"越中"，是这条诗路的精华段。

唐朝诗人咏吟鉴湖及沿湖景区的诗作，流传至今的，共有 192 首，其中鉴湖 72 首、若耶溪 75 首、东湖（鉴湖东湖之景点）19 首、禹陵 10 首、兰亭 15 首、柯亭 2 首，居诗路景点之首。代表性诗人有孟浩然、贺知章、李白、杜甫、白居易、元稹、严维等，几乎囊括了唐朝的诗坛翘楚。在 400 多位诗人中，有的是到这里来任职，如宋之问、元稹等；有的是在这里定居，如贺知章、方干等；当然更多的是时间长短不等的"优游"，其中被誉为唐朝浙东诗坛领袖的严维在越州生活了 10 余年。诗人们在这核心处联诗唱酬，留下了许多佳话逸事。如初唐四杰之一的王勃，就曾在云门山下仿兰亭雅集，撰有《三月上巳祓禊序》。

可以说，从晋到唐，经过贺知章、李白、严维等人的努力，越文化、越文学，特别是越地的山水秀美之自然，早已牵动人心，引人注目，会稽山水的气韵、鉴湖的神韵貌似要盖过杭州西湖的风头。对此，已故唐宋词研究学者、原杭州大学中文系博导吴熊和先生曾如是道："无论是谢灵运的时代，还是李白、杜甫的时代，越州的东南重镇地位向来胜于杭州，绍兴鉴湖的名气也远远超过杭州西湖。"

再者，从写诗的时间分析。据宋代历史及古典文献研究专家王瑞来先生等考证，范仲淹一生中曾三至杭州。据范仲淹年谱，第一次大抵是在天圣四年，其时范仲淹在知兴化县任上，是年春有两浙之行，过杭州、诸暨等

（张继钟作）

地，与林逋、唐异等人相聚，留下《寄赠林逋处士》《和沈书记同访林处士》《与人约访林处士阻雨因寄》《寄西湖林处士》《寄林处士》五诗。

第二次是景祐元年六月，范仲淹由睦州徙知苏州，沿水路，途经杭州，其时在陈州时的上司胡则（963—1039）正知杭州，因而范仲淹在此滞留多日。《范文正公集》卷三有《西湖筵上赠胡侍郎》《依韵和胡使君书事》，《范文正公集》卷四载《过余杭白塔寺》《江城对月》，从这些诗文中可考知。

第三次是皇祐元年正月，范仲淹不再作为游人、迁客，而是以父母官的身份，任杭州知州，离开杭州徙知青州约是皇祐三年初，这是他来杭州最无争议的史实。

三次亲近杭州于范仲淹是未及宣读的欢迎词。他停下匆匆的步履，走进杭州的历史，也踏进人生的江湖，用自己的诗篇讲述城市的传奇，儒雅的身躯里满是细腻的柔情，从这里的每一缕烟雨中寻到不一样的温情，从这里的

每一块青石板里掏出了记忆的秘密，创作了近40篇诗文，足见他对杭州情有独钟，与杭州结下了不解之缘。

《忆杭州西湖》作于康定元年春，其时他正任越州知州，处于他二到杭州的6年后和三到杭州的10年前这一时间节点上。范仲淹对贺知章素来推崇有加，知越州后最先做的事，其中之一就是拜谒贺知章旧居并修缮真堂。而鉴湖是穿过历史的鉴湖，是贤太守马臻为此付出生命的地方，这里，曾是李白等诸多大家的万里向往之所和焦急归途，曾让远行者目不暇接，亦让豪饮者放浪醉步，作为同样文采斐然、又为性情中人的范先生岂能无动于衷？！

时光，是沟壑之中流动的溪水，允许我们轻敲虚掩的心扉，试探那些潮湿的往事。

四月的天空下，樱桃渐红，枇杷泛黄。诗人蜿蜒而行，来到这个守望绍兴千年不弃、承续千年根脉的湖边。橹声叹息，惊扰月华。近处湖光山色、碧波映照，远处青山重叠，如在镜中游，莲荷越女映入眼帘，先贤雅事、历史钩沉涌上心头，无限的想象，一如星罗棋布的波光，似乎在诉说着东汉那悲壮与宏伟的光阴，让神经的末梢绷紧又放松，沿湖而下，拾级而上，像是沿着脉搏奔向心脏的旅程，最终走到心脏跳动的地方。

碧波之上是什么不知疲倦地奔跑？是什么毫无迟疑地前行？风掀起水面如瓷的波纹，如此沉敛厚拙，本色自然。穿过忠实石阶的诗人怎能不怦然心动，感怀旧德而念及自身？

这是一场凄婉又唯美的相遇，众多心绪缠绕在一起。鉴湖曾有的疼痛、鉴湖现有的明媚，都令范公忧伤而欣喜。沧海冥冥，晴川接翠，山光水色拉长他的眺望与遐想，似乎引发了一种天与地的默契，物与我的和合：回忆起旖旎秀丽的西子湖，却更触动于眼前浩渺无垠的湖光山色，感叹"春波千顷绿如铺"，可以醉，不会狂；又以独特的方式注解内心的欲望，运用唐人的典故自喻，希望当代的"明皇"也能如此"恩赐"这个当代的"疏狂贺老"，发出"可赐疏狂贺老无"的心声，暗含着渴望今能如昔的深切感慨。

有谁谙知，湖的深刻在哪里？或许是——简单。岁月烂掉的，总是复杂和阴暗，烂不掉的，必然是简单。"清风拂明月，明月拂清风""明月松间照，清泉石上流"，最简单的诗句，往往透着最深的禅意。像范公这样简单、纯粹、正直、达观的人，骨子里更喜欢一马平川，满城风絮，而这首七言绝句诗情画意，情景交融，却又自然晓畅，虽题名"忆杭州西湖"，莫如说是"鉴湖感怀"。

鉴湖如一条流不完的河流，文字被钉在墙上，诗文在岸堤日渐邈远，竹枝状水系网千年地醒着，淌着不尽的真诚与热情，水的语言，月的清辉，生命的境界，净化诗人的心灵，于山水之间涵养世俗之上的信仰：但愿依靠的，都是温暖和幸福，斯是同愿，安慰一阙的豪情。

【相关链接】

鉴　湖

你是绍兴的母亲河。

一目了然的圣洁，一望无垠的纯净，似一面硕大的镜，映着白云，映着蓝天，映着八方游客的惊奇。

钻上窜下的游鱼可以作证，你曾是李白的万里向往；

坦然开怀的小藻会当默认，你曾是陆游的焦急归途；

婀娜多姿的垂柳兀自飘拂，你曾让远行者目不暇接；

光可鉴人的湖水酝酿酒香，你曾让豪饮者放浪醉步。

大美无言。

没有起伏，这是心地的真正平静；没有波澜，这是自然的真正杰作。

古老的你，没有苍老的皱纹，每一处江湖完好如初。

你是一条用母爱缠绕在人们心头的柔肠；

你是一条用情怀编织蔚为大观的千年诗廊；

古往今来的人，都在仰望，在拜读。

那些绝尘的蓝冲刷每一位远行的旅人，让那些放不下的俗念瞬间寂灭。

红尘滚滚中的吾辈，在此，是该卸掉烦恼的，是该照一照自己容颜的，是该领悟一点什么的。

（鉴湖，绍纪宣供）

　　注：鉴湖位于绍兴城西南，乃浙江名湖之一，由东汉马臻所筑。"鉴湖八百里"，可想当年鉴湖之宽阔。鉴湖是一处适合观光游览、休闲度假的江南水乡型风景名胜区，由东跨湖桥、快阁、三山、清水闸、柯岩、湖塘6个景区和湖南山旅游活动区组成。鉴湖不仅有独特的自然风光，还有许多名胜古迹为之增色。

东山凝熏风

"梦里铅华浑脉脉，萧中芳迹尚斑斑。"走近东山，岁月深处密集的信息反射令人目不暇接。时间让更多的词语复活了过来，像长了翅膀的大鹏在宿命中飞翔，把大世界、小视野藏在了诗中，用一千年的沉睡，扼守于时光隧道，只候那一人归来。

"不向东山久，蔷薇几度花。白云还自散，明月落谁家。""诗仙"李白口中的东山，位于越州辖县上虞西南。这里层峦叠嶂，迥霄垂雾，凝泉散流。因为谢安，这里成为浙东唐诗之路上一座理想坐标，李白、贺知章、刘长卿、方平、苏东坡、陆游等名士，都曾盘桓其间，留下了不少著名诗篇。

"仁者乐山，智者乐水"，范仲淹对"稽山鉴水"有种骨子里的认同和喜爱。"见贤思齐"是他的本色，每至一处，他都会认真地寻古访幽，与古代的贤者、圣人对话，感受史书中记录的厚重气息，体会时空交错的新奇。绍兴是文化世家之地，文人名士荟萃，自然也留下诸多遗迹，这些对范仲淹来说具有不可抗拒的吸引力。

只是，他有没有亲临东山，查无考。然，坍塌的石壁仍留下陡峭，留下时光的碎片，让我们在一些悬念里寻找可能的线索。如，他流传至今的 300 多首诗作中，其中有两首明确地以谢安及东山石为典寓意抒情，分别是赠予石曼卿和富弼之诗作。

山水和呐喊是一本本线装书，不变的期望仍然是阳光和温暖，至少谢安这位超凡淡定的先贤和东山这座充盈玄机与秘语的地方，每一条脉络都让人顿生远足长旅的迫切，每一个节点都令人频发思古探幽的期待，令范仲淹的心头住满了一座山。

范仲淹在《送石曼卿》一诗中如此写道：

> 河光岳色过秦关，英气飘飘酒满颜。
> 贾谊书成动西汉，谢安人笑起东山。
> 亨途去觉云天近，旧隐回思水石闲。
> 此道圣朝如不坠，疏封宜在立谭间。

山光水色，路与河穿过要塞秦关。酒色上脸，满面春风，飘飘然英武豪迈气概。贾谊撰书震惊西汉，谢安含笑再起东山。此去坦途觉得云天弥近，回想旧时隐居处恰似水石一样清闲。在如此宽广的大道，若不辱圣朝使命，则可在立谭间分封授爵。

其时，石曼卿正英姿飒爽，豪情满怀，踌躇满志，奔赴前线。范仲淹闻知，即兴赋诗相贺饯行，将他比作西汉的贾谊和东晋的谢安，预祝此去平步青云，乘风破浪，得胜凯旋，加官晋爵。笔墨情趣，纵贯古今，流美溢香，诗人的梦想与祝愿在诗句中酝酿和分娩，没有躲躲闪闪。

石曼卿，名延年，字曼卿，北宋著名官员、文学家、书法家，官至秘阁校理、太子中允。其人磊落飒爽，豪放旷达，不拘礼法，不慕名利，善为诙谐，喜于豪饮。他以一句"月如无恨月常圆"为下联，应对千古上联"天若有情天亦老"，堪称迄今为止最为工整之"妙对"，而引众多文人墨客包括欧阳修等人自愧不如。

无独有偶，庆历二年，曾在应天府师从范仲淹，把范氏当成自己的道德和学问之良师益友，创建泰山书院、徂徕书院的宋朝理学先驱石介主持太学，因其学生杜默辞别还乡，遂作《三豪诗送杜默师雄》云：

本朝八十年，文人为多，若老师宿儒，不敢论数。近世作者，石曼卿之诗、欧阳永叔之文辞、杜师雄之歌篇，豪于一代矣！师雄学于予，辞归，作《三豪诗》以送之。

> 曼卿豪于诗，社坛高数层。永叔豪于辞，举世绝俦朋。
> 师雄歌亦豪，三人宜同称。曼卿苦汩没，老死殿中丞。
> 身虽埋黄泉，诗名长如冰。永叔亦连蹇，病鸢方骞腾。
> 四海让独步，三馆最后登。师雄二十二，笔距狞如鹰。
> 才格自天来，辞华非学能。回顾李贺辈，粗俗良可憎。
> 玉川月蚀诗，犹欲相凭陵。曼卿苟不死，其才堪股肱。
> 永叔器甚闳，用之王道兴。师雄子勉旃，勿便生骄矜。

在诗中，石介把石曼卿与欧阳修、杜默三人誉为"三豪"，词意深美，情感厚重，不吝着墨，畅抒赞赏之意。

石曼卿死后，酒友苏舜钦亦作《哭曼卿》诗云：

> 去年春雨开百花，与君相会欢无涯。
> 高歌长吟插花饮，醉倒不去眠君家。

由此看来，在石曼卿身上，贾谊、谢安的影子若隐若现，这也说明贾谊、谢安在诗人们的心目中享有极高的地位。

范仲淹写的另一首含有谢安、东山典故的诗是《石子涧二首》，为富弼而作，引录于下：

其一

> 凿开奇胜翠微间，车骑笙歌暮未还。
> 彦国才如谢安石，他时即此是东山。

其二

飞泉落处满潭雷，一道苍然石壁开。

故老相传应可信，此山云出雨须来。

诗中写的彦国即富弼，为北宋名相、文学家，是范仲淹任青州知州的前任，也是庆历新政的积极倡导者、与范仲淹并肩作战的盟友。庆历新政失败后，他与范仲淹一同被贬，先知郓州（今山东东平），后移知青州，曾在石子涧建亭祈雨。

皇祐三年三月，范仲淹到任青州。《尚书·禹贡·海岱惟青州》中记载，青州乃物华天宝、山清水秀之地。在此，范仲淹与富弼完成交接手续后，拖着病体，迅速投入大旱等自然灾害的救治和因以张海等为首的起义军引发人祸而开展的"捉贼"整顿工作中。闲暇时，表海楼、石子涧等地是他登临览胜之所。石子涧是一处瀑布胜景，范仲淹在此见亭思人，触景生情而赋诗。

在诗中，范仲淹将富弼比为东晋谢安（字安石），激励他等待时机，像谢安那样东山再起，骠骑扬威，以非凡的才能，重整朝纲。字里行间传递的

（东山，绍纪宣供）

从容与温度，饱含着范仲淹对富弼的期望和对改革大业的信心，也表达了自己以谢安为范的政治抱负、理想追求，及与国家民族休戚与共的情怀。

富弼比范仲淹整整小 15 岁，两人亦师亦友，富弼进入仕途后，多得范仲淹的提携。他俩也是诤友，常因政见不同而吵得面红耳赤，但并未因此而变得生分，"出处以道，俯仰无愧""凡有大事，为国远图。争而后已，欢言如初""相勖以忠，相劝以义"。就如明人李贽在《与河南吴中丞书》中所言："虽时时与师友有诤有讲，然师友总不以我为嫌者，知我无诤心也，彼此各求以自得也。"

富弼自己也说："我同范先生乃君子之交，先生看重我，是因为我有独立见解，并非让我诸事随声附和，我怎能因私恩而放弃自己的政治主张呢？"

富弼亦是个"以天下为己任"、克己奉公、为官清正、生性孝顺、待人谦恭、颇有廉声的难得的好官，范仲淹对他赞赏有加，直言："富弼不同俗流，这正是我欣赏他的原因。"

君子和而不同，也许正是因为有像范仲淹和富弼这样公私分明的能臣好官，才能创造出仁宗时期北宋国力的恢复和发展的局面吧。大儒石介曾在长诗《庆历圣德颂》中大肆称颂范仲淹和富弼，一个可比尧时掌管音乐的大臣夔，一个可比舜时掌管教育的大臣契。

就整个北宋朝廷而言，范仲淹、富弼、欧阳修等人的心中既满腔热血，怀有一座自己的"东山"，也居高望远，有一座巍然不动的"南山"。故而，当别人用欲望上演他们的悲剧时，他们用先知预言别人的未来。世界如黄粱一梦，梦里梦外，他们都是如同永不坠落的星辰一般的一群人。

范仲淹对谢安和东山如此推崇，其实也不难理解。"山阴路上桂花初，王谢风流满晋书"，一代"风流宰相"谢安"前半生狂歌东山，后半生出将入相"，他能归隐山林携王羲之赴兰亭雅集，也能率军 8 万击溃百万敌军赢淝水之战，潇洒地放牧自己的心灵，播撒一种人们需要的精神，几乎集合了一个士大夫对人生的所有期待。

范仲淹也是一位"文能提笔安天下，武能马上定国邦"的有态度的士大夫，对谢安是由衷景慕，可谓惺惺相惜，同气相求。虽则，他的东山已经倒下三次，但山歌还在，清风还在，根还在，心中那个"东山再起"梦从未湮灭。是啊，这世上什么都可以躲避和忽略，除了自己的心绪，悲欢离合的情感都来自内心，解脱自身，远离苍白，灵魂的七彩就会展现，心的颂歌就会奏响。

江湖是个模糊的概念，处于江湖是一种欲望的表达，也是另一种拥有的放弃。宝元元年十月，深谙宋代典籍、汉家文化的西夏元昊突然称帝，庆历元年起，相继在定川寨、三川口等地挑起战事。风尘万里，烟焰遮天，宋朝壮士折戟断矛，不得不战马低鸣、战刀无光，令像一头睡狮似的北宋朝廷大为震惊，他们并没有意识到一个边疆少数民族正在崛起，一个年轻的首领注定要成为和大宋分庭抗礼、平起平坐的王者。

"否极者泰，泰极者否，天下之理"，北宋立国以来，实施的是"重文轻武"国策，澶渊之盟后，朝廷上上下下都沉溺于升平之乐，兵革不兴，以致造成严重的"兵不知将，将不知兵"的局面。在和平繁华时期，此乃无虞，但到仁宗朝时，很多弊端浮上水面，加之北有契丹，西有西夏，关西之地侵扰之事年年发生，繁华背后的危机已发出"鹤唳"之声。而这正是范仲淹一直关注和担忧的"武备"问题。

早在天圣三年（1025），范仲淹担任大理寺丞时，他不顾人微言轻，直接给摄政的皇太后及宋仁宗上《奏上时务书》，提出要加强武备，巩固边防，强化军事指挥人才的培养、选拔，加强军事训练、提高部队战斗力、防患于未然。天圣四年，又上《上执政书》，其中的"备戎狄""育将才，实边郡，使夷不乱华"，充分显示出他杰出的军事才能和深远的政治预见性。

其实，早在天禧二年（1018），他就结合弱冠之年行游燕赵之地的实际感受，豪情满怀地写下《河朔吟》：

> 太平燕赵许闲游，三十从知壮士羞。
> 敢话诗书为上将，犹怜仁义对诸侯。

> 子房帷幄方无事，李牧耕桑合有秋。
> 民得袴襦兵得帅，御戎何必问严尤。

　　颔联感情复杂，既表现了诗人立志成为一代儒将的非凡抱负，又抒发了诗人对孟子劝说梁惠王施行仁义的称颂。颈联运用"汉初三杰"之一的张良、赵国名将李牧、严尤，这三位历史上赫赫有名的军事人物的典故，以诗致敬，以诗言志，表达自己立志像张良那样运筹帷幄之中，决胜千里之外，要像李牧那样屯田戍边、保家卫国，像老将严尤那样爱护百姓、建功立业。全诗融记叙、抒情、议论多种表达于一体，展现出一个务实、有抱负的青年政治家的形象。而在后来西北抗击西夏的军事实践中，他也确实把三位军事前辈的影响体现到了实战中。

　　越州并非遥远的江湖，西夏战事兴起的消息通过多种渠道不胫而走，心怀天下、心忧天下，又对军事思想已有深入研究的范仲淹又岂能无动于衷、高枕无忧?!

　　"西秦百万众，戈甲如云屯"，时下的朝廷如同当年的东晋王朝一样危在旦夕。谢安是真名士，更是大英雄。"行到水穷处，坐看云起时"，范仲淹希望自己拥有他那种"宠辱不惊，看庭前花开花落；去留无意，望天上云卷云舒"的人生惬意状态，更希望自己像他那样东山再起，在边境保家

（谢安雕像，绍纪宣供）

卫国，运筹帷幄，大破元昊，也打个漂亮的"淝水之战"，邈远成历史无限之深。

只是，"惆怅晋朝人不到，谢公抛力上东山"，李白写的"但用东山谢安石，为君谈笑静胡沙"，杜甫说的"汉主追韩信，苍生起谢安"，这样的机遇何时会降临呢？这种吊古伤今正是范仲淹"忧乐天下"思想的真实体现。

时光倒流千年，北宋越州的初秋，一阵风伴随着一阵雨，在东山的肌肤上擦拭，一缕缕由远及近的菊花香扑鼻而来，眼前映现着时光与梦的交叠，如画江山，分外妖娆，任何景物都是传神而生动的存在。置身于这片灵秀的河山，范仲淹举目四望，千里翠微，仿佛无法尽览无余，那些被秋风秋雨唤醒的诗句，展开想象的翅膀，随之化作斑斓风景，诗里诗外置身其中，也身处其外，弦音停留在热爱里。

漂泊的简史惊鸿掠过，一团火在枯草间蔓延，一块铁锈出了山的脊梁，一腔热血唤回众兽归林。范公让东山与文字相遇，笔与墨的劲舞布满生命的飞扬，装扮着步入人生暮年的小道，从容，有序。无论范公是否登临过东山，都不可忽略他对它的偏爱乃至膜拜。他的梦想隐于一堆灵性的辞藻里，一个个诗意的花苞里，藏着"不知一生何时盛开"的感叹，苍天为我起东风，心中的东山阳光不锈，不断绽放一簇簇精神的莲花，定格一种最原始的清醒和坚韧。

他在热泪滚烫地倾诉：胸有丘壑，何惧坎坷！

【相关链接】

东 山

有的山，云里雾里，过于神秘；有的山，峭壁艰险，过于狰狞；更多的山剑走偏锋，一心要高山仰止。

而你，所有的突兀峻急，都了然无意，隐居湖边，淡然解读水的禅意。

如同一座静默的神，让世间的眼花缭乱安静下来，学会压低了自己，与世界相处；让丢弃刀剑的人双手合十，摆渡肉身。

大磐石上，一位气定神闲的垂钓者，伸出一竿醒着的灵感。

一只浅黄色的酒葫芦挂在胸前，一顶斗笠被风有节律地扇动。

细细的银线，钓起一轮洁白鲜亮的月。

不动声色，不为匍匐，只为自省。

那时候，鲜有人懂他仗剑天涯的表情。

一块"再起石"，一场"淝水之战"，从此，你和他一举成名。

一切的先天消失，一切的后天隐退，概因机缘。

（东山，绍纪宣供）

指石犹弹琵琶，高卧东山东。

石乃大地之经。琴音中，每一只飞过的鸟都获得了一颗慈悲的心。

在你面前，我们唯有敬仰，还有仰望星空的追寻。

山不在高，因人而名。

注：东山位于绍兴市上虞区，总规模3 000亩，其中自然水域1 000亩、生态林地2 000亩，属东晋王朝名相谢安"东山再起"之地，与上虞佛文化发源地东山国庆寺一脉相连。路网发达，交通便利，春季山花烂漫，夏季林绿成荫，秋季硕果丰累，冬季瑞雪轻盈。指石弹琵琶、钓鱼台、百牛阵、蔷薇洞、始宁泉、洗屐亭、白云轩、明月堂、东眺亭、西眺阁为东山有名十景。

风来雁声度

清风自来兮，汝心安在否？古往今来，清风就与"清廉""廉政"如影随形。中国古代诗歌开端的《诗经》里，就有不少带有"清风"的诗句，譬如，《大雅·烝民》八章中有"吉甫作诵，穆如清风"，《毛传》中有"清微之风，化养万物者也"，《郑笺》中有"吉甫作此工歌之诵，其调和人之性，如清风之养万物然"。触目皆是清澈、纯粹、美好的意境，字里行间又可见广阔而奇妙的精神世界。

当下如果我们形容一个人为官清正廉洁，大多会用"两袖清风"或"清风两袖"。《古汉语大词典》（最新版）解释"两袖清风"为"衣袖中除清风外，别无所有"。一个官员生活清贫，甚至穷到袖中除了"清风"什么也没有，那么他大概率是为官清廉、没有贪赃受贿，故引申为官员清廉。

以孔子为代表的儒家"义利之辨"，强调修身、齐家、治国、平天下，把"礼义廉耻"作为立国的四大纲要。历朝历代的兴衰更替，更使明君贤臣、志士仁人把官员廉政与社稷安危相结合，以"廉"为荣，探索和尝试不少廉行，涌现出许多廉臣，产生廉事、廉诗、廉文、廉对、廉谣、廉谚、廉政格言警句等，汇集成内容丰富、形式多样的中国古代廉政文化。

范仲淹是儒家文化的忠实践行者、宋学开创者，也是清正廉洁的表率。知越州期间，他造访探寻了既为诗路亦为廉路的浙东唐诗之路上一些重要节点，如天姥山、云山、南山、东山等，抒写怀抱；他发掘清白泉，写下《清白堂记》，既勉励自己，又为官场百官开出清廉药方；他还以"清风"为主题，写下《清风谣》，直抒清廉之意，录如下：

> 清风何处来，先此高高台。
>
> 兰丛国香起，桂枝天籁回。
>
> 飘飘度清汉，浮云安在哉。
>
> 万古郁结心，一旦为君开。
>
> 有客慰所思，临风久徘徊。
>
> 神若游华胥，身疑立天台。
>
> 极渴饮沆瀣，大暑执琼瑰。
>
> 旷如携松丘，腾上烟霞游。
>
> 熙如揖庄老，语人逍遥道。
>
> 朱弦鼓其薰，可以解吾民，
>
> 沧浪比其清，可以濯吾缨。
>
> 愿此阳春时，勿使飘暴生。
>
> 千灵无结愠，万卉不摧荣。
>
> 庶几宋玉赋，聊广楚王情。

此诗以"清风"为题，先写清风起于高台，带着兰桂之香，吹过星汉，吹散浮云，吹开郁结的心绪，接着临风而徘徊，想象登于天界，与神仙往来，然后又回到人间，写出了清风的真谛，"朱弦鼓其薰，可以解吾民，沧浪比其清，可以濯吾缨"，即清风最值得肯定的是服务百姓，清洁人的心灵，并告诫人们要像清风一样和煦，而不是像狂风那样摧毁万物。

范仲淹"泛通六经"，对地方文化史也颇有研究。越州是历史文化名城，中华文明发源地之一，越文化的中心。"古有三圣人，越兼其二焉"，尧、舜、禹三位圣人中，大舜和大禹与越地有密切关联，舜帝平四方，禹治水成功，舜帝还在此写下越地史上最远古的甚至是我国五千年文明史上最早的清廉诗歌——《南风歌》，录如下：

> 南风之熏兮，
>
> 可以解吾民之愠兮；
>
> 南风之时兮，
>
> 可以阜吾民之财兮。

相传这首古谣为舜帝弹五弦之琴而歌，据《孔子家语》记载："昔者舜弹五弦之琴，造《南风》之诗。"司马迁的《史记·乐书》也有记载："舜弹五弦之琴，歌《南风》之诗，天下制。"该诗歌讲温暖的南风可以解除百姓的怨恨怨气，适时的南风则可以使百姓的财富变得丰厚，唱出一种淳朴诚实、关心苍生的君王情怀。"关心百姓，爱护苍生"，这是每一个为政者应该具备的基本信念和行为准则，早在远古时代，人们就认识到这点了，可见，倡廉砥廉的基本内容和基本要求古今相通。

（《新时代清风廉路图》局部）

　　越地自古清气扬，清官廉吏辈出，他们以贤守道，清俭持家，严以律己。越人内敛、勤奋、仗义执言却为官谨慎的性格，是造就出历代好官好吏的重要清廉特质。此地，是范仲淹先祖范蠡建功立业之所，范蠡忠以为国，大义天下，助越王勾践"十年生聚，十年教训"，建筑了山阴小城和山阴大城，使越国有了坚固的行政中心，坦荡清正之风亘古未绝。文种铮铮铁骨，凛然气节，承其不灭。秦始皇巡越，祭大禹，立刻石，教化民众。仅东汉就有"锄草喂马"的会稽太守第五伦、"委珠不拜"的尚书钟离意、"谦卑清白"的太尉郑弘、"一钱太守"的刘宠、"珠还合浦"的孟尝、"墓不起坟"的会稽郡吏谢夷吾、"舍命筑湖"的马臻等。他们都具有爱国爱民、清廉节俭、安贫乐道、极度自律等清廉特质，是越地崇廉尚俭传统的引领者、推动者、示范者，他们的清廉观和清廉操守，形成了越地"清廉思想"的重要萌芽和理论渊源。

　　此地，还是范仲淹"以父礼之"的杜衍的家乡。杜衍，字世昌，封祁国公，世称杜祁公，北宋著名政治家，仕真宗、仁宗两朝，历任地方和中央要职，宋仁宗庆历年间，初任枢密副使、枢密使，庆历新政后期，任同平章事兼枢密使。杜衍人品高，官风正，能力强，善决大事，所至之处政声皆佳，特别是在庆历新政中为相，最受时贤和史家颂美。宰相乃封建时代辅助皇帝、统领群僚、总揽国务的最高行政长官，时政之美恶常取决于宰相。好的宰相主观上必须德才超群，客观上也须有一定机缘，让其能够施展抱负，历朝历代的名相贤相，大多如此。杜衍为相仅 120 天，史称"百日宰相"，但唐宋八大家之一的曾巩赞美他与"古之良宰相者无异焉"。

　　应验那句"宰相肚里能撑船"，杜衍有极强的担当精神、超人的胆识勇毅和宽广的容人雅量。他大范仲淹 11 岁、孙甫 20 岁、欧阳修 29 岁，诸人素常对他敬仰、感恩，以父辈事之，但在议论和处理军国大事上，范仲淹、欧阳修、孙甫曾误解过他，乃至恶语伤害过他，杜衍均不计较，照样真诚关爱，呵护有加，情怀之博大，境界之高迈，在中国历代政治家中，堪称一流。

　　范公每日在这个寸寸都盈满精气神与文化，流淌着先祖与前辈清廉刚正气息的土地上办公、生活，更加肃然为政，砥砺清风，立志涤荡浮躁功利之风，孕育古城亮丽文化生态。清廉引燃他的激情，他试着用种种解读来诠释、破译它的深度，于是，以文为旗，以诗为马，一书清廉为民之风，《清风谣》就是其中一力作。

只是，此诗究竟作于何时，翻阅相关文籍，均无明确记载。但从当时的历史现场和诗句中几个重要"字眼"去揣摩，不难发现一些蛛丝马迹，可猜测它是在越地所作。宝元二年，杜衍迁刑部侍郎、枢密副使，复知永兴军，有一次杜衍返乡，两人曾促膝长谈。或许真是此次面谈，促成此诗，也未可知。同时，诗句里也藏着一些线索。

首句"清风何处来，先此高高台"，阵阵清廉之风从哪里来，应该是从这高高台上来。寓意此处是清廉之地、历史悠久。"高台"或为越王台。卧龙山是一座文化名山，是宋时府衙所在区域，当时属城内最高峰，登临越王台，向西拾级而上，上有望海亭，可饱览越中风貌。

"兰丛国香起，桂枝天籁回"，兰花为越州州花，州辖区西南会稽山下有历史上著名的"兰亭"，此处崇山峻岭，清流激湍，茂林修竹，风景十分优美，因东晋大书法家王羲之在此邀友雅集修禊于此而传名。《兰亭集序》被誉为"天下第一行书"，奠定王羲之书圣地位，也在庙堂与江湖间生出诸多扣人心弦的故事。

"神若游华胥，身疑立天台"，历代文献典籍的记述表明，华胥是华夏之根、民族之母。从华胥到华夏，从华夏到中华，形成了一脉相承的中华民族文化，它彰显了中华民族的同根、同源和血脉亲情，华胥文化是中华民族文化的源头。在该诗中更多体现文化的源远流长。越中是中华文明发源地之一，大舜生于此，《史记·五帝本纪·正义》录《会稽旧记》云："舜，上虞人。去虞三十里有姚丘，即舜所生也。"即大舜生于越州上虞境内。"天台"，谓尚书台（省），出自西晋陈寿《三国志·魏志·夏侯玄传》中的"天台县远，众所绝意"。尚书台离县主的官位太远，大家都望而却步。"天台"又指山名，出自李白《梦游天姥吟留别》："天台四万八千丈，对此欲倒东南倾。"

天台山传说高达四万八千丈，面对天姥山，好像要向东南倾斜拜倒一样。天姥山位于越州新昌境内，是中国文化史上的一座高峰，素有"一座天姥山，半部《全唐诗》"之称。刘禹锡《送元简上人适越》中也写道："更入天台石桥去，垂珠璀璨拂三衣。"故"天台"应在越地。

尾句"庶几宋玉赋，聊广楚王情"，宋玉曾事楚顷襄王，好辞赋，后人多以"屈宋"并称。李白在《感遇（其四）》中称赞："宋玉事楚王，立身本高洁"，并以"屈宋长逝，无堪与言"评价其赋水平之高。宋玉为人不拘一格，常遭遇一些不明真相的吃瓜群众的误解，以至于楚王都过问了，《宋玉对楚王问》就是宋玉面对他人的谗毁在楚王面前所作的自我澄清。后来流言蜚语流入民间且甚嚣尘上，宋玉在百般无奈之下作《登徒子好色赋》以还击。宋玉将自己的一生风华，全部献给了他深爱的楚国，他与恩师屈原一样，都是才华横溢、忠君爱国、忧国忧民之忠臣，也是坚如磐石、清如美玉、"质本洁来还洁去"之清流。诗中寓意，无论遭邪人谗言陷害，还是不得尽展相才，始终清者自清、忠者自忠。

诗中范公借助清风的意象、历史典故与遗迹的具象，融入自己或潇洒或淡泊或踌躇或苍凉的感情色彩，把一年四季的腐虫掩埋在荒漠和树丛，高擎清白旗帜，打捞历史深处的妙诗丽句，为越地谱了一曲铮铮风骨、浩然正气、操守中正的清风诗谣，也给北宋不纯粹的政治生态种下一片警示的苍松。

清风无形，盛德有形。范公知越州时，正处北宋中期，其时贪污之风蔓延，腐败已浸入肌体。著名清官包拯对当时官场的腐败看得很

（《新时代清风廉路图》局部）

透彻，在《包孝肃奏议·选举》"请先用举到官"篇中写道："幅员至广，官吏至众，黩货暴政，十有六七。"其意指当时宋朝官场上不腐败的官员仅是少数。到了北宋后期，情况更是糟糕，《宋会要辑稿·刑法》中称："货赂公行，莫之能禁。"直言腐败行为到了禁止不了、控制不住的境况。在官员贪腐行为屡禁不止的北宋政治生态背景下，越地却始终清廉之风飘扬，没有在一片漆黑中沦陷。北宋以降，清官廉吏见诸史册者代有辈出，这与范公严以律己、严肃政纪、严厉吏治、严明狱规，示范引领"清白""廉政"，有莫大关联和深厚影响。

范公代表着一个时代，在他身上隐含有解码时代的清廉元素。诚如理学集大成者朱熹所言："本朝忠义之风，却是自范文正作成起来也。"越地的精神建设与一地朗朗乾坤，又何尝不是范公和他的追随者们在推动发展呢？"若将明月为俦侣，应把清风遗子孙"，他们留给越地的不仅仅是一首《清风谣》，更是流淌千年、从未间断的清廉文脉。

"明月自随山影去，清风长送白云归"，南风起兮，清风总不负期。

云门千年鉴

　　一花一叶，一砖一瓦，或静或动，交织成一处处绮丽的风景。在每一处风景里走过，似乎能听到它们低声地诉说那些古老的故事，那些美丽的传说。

　　寺院在古时具有特殊而重要的地位，既是僧俗佛教信仰中心，也承载着社会救济、博物馆、文化娱乐等功能。"寺"一般是由皇帝设立的机构，古汉语里意为"持续，相续"，指此机构为永久性机构，是要国祚绵绵、代代延续下去的。隋唐以后，"寺"作为官署的称谓越来越少，而逐渐演变为中国佛教建筑的专用名词。

　　历史上的佛寺，还承载着一个重要职能，即普及教育，相当于现在的大学。佛寺里面有藏经楼，收藏的不单有佛教经典，还有儒家、道家的经典，起着现在公共图书馆的作用。古代书生们对寺庙有种特殊的情结，他们喜欢在寺庙中埋头苦读，因为寺庙建筑讲究"天人合一"的宇宙观，往往处于集天气、地气、水气、人气等于一体的深山静谷中，寺庙之中又都是修行之人，没有俗世中的喧嚣，选择这种清净、清幽之所读书，才能心无旁骛，有朝一日金榜题名。范仲淹、包拯、朱熹、王阳明这些大儒先贤，都曾长时间在寺院里挂单读书。

　　范仲淹少时在邹平境内西南长白山中的醴泉寺度过一段艰辛又励志的学习生涯，就寝时不解衣带，发愤苦读，终成大器，还给世人留下家喻户晓的"划粥断齑""窖金苦读"等故事。醴泉寺于范仲淹是"好风凭借力，送你上

177

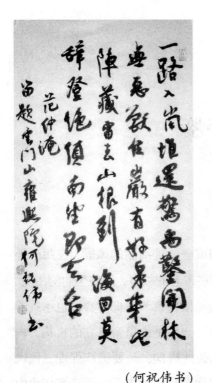

（何祝伟书）

青天"般的存在，为他的人生起航积蓄了熊熊能量；而人们对他的勤勉苦读精神和不贪财货、密覆不取的高尚品格更报以无限敬意。醴泉寺作为一代名相范仲淹的求学故地，当仁不让地成为后世具有悠久历史的古寺遗址和吊古励今的游览胜地。

出于对寺院终生湮灭不了的深厚情怀和情结，每到一地，范仲淹必会利用公余，拜谒当地的名刹古寺。宝元二年四月，惊蛰刚过，春暖花开，正是阳春好时节，他与数位友人相约访古探幽会稽云门，还饶有兴趣地在云门寺雍熙院住了一个晚上，"访逸追幽踪，寻奇赴远辙""去矣丹霄路，向晓云冥冥"，在云蒸霞蔚中，写下《留题云门山雍熙院》，诗云：

一路入岚堆，还惊禹凿开。
林无恶兽住，岩有好泉来。
云阵藏雷去，山根到海回。
莫辞登绝顶，南望即天台。

"剡中若问连州事，唯有千山画不如"，在赏析诗句前，我们不妨先了解下惹得范仲淹如此兴致盎然的云门是何方胜地？

云门地处越州城区南三十里，地处秦望山南麓，北麓为法华山，云门山尤其是云门寺乃云门之标志，这里古刹云集如林，宗派祖庭争相宏宗立说，大德高僧代代呈现，帝王将相不断赏物赐额，骚客名流诗歌吟咏无数，因晋代大书法家、中书令王献之（王羲之第七子）而出名。

据史书记载，王献之曾隐居于此，舍宅为寺。晋安帝义熙三年（407）某夜，王献之在秦望山麓之宅处见其屋顶忽现五彩祥云，便将此事上表奏帝，晋安帝得知后下诏赐号将该旧宅改建为"云门寺"，门前石桥改名为"五云桥"，高僧帛道猷居之，竺法旷、竺道壹先后招之。《嘉泰会稽志》也载："王献之云门山旧居，诏建云门寺。"与范仲淹同时代的弃政修史的陆参在《法华山碑》中写道："夏后氏巡守越山，方名会稽。后世分而为秦望，厘而为云门、法华，其实一山。然则秦望亦可以会稽名之。"秦望山因秦始皇曾经登临此山而扬名，证实云门之确切方位。

云门是具有厚重佛教文化的圣地，云门寺在历史上规模非常宏大，历任住持皆系当时著名僧人，如首任住持帛道猷系东晋一代名僧。历代帝王都很看重此寺，晋安帝、梁武帝、唐太宗、吴越王、宋太祖、宋太宗、宋高宗、顺治、康熙、乾隆等皇帝都十分关注云门寺，或赐名题额，或树碑建塔，或给予各种赏赐等。"十峰游罢古招提，路入云门峻似梯。秀气渐分秦望岭，寒声犹入若耶溪。"作为一处林泉秀美、环境清幽的寺庙丛林，云门寺自然成为历代文人雅士山水游赏的佳地。陆游在《云门寿圣院记》中写道："云门寺自晋唐以来名天下。父老言昔盛时，缭山并溪，楼塔重复，依岩跨壑，金碧飞踊，居之者忘老，寓之者忘归。游观者累日乃遍，往往迷不得出。虽寺中人或旬月不相觌也。"由此可以看出云门寺当年之盛况。

云门亦书法胜地，在中国文化史上流传着几个传诵不绝的故事，如，智永和尚苦练书法最终成名的"退笔冢"与"铁门槛"的故事就发生在此。唐太宗因追慕王羲之的书法杰作，特派监察御史萧翼用计从辩才和尚处谋取珍藏在云门寺被称为"天下第一行书"的《兰亭集序》真迹的故事也在此发生。王羲之在山阴兰亭写就《兰亭集序》为世人知晓，却少有人知道会稽云门乃《兰亭集序》失却之所。

云门也是浙东唐诗之路的重要节点。历代诸多著名诗人、文人墨客和佛门高僧都慕名前来寄居、访师、游赏。如六朝宋时，谢康乐与从弟谢惠连就曾泛舟耶溪，对诗于王子敬山亭。"谢灵云与惠连联句，刻于（孤潭）树侧。"南朝诗人王籍虽只两首诗作留世，然亦有泛舟耶溪"蝉噪林愈静，鸟鸣山更幽"之千古绝句。梁朝时，何胤曾"居若耶山云门寺"。僧洪偃也曾驻足于此，写下有名的《云门寺》一诗。六朝风流可见一斑。

唐朝时，孟浩然、白居易、李白、杜甫等400多位诗人慕名叩访，他们沿若耶溪而上，或游憩，或隐居，留下千余首脍炙人口的名篇佳作，踏访在这条千古诗路、廉路上的，几乎没有不到云门寺的。李白的"禹穴寻溪入，云门隔岭深"，杜甫的"貌得山僧及童子，若耶溪，云门寺。吾独胡为在泥滓，青鞋布袜从此始"，宋之问的"天香众壑满"，孙逖的"天香满袖归"，孟浩然的"舍舟入香界，登阁憩旃檀"……可引诗句甚多。

有意思的是，唐高宗上元二年（675）三月上巳，初唐四杰之首的王勃曾在云门寺主持了一场"克隆"王羲之兰亭雅集的修禊活动，并仿《兰亭集序》写了一篇《三月上巳祓禊序》，其中叙景部分写道："暮春三月，修被禊于献之山亭也。迟迟风景，出没媚于郊原。片片仙云，远近生于林薄。杂花争发，非止桃蹊。翠鸟乱飞，有逾鹦谷。王孙春草，处处争鲜。仲统芳园，家家并翠。"

唐朝元稹在《寄乐天》中云："天下风光数会稽。"唐朝皎然在《寄题云门寺》中也说："越中千万云门绝。"由此可以想象云门在古人心目中之地位。

云门其实是一个总称，至宋，云门分为广孝、显圣、雍熙、普济、明觉、云门六寺。宋太祖乾德六年（968）将其中一部分（显圣院）复名为"云门寺"。宋雍熙三年（986）赐名"雍熙院"。宝元二年四月，范公与诸友造访云门，下榻处就在雍熙院。

那一日，春回大地，灿若褥绣，范公一行沿若耶溪绕门而过，穿秦望山据背而上，一幅唐朝时浙东的山水画缓缓展开，扁舟、渔翁、沙洲，这些山水诗中经典的元素灵动入目。寺前青嶂，矗如列屏，皆为诗意古典长卷。众人真切感受到"风景名胜甲于越中""越山千万云门绝"之吟叹，范公不由诗心萌动，情思勃发，挥毫写下《留题云门山雍熙院》。

首联"一路入岚堆，还惊禹凿开"，指云门层峦叠嶂，一路胜景，"禹凿开"与李白的"禹穴寻溪人"同频。而大禹治水曾到过此地，《史记·夏本纪》曰："禹会诸侯江南，计功而崩，因葬焉，命曰会稽。"《史记·太史公自序》也曰："上会稽，探禹穴。"意含云门文化底蕴深厚。

颔联"林无恶兽住，岩有好泉来"，写出了云门是清规戒律之地，集天地万物灵气之所，无"恶兽"住，来者都是有心有缘的清澈之人。"好泉"指王献之的"洗砚池"，一汪澄澈的清泉，好像历史老人的眼睛，闪烁着诡秘的光芒，意现云门静谧清旷的境界。

颈联"云阵藏雷去，山根到海回"，描绘了白云深处，仙雾萦绕，宛若蓬莱仙境，把蠢蠢欲动的春雷都藏住了的景象。云雾根部与大海浑然连接，形成蔚为大观的云海胜景，赞颂云门之云多、密、白、美且不染尘埃，溪中云之流动，风中云之飘忽，令人拍案叫绝，争如必与白云闲，意蕴白云般高洁之心。

尾联"莫辞登绝顶，南望即天台"，是说不要怕高怕累而不敢登临秦望山，这山可是秦始皇曾经攀登过的。置身山顶，放眼四望，一览众山小，向南而望就是天台胜地，意味道路艰险，勇登山峰之志。

诗语即心语，此诗虽为写云门胜景，却处处流露范公的"我爱古人节，皎皎明于霜"的清白心声和"宁鸣而死，不默而生"的高洁明士心志，做人当像"清泉"那样清澈，形成清流之势，

（《新时代清风廉路图》局部）

让"恶兽"无处遁形，让"惊雷"无计可施，而自己则"心焉介如石"，心如磐石，不畏艰难、勇往直前"登绝顶"，为了那份初心和心头的憧憬。

范公鉴于当时北宋官场贿赂成风、奢靡盛行、积贫积弱的经济环境和政治生态，发出"忠信平生心自许，吉凶何恤赋灵乌"的呐喊，时时处处勉励自己当"清白而有德义"，并以此为"官师之规"，指引百官清白廉洁。云门之行，正是在这种背景下的一次政治之行，与其说是访古探幽，不如说是示范"清廉之行"。

千载而下，云门经历了辉煌的历史，也遭遇了重重磨难。献之山亭、献之笔仓、智永铁门槛、智永退笔冢、辨才塔等与名人逸事相关的建筑和设施，随着整座古刹的倾圮一起化作历史陈迹，幸运的是尚有偌大的面积存其迹，顽强地坚守着它对释迦牟尼的信仰和清雅、清白的信念，目之所及一尘不染，洁净程度令人难以置信。

"欲识云门路，千峰到若耶"，此处或许不是什么"网红"打卡地，却是白云生处有人家，别有洞天，更是"树闲烟不破，溪静鹭忘飞"，清静、清澈、清心，来者皆为有缘人，可"梦与白云游"。

义台长若今

有一种文化，叫传统；有一种传统，叫忠义。君子抱仁义，不惧天地倾。不论时代如何更迭，"忠孝仁义，德之顺也"（刘昼）。

《孟子·离娄上》云："人有恒言，皆曰天下国家，天下之本在国，国之本在家。"又云："事孰为大？事亲为大。"《孝经》云："夫孝，天之经也，地之义也，人之行也。"可见家政与国政、家事与国事，在"忠"与"孝"两者中表现出共同的基点。"百善孝为先""忠臣出于孝子之门"，就是基于家与国之间共通性的道理。是矣，"孝"成为家庭伦理与国家纲常的共同核心，也是古代士大夫们修行的终身命题。

忠厚传家久，诗书继世长。《宋史·范仲淹传》记载："仲淹内刚外和，性至孝。"范氏家训百字铭中首句即是"孝道当竭力，忠勇表丹诚"。"我爱古人节，皎皎明于霜"，"孝悌忠恕"如同"不以物喜，不以己悲""忧乐天下"一样，是范仲淹一生的坚守。

"文正家声""墨幛家声"，范仲淹以自己的姓氏为荣，仰慕先祖们的事迹和功德，它们是他成长、化蝶中重要的思想资源。是矣，在他脱去蓝衫换紫袍、权集庆军节度推官之际，一面上报朝廷批准，一面争取苏州老家范氏宗亲同意，终"始还姓，更其名"。

知越州后，公余闲暇时，他专程去越州翠峰院凭吊先祖范蠡。更因素来视民如伤、扶贫救困，敬仰会稽裘氏义门以孝义为本的传家祖训，特地开启了一场会稽云门之游。

（《新时代清风廉路图》局部）

昔日会稽云门裘氏分支甚多，据宋绍兴槐里裘氏宗谱记载，大的分支主要有五派，即仁派——可暄祖居会稽云门；义派——永昂祖分居嵊县崇仁；礼派——寿九祖分居山阴樗里；智派——鄞县令柄祖分居慈溪鸣鹤场；信派——贻祖、畴祖分居台州。其中以义派义门裘氏最为有名，居于嵊县崇仁。

相传会稽云门裘氏始祖为裘氏三十二世孙裘睿之子尚，义熙三年，尚离任定居会稽云门斗邱，至大中祥符四年（1011），云门裘氏越600余年，历13个皇朝，传19世，长幼600余口，"同居共爨，雍睦无间"，宋真宗诏旌"义门裘氏"，从此名垂青史。

义门，即仁义之家族，是我国历史上别开生面、富有生机的聚居生活方式，是以婚姻血缘关系形成数代聚居、共事耕作、同堂会食的家族。他们"室无私财、厨无异馔"，收入悉归公库，过着崇孝义、尚尊卑、雍穆谦让的美德生活。考查它的来由，始出于战国时期思想家、教育家荀况。《荀子·大略》云："仁有里，义有门。"因称仁者居住的地方为"仁里"，称崇尚孝义、聚族而居、和谐相处的门族为"义门"。汉朝时就对这种家族给予褒彰，著誉闾里，其已成为当时社会的一种特殊家族。但在我国的正史里，即今二十五史的前四史《史记》《汉书》《后汉书》和《三国志》中却无记述。《晋书》中，上书《陈情表》的李密以孝义之家首位列入《孝友传》，迨至梁朝萧子显撰《南齐书·孝义传》，才出现了13个义门家族。《宋史·孝义列传》载："裘承询，越州会稽人，居云门山前，十九世无异爨，子弟习弦诵，乡里称其敦睦。州以闻，诏旌其门闾。"所处所载即裘氏义门也。

"义门"这个称号，最早出自《南齐书》："会稽人陈氏，有三女……值岁饥，三女相率于西湖采菱莼，更日至市货卖，未尝亏怠，乡里称为'义门'。"可见当时，只要地方认可，乡里称羡，标其门闾，载入史册的，就列为"义门"。后来，封建统治者为有利于施行政令，大力褒扬同居数代而不异爨的家族，下诏旌表，赐予"义门"最高嘉奖。

范仲淹知越州时，是在宋真宗诏旌"义门裘氏"28年后，其时"义门裘氏"应当尚处风光期。

宝元二年八月，范仲淹与随从一行，沿平水古岭道，绕若耶溪，过秦望山，舟马并行，赴越州辖县嵊县崇仁，拜谒会稽裘氏义门。

"剡溪蕴秀异，欲罢不能忘。"1 200多年前，李白、杜甫、孟浩然、白居易等在内的400多位诗人或壮游，或宦游，或隐游，或神游，由钱塘江南渡，以越州为中心，以剡溪为纽带，以天姥为高峰，探幽览胜，抒写怀抱，形成了一条闻名于世的浙东唐诗之路。

范仲淹行走在这条播撒清风廉韵的诗路上，一路山川谐雅韵，千岩万壑胜丝绸，内心蕴藏和跳跃着文豪大家们"辞君向天姥，拂石卧秋霜"的志趣、"奉职冰同洁，持身璧不瑕"的气节、"清风飘竹榻，明月落花川"的风雅、"惟有门前镜湖水，春风不改旧时波"的笃定，更有"玉书金简归天地，素业清风及子孙"的寄许，名贤山水重，诗心润廉心，这次出行是诗情画意的，更是意蕴深刻的。

那一日，秋如万重，烟中青山，宛若褥绣。范仲淹一行感受着一代唐人对廉洁的自守、对百姓的体恤和对时事的忧患，体会着源源不断的思想和文化动力，饶有兴趣地穿行于古色古香、朴素无华的裘氏大镇，细致瞻仰堪称江南民居建筑典范的五联台门，细细品味义门裘氏"分户合族、聚只一家"的"仁义史"。

家世、文化和气质浓缩在匾额和对联上，宛若时光散落的羽毛。门楣上的雕花，在斗梁、青瓦的缝隙里逶迤，昭示着昔日的繁华与鼎盛。义门浩荡的历史及其隐匿的部分，是散佚民间的史诗，在阳光下翻晒，被人们一再揣摩、捡拾，通过纸背上的墨迹，找到自己在尘埃里的光芒。

范仲淹凝神、静思，似乎看到裘氏一族从这些文字里醒来。他感慨万分，挥毫写下《知越州事》：

> 铜虎符分守越州，同居最久会稽裘。
> 读书梧上三更雨，荷笠烟中八月秋。
> 排闼青山餐秀色，迎门绿水涤闲幽。
> 翻红圻白双台丽，表阙风声向此求。

（何祝伟书）

"铜虎符分守越州，同居最久会稽裘"，一语道明义门裘氏从征战、镇守、治理越州至今的历史，偌大一个家族历 600 余年，"同居共爨，雍睦无间"，义居之久，在当时已世无匹俦，实是我国家族史上罕见的一大奇迹。

"读书梧上三更雨，荷笠烟中八月秋"，描绘了以耕读传家的义门裘氏夜读的景象，夜三更，读书郎秉烛夜读，雨打梧桐声清清晰晰，更显出夜的深沉、山村的宁静。八月中秋的田野上，烟霭弥漫，农夫背着斗笠忙农事，一派祥和之景。

"排闼青山餐秀色，迎门绿水涤闲幽"，义门裘氏的先祖之所以选择居住在斗邱，盖因此地山水之胜，留恋不能离去。诗中描绘群峰拱列，溪流环绕，推开门便见秀丽的青山和在山谷中潺潺流动的清清泉水，洁净幽雅的美景款款而至。

"翻红圬白双台丽，表阙风声向此求"，描写了义门裘氏标志性建筑——双台，力赞义门裘氏的美名美德。宋真宗敕命旌表云门裘氏为义门后，按唐宋礼制在斗邱村口建了乌头大门，两旁立绰楔，柱端安瓦筒，号为乌头染，称为"阙"。门外筑左右两个义台，义台成棱台体，四面白色，上方四角为红色。义台、绰楔均高4米，雄伟庄严。

全诗感性充沛，美质有余，文风如行云流水，清质美好，文辞劲朴又立意高远，看似怀古，实为颂今。这样的诗，在唐宋人的怀古诗中可谓别开生面，独树一帜。如果说范仲淹在越州的抓教育体现了他"先天下之忧而忧"的精神，那么《知越州事》的怀古颂今，则显示了他"以孝义忠君为民"的境界。

值得称道的是，我国历史上的"义门"，犹如一个缩小了的"人人平等，大公无私"的大同社会，不管社会如何变革，朝代如何更替，国家统治机构或存或亡，它照样延续不变。会稽裘氏义门自晋至宋，历十三朝，延二十七八世，自生而不自灭，纵然最后因被官府胁迫而离析，依然以朴素的形式守望相助，累积成越州特有的传统文化遗产。

"仁者不以盛衰改节，义者不以存亡易心。"兴许是得之裘氏义门的启示，皇祐元年，60岁的范仲淹用自己的官俸收入，在家乡苏州购置良田千余亩，兴办"义田""义学""义宅"，表达了显贵不忘本，饮水思源，回馈宗族的愿望。"范氏义庄"开创了一种宗族慈善的新型组织形式，后世士大夫纷纷仿效，从而形成了古代中国社会的一种风尚。

"土扶可成墙，积德为厚地。""义门裘氏"自范仲淹拜谒后，朝野知名学者前临探访者络绎不绝，其间多有撰文题壁、刻碑叙事、游访作记、赋诗颂咏。陆游感乎越州裘氏"以孝义敦睦名天下，天下推为名族，与汉之姜肱、唐之公艺并称"，写下《越州裘氏族谱序》；过勘应邀写下了450字的《裘氏义门记》，盛赞裘氏"义风不泯""裘氏之兴未易量也"；文天祥在为裘氏家谱作的跋中指出，家谱有利名教，功于"使水源木本之义，千万世而不泯"；岳飞为裘氏家谱题"至宝"二字；王十朋赞义门裘氏"留得芳名万世重"；朱熹赞云门四世孙崇泽"乃朝廷之藩翰，会稽之守臣"……如此长久的家族，顾"门"思"义"，应归功于儒家所倡导的"义"与"孝"。

君子喻于义，小人喻于利。中国人的人生哲学总是围绕着"义""利"二字打转。《国语·晋语》云："义以生利，利以丰义。"《论语·季氏》也有云："见利思义。"这体现出中国传统道德观"义以为上"的思想，也反映出利与义并非对立关系，关键在于如何把握两者的界限和尺度。

在我们这个伦理型国度，国人从小被灌输忠孝仁义值千金，现实却告诉我们，江湖问路不问心。曾几何时，世风剧变，义的信誉一落千丈，真君子销声匿迹，伪君子真相毕露，迂君子豁然开窍，人们似一窝蜂般逐利而去。"江河不洗古今恨，天地能知忠义心"，时代需要一种匡正，一种拯救，一种对"仁义礼智信、温良恭俭让、忠孝勇恭廉"这些传统伦理观的重拾。

光阴里，长满了芳草般的暗示。"孝泉流芳，义台崎远"（宋高宗题），义门裘氏延伸着历史的轴线，承载着一个地方历史文化的精神与灵魂，生动述说着过去，也活化了"孝""义"为本的历史场景。它的履历里不动声色地呈现着"敬畏"的基因，不仅应得到范公等名贤能士的敬仰推崇，也理应得到当下人们的继承、弘扬和践行，进而深刻影响未来。

【相关链接】

剡　溪

为了一蓬翠绿，我在心岸的高处，向竹海放飞一叶轻舟。

竹把岩下那些乖戾的山石冲刷得格外温柔，为翠绿的圣谷辟出一条通道。

泛舟而行，仿佛时间穿越隧道，仿佛溢满的诗行穿越隧道。

这条铺满光和影的翡翠般的隧道，流淌着如织游人的景仰，流淌着诗人激情奔放的诗章。

"湖月照我影，送我至剡溪""竹色溪下绿，荷花镜里香"，李白玉洁冰清的诗句，潮湿了漂泊尘嚣的心。那片他抚摸过的竹，仍然疏密有致，盛满唐诗宋词的意境。

俯仰间，千年光阴不过弹落了数次的日升日落。

蓬勃的新绿，拥抱太阳的追求，依然天天向上。

天是蓝的，水是绿的，心随阳光在竹间穿行。

风动处，竹林动了，群山动了，仿佛整个世界都动了起来。

我折服于竹子这种气势磅礴，敬佩于这种气势来自并不粗壮的竹竿，感动于竹影与水融为一体的这种生命的醇绿。

大美宁静，剡溪宁静，万物的造化宁静，宛若走进的是一方净土，一片圣地。

生命的原色，尽染水墨春山，一波绿韵，酥软地穿胸而过，原生态的呼吸便此起彼伏。

（剡溪，绍纪宣供）

栖居茂林修竹的腹地，内心的山水合辉，每一分空灵，每一分葱茏，每一分爱和美的感动，根本来不及拒绝。

来不及拒绝就不要拒绝，快乐是根本无法拒绝的。

一枚星子落下，瞬间照亮五个大字——"烟云入洞迷"。

注：剡溪位于绍兴嵊州，是嵊州的母亲河，历史悠久。早在唐朝，众多文人墨客入剡览胜，留下许多名诗佳句，形成了盛极一时的唐诗之路。李白曾这样写道："湖月照我影，送我至剡溪""竹色溪下绿，荷花镜里香"。施家岙又是中国女子越剧的诞生地，至今还保留着当年越剧名演员们学艺的古戏台。感受嵊州青山秀水、聆听原汁原味的越剧，是该景区一大特色亮点。

孤儿寡母船

"心中为念农桑苦，耳里如闻饥冻声""但得众生皆得饱，不辞羸病卧残阳"，这些诗句用于范仲淹身上极为妥帖。意识和情感圆满的感受中，他把恪守官箴、率先垂范垒成砖头，让自己以一堵墙的姿态伫立或行走，对他人却付诸最赤诚的力量，诠注出生命元素的维度，堪称"暖官"。

宝元二年冬，天地间呈现灰蒙的萧条之色，半片黄叶落下，浸入骨髓的冰凉仿佛要把身体的所有温暖都抽去，只留下如干絮般散漫的冷一团一团地塞在胸肺间，人们在寒冷中盼望新绿破土，寄来春的希望。

越州府衙中一位名叫孙居正的年轻户曹，不幸死于任上。因官微俸薄，平日没有积蓄，孤儿寡母一家子不消说过日子难，连扶柩还葬的钱也拿不出来，实在是逆水寒遇雪经霜。

范仲淹获知后，立马上门吊唁慰问，按照朝廷的制度和规定，对孙居正遗属给予了最大限度的抚恤和关照，还从自己的薪俸中拿出100缗接济孤儿寡母的生活。一缗折合成现在的人民币约375元。户曹媳妇悲恸之余，自是感动得涕流满面。

交谈中，范仲淹得知她是关外人，在越州已无亲人，内心渴望回归故里，苦于路远迢迢，又囊中羞涩，接下去的生活如何为继，实乃一筹莫展。此情此景，唤醒了范仲淹对不幸童年的记忆，他想起了当年父亲走后，母子四人"茕茕孑立，炊烟不举"的悲惨生活。"去乡千里，三稚幼弱，此太夫人所以贫而无依也"，他们当时可谓叫天天不应，叫地地不灵，只好寄居于墓地附近一处叫"咒钵庵"的庵堂中，一家人靠母亲谢氏浆洗缝补勉强糊口，后因生活陷入困顿，母亲只好带着他改嫁，自己也随了继父的姓，开启了一段贫苦、憋屈又励志的童年和少年岁月。一种感同身受的悲凉与悲哀在范仲淹心头弥漫，他不由悲从心起，这种彻骨的苦与痛，只有经历过的人方能体会。

叶落归根，狐死首丘。沉思片刻，范仲淹决定派人送他们一家及孙居正的灵柩返乡。当时，宋廷对地域往来管理得十分严格，在关津和渡口的交通要道，都设立关卡进行严格的安全检查，行人需要一张证明身份的通行凭证——路票，方能通行。做事细致、周到的范仲淹当机立断开好通行证，掏钱雇了一条大船，还特地派遣一名老衙役一路相送，又恐怕沿途关津盘查，影响行程，特意在路票上写了一首诗，交代那位老衙役说："如果关津处不肯放行，可把这首诗让他们看，如此就不会被刁难了。"以此应对路上的重重关卡。

诗云：

> 十口相携泛巨川，来时暖热去凄然。
> 关津若要知名姓，此是孤儿寡妇船。

该诗大意是，他们这相依为命的一家人，乘船来的时候很温馨，离开的时候却很悲惨。请守卫关卡的各位官员予以照顾，不要将他们视为可疑的人追问、盘查和为难，要知道，他们是可怜的孤儿寡母一家人啊。

理解别人，是智慧；关爱他人，是仁慈。范仲淹题诗路票一事，足以反映出他解衣推食、怜贫济困、视民如伤的情怀，令越地子民赞叹、敬佩不已。那个冬天，人们感受着人性烛照的温暖，街头巷尾津津乐道着："范大人诚乃天下一等一的好官。"

历史在弹指间灰飞烟灭，有些东西却遇风而长。譬如，这首诗，这个故事，那些耳熟能详的语言和情节，在民间长成不朽的模样，让世界就这样温暖起来。

（张继钟作）

其实这是范仲淹的一贯做法。"人生当荣盛，待士勿言倦"，人生处于高贵尊显时，也要礼贤下士，善待高朋，莫厌倦。范仲淹就是这样的人，他始终怀义行直，思善积德，德如美玉终身守，善似清泉一生流，为民情怀与良善人品在阳光中延伸，简单而直率，从容而深阔，足以摄人心魄。

天圣三年，范仲淹在应天府执教杏坛时，山东泰山有位孙姓秀才，仰慕范仲淹的为人，前来拜谒。范仲淹见他穷困潦倒，自己虽不富裕，却仍赠钱千文，孙秀才自是千恩万谢。孙秀才第二年又来拜谒，范仲淹再次赠钱千文，但又思此等"索游"其中恐有原委，便问道："你这样风尘仆仆地往返于道途之中，何苦如此？"孙秀才不好意思地说："我也不想受这奔波之苦，只是因为家境贫寒，老母年迈，我又身无长物，无法让老母颐养天年，只好出此下策，实属无奈。倘若每天能得到百文钱，便可为老母甘旨之佐，于愿足矣。"

范仲淹语重心长地说："我看你并非乞讨之人，这样来来回回奔波，能乞讨到多少钱？学业却是荒废了，实在太不合算了。这样好了，我让你在书院当佣工，每月给你3 000文，足以赡养高堂，还不影响你学习，你可愿意？"

孙秀才闻之，大喜过望，伏地叩谢这份大恩大德。范仲淹亲自执教，为他讲授《春秋》。孙也不负所望，夜以继日，勤奋苦读，又恬淡寡欲，修身养性，品行端正，甚得范仲淹喜爱。后范仲淹丁忧期满离开南京，孙也告辞归去。

夕阳的温柔，就此引领一个故事。此去十年，时人传泰山下有位孙复先生，聚徒讲授《春秋》，阐题深入浅出、题无剩义，远近闻名，此人即是孙秀才。其及门弟子石介进士及第，官至国子监直讲，便上荐说："孙先生乃饱学之士，熟悉经术，不应当隐居不仕。"范仲淹、富弼也交章推荐，于是朝廷召孙复，授以秘书省校书郎、国子监直讲之职，《宋史》为他立传。若无范仲淹的奖掖扶持，孙复一辈子可能也就是个因贫困而无法施展抱负的落魄书生。

除孙复之外，范仲淹还联络和帮助过许多著名的学者，如胡瑗、李觏、张载、石介等。范仲淹或邀聘他们到自己的管界主持教务，或荐举他们出任朝廷的学官，或指点他们走上治学之路。从海陵到高邮，从苏州到邠州，范仲淹每到一处，总是首先兴学聘师，关心教育，后来官至宰相时，更下令让所有的州县一律办学，而受他指教或影响过的很多人，往往都各有所成。

仁爱之人暖人，仁慈之人暖心。欧阳修在《资政殿学士户部侍郎文正范公神道碑铭并序》中，如此总结范仲淹："为人外和内刚，乐善泛爱……临财好施，意豁如也……其为政，所至民多立祠画像。其行己临事，自山林处士、里闾田野之人，外至夷狄，莫不知其名字，而乐道其事者众。"

《范仲淹传》卷三百一十四也记载："尝推其俸以食四方游士，诸子至，易衣而出，仲淹晏如也。"其在地方官任上，对过往宾客皆盛情款待，带他们游览当地名胜，还经常邀请同道好友来游玩，非常支持游学活动。帮人情长，敬人德宽。这些事生动体现出范仲淹"不以物喜，不以己悲"的格局，按现代话说是"视金钱如粪土"，又展示出他"忧国忧民"的情怀，他始终能做到表里如一、知行合一。

这些如春水柔波般的故事流溢交融在霞辉里，撑开一片温情脉脉，还原人性最初的真与善，令时光久久回眸。"仁者无敌""爱人者人爱之，敬人者人敬之"，范公得到同时代和后世人们的敬佩和仰慕，实乃至情至理。

朱弦拂"履霜"

《孟子·尽心上》云："穷不失义，故士得己焉；达不离道，故民不失望焉。古之人，得志，泽加于民；不得志，修身见于世。"士人的情趣往往反映了中国文化的属性。治国、平天下与琴棋书画是士人生命中两个重要的追求，一边是生命的张扬，一边是生命的内敛。琴，自古被视为"八音之首"，属雅乐重器，最受推崇，成为士人必备的文化素养。

"琴者，先王所以修身、理性、禁邪、防淫者也，是故君子无故不去其身。"弹琴并不完全是为了娱乐，亦非旨在以高明的琴技炫耀于众，而是表达理想志向、追求精神境界的手段。琴曲"孤高岑寂""淡而会心"，极富含蓄之美，素以"清微淡远"为旨趣，追求的正是"弦外之音""韵外之致"。在琴的淡泊音与太古声中，中国士人物我两忘，天人合一，而这一切，正是他们文化生命中至高无上的追求。这也使琴从一件乐器升华为一种文化的象征，不仅能鸣响乐音，亦能宣道载德。

范仲淹作为当时朝野、士林中的翘楚，古琴也是他于清风明月下，夜雨篷窗内，山水坐卧、清流泛舟时须臾不可离的伴侣，他的一生，是带着书、琴、剑走天下的一生，徐徐焉，洋洋焉，浩浩焉。据陆游《老学庵笔记》记载："范文正公喜弹琴，然平日只弹《履霜》一操，时人谓之'范履霜'。"其《剑南集》中亦有咏："酒仅三蕉叶，琴才一履霜。"这是关于范仲淹爱琴和一生只弹《履霜操》的掌故出处。

（《新时代清风廉路图》局部）

不妨遥想当年，在知越州的闲暇时光里，范公除与绕膝稚儿嬉乐，与家人享天伦之乐，与诗友们品酒吟诗或纵情山水外，一大惬意事就是在清白堂内肃其气，澄其心，缓其度，远其神，超然抚弹《履霜操》，从万籁俱寂中泠然音生，疏台寥廓，窅若太古，体察先师孔子在齐闻韵三月而不知肉味的心迹，探究"治乐之治心"的奥秘，这不亚于陶渊明"但识琴中趣，何劳弦上声"之境界。琴声悠悠，亦是情声忧忧，当命运出现转机的时候，范公总是迎头给予痛击，不留情面，仿佛只有这样，才能在沧海横流中，显英雄本色。

日子平静地从水面划过，省略了许多岁月的细节和高潮，内心的秘密却像铁一样坚强，一叠疲惫的目光落洒征尘。琴曲三千，只取《履霜操》。月光尽头，琴音缥缈。这琴曲究竟有怎样的魅力，令这个气场和存在感极强的人中龙凤情有独钟？又何以一生只弹一曲，而尽得千年风雅？红袖添香，仅仅是"琴不以艺观"吗？……这些或许是我们探寻先贤思想脉络的一个切入点。

1. "履霜"起源

"履霜"为一古琴曲名，其语出自《易经·坤卦》中的"履霜之戒""初六：履霜，坚冰至"。意为脚下踩到了薄霜，结成坚实冰层的寒冬时令就快来临了。霜乃冰之先兆，故寓意防患未然，晓以自警，借履霜之渐，提醒人们"防微杜渐"而"如履薄冰"，以免祸患。

古琴曲《履霜操》大抵诞生于春秋战国时期，大凡带有"操"字的琴曲基本源于此时，如《越裳操》《古风操》《文王操》《龙翔操》《遁世操》等。据《乐府诗集》同卷介绍，"操"是四种古琴曲中的一种（其余三种叫"畅""引""弄"），"忧愁而作，命之曰操，言穷则独善其身而不失其操也"。

《履霜操》相传由西周尹伯奇公所作，在文学上有一段"掇蜂遭谗"的典故。

伯奇是西周太师尹吉甫公之长子。吉甫公在历史上大名鼎鼎，是《诗经》的主要采集者，当时的军事家、诗人、哲学家，据说曾作《诗经·大雅·烝民》《大雅·江汉》等，被尊称为"中华诗祖"。他深受周王室的倚重，一生辅助过三代帝王，只是结局凄凉，因周幽王听信谗言而被冤杀，而相似的"冤案"亦发生在伯奇身上。

东汉蔡邕的《琴操》卷载："伯奇母死，吉甫更娶后妻，生子曰伯邦，乃谮伯奇于吉甫曰：'伯奇见妾有美色，然有欲心。'吉甫曰：'伯奇为人慈仁，岂有此也？'妻曰：'试置妾空房中，君登楼而察之。'后妻知伯奇仁孝，乃取毒蜂缀衣领，伯奇前持之。于是吉甫大怒，放伯奇于野。"意思是说伯奇有个弟弟叫伯邦，是后母所生，她想立自己的儿子伯邦为嫡，于是就想办法陷害伯奇，对吉甫说伯奇对她起了淫心，故意用毒蜂设局摆了伯奇一道，令吉甫信以为真，于是把伯奇逐出了家门。

无家可归的伯奇来到野外，"编水荷而衣之，采楟花而食之"，清晨踩着寒霜，悲叹自己无罪而被逐，于是弹着自己带出来的琴，抒发这种含冤受屈的无奈，《履霜操》文辞由此而成：

朝履霜兮采晨寒，考不明其心兮信谗言。

孤恩别离兮摧肺肝，何辜皇天兮遭斯愆！

痛殁不同兮恩有偏，谁说顾兮知我冤？

　　琴曲字字履霜，音音揪心。后周宣王出游，不经意间听到伯奇弹琴作歌，便道："此孝子之辞也。"随同出游的吉甫听罢恍然大悟，"吉甫感悟，乃收伯奇，射杀后妻"，于是杀死了他的继室，伯奇冤屈得雪，《履霜操》也因此成名。后经广泛弹奏、流传，特别是经过汉代才子蔡邕和唐代大文豪韩愈的弹奏、赞誉，《履霜操》成为我国古代著名的乐府琴曲典范。

2. "履霜"琴缘

　　范仲淹爱古琴亦善古琴，自称"自少不喜郑卫，独爱琴声，尤爱《小流水》曲"，以梅诗和古琴为至爱，家中珍藏旧琴一张，他称之为"宝玩"。他曾在写给朋友的《和杨畋孤琴咏》中毫不吝啬地表达过这种喜爱：

爱此千年器，如见古人面。

欲弹换朱丝，明月当秋汉。

我愿宫商弦，相应声无间。

自然召南风，莫起孤琴叹。

　　《履霜操》作为千古名曲，离范仲淹的时代约有 1 800 年，得他喜爱有着累世的缘分。他让自己的心智与虔诚和琴曲合二为一，把红尘中所有的跋涉，用宽广和仁厚包容，于琴中思古，修行光阴，听风轻吟，听雨弹唱，让心灵的秘密花园缓慢敞开。这种心理真切地体现于《鸣琴》中：

思古理鸣琴，声声动金玉。

何以报昔人，传此尧舜曲。

诗中把《履霜操》比作"尧舜曲"，发光的文字里尽显曲子的美学与荣光。然，范仲淹不仅仅为喜欢而喜爱，而是重在音乐的教化作用。他曾向志于琴道的崔遵度请教"琴何为是"，还问有谁与崔公志同道合，崔公说是唐处士，于是范仲淹"拜而退，美而歌曰：'有人焉，有人焉，且将师其一二'"。为了向唐处士拜师学琴，作《与唐处士书》以示诚意，开篇道："盖闻圣人之作琴也，鼓天下之和而和天下。琴之道，大乎哉。"感叹"秦祚之后，礼乐失驭。予嗟乎琴散久矣，后之传者，妙指美声，巧以相尚，丧其大，矜其细，人以艺观焉"，而他所在的大宋则"文明之运，宜建大雅"。他为自己寻到能学琴与琴道的老师而快乐如稚子，重理性而又未失天真的性情，如漫天的红霞，美了几度夕阳。

岸上踏歌，几湾流水，数点遥山中。天圣九年（1031），范仲淹作《听真上人琴歌》，把这种情感娓娓诉说，思想如绿叶般生机勃勃，带着尘世的累继、汹涌的汗尘，翩翩然入囚。

　　　　　银潢耿耿霜棱棱，
　　　　　西轩月色寒如冰。
　　　　　上人一叩朱丝绳，
　　　　　万籁不起秋光凝。
　　　　　伏牺归天忽千古，
　　　　　我闻遗音泪如雨。
　　　　　嗟嗟不及郑卫儿，
　　　　　北里南邻竞歌舞。
　　　　　竞歌舞，何时休，
　　　　　师襄堂上心悠悠。
　　　　　击浮金，戛鸣玉，
　　　　　老龙秋啼沧海底，
　　　　　幼猿暮啸寒山曲。

陇头瑟瑟咽流泉，

洞庭萧萧落寒木。

此声感物何太灵，

十二衔珠下仙鹄。

为予再奏《南风》诗，

神人和畅舜无为。

为予试弹《广陵散》，

鬼物悲哀晋方乱。

乃知圣人情虑深，

将治四海先治琴。

兴亡哀乐不我遁，

坐中可见天下心。

感公遗我正始音，

何以报之千黄金。

（冯家祥作）

　　浩荡的诗句穿行一片清朗，层出的诗意在史书中绵延。"为予试弹《广陵散》"，他把《履霜操》与千古绝唱、嵇康的《广陵散》相媲美，抒发这种"我心中，你最重"的钟爱之情。"将治四海先治琴"，提出要像圣人那样"治四海先治琴"，把弹琴与治国理政相结合，算是前无古人的深刻独创。"感公遗我正始音，何以报之千黄金"，听到一首好的琴曲时，便满心欢喜如得"千黄金"，对琴曲的热爱如和风顺畅情依依。"正始音"一般指三国魏正始年间所形成的玄学思潮和玄谈风气，是在儒道法三者结合的基础上形成和发展起来的，创始人及代表是何晏和王弼。"正始之音"有"金声玉振"之名，赋予琴曲与众不同的内涵。它开魏晋玄学之风，是对汉朝经学的反动，也是宋明理学的思想源头之一，在古代思想史上有着承上启下的重要地位。

　　琴道即人道、正道。对《履霜操》的独宠道出了范仲淹内心真实的思想诉求：推崇上古也即理想中的圣人之琴、中和之琴，反对后世传者的"妙指美声，巧以相尚"，反对将古琴当作"艺"来对待。他以琴曲作喻，慷慨陈述了以"宁鸣而死，不默而生"和"清白德义"来传扬"正始之音"之心志，将一颗不羁的心深情地挽留。

3."履霜"结缘

　　诗意总是隐藏在缝隙之间，长短不一的诗句里，有一种耐读和耐吟的意义，孕育出心灵深处的情结。《履霜操》的歌词除伯奇所作外，后世拟作较多，其中以唐朝韩愈创作的最为有名：

> 父兮儿寒，母兮儿饥。儿罪当笞，逐儿何为。
>
> 儿在中野，以宿以处。四无人声，谁与儿语。
>
> 儿寒何衣？儿饥何食？儿行于野，履霜以足。
>
> 母生众儿，有母怜之。独无母怜，儿宁不悲。

　　范仲淹所弹《履霜操》的歌词极有可能是此版本，究其原因是他对韩愈十分推崇。或许是"物以类聚，人以群分"，翻阅他俩的人生履历，会发现这是两个肩负世间使命的生命。凝思中帆影已远，随意溅起的一朵浪花上，跳动着太多相似的水珠。

一个挥之不去的困苦童年

韩愈三岁丧父，由他的大哥韩会把他抚养成人。韩会写得一手好文章，在长安为官时很受敬重，对韩愈也颇有影响。韩会死后，韩愈先是随寡嫂郑氏回到故乡河阳安葬哥哥，却不得久住，只得随寡嫂避居江南宣州。

范仲淹"二岁而孤，母贫无依，再适长山朱氏。既长，知其世家，感泣辞母，去之南都，入学舍"。范仲淹两岁时就失去了父亲，母亲贫困没有依靠，就改嫁了长山朱氏，他长大后，知道出身于世代为官的人家，感慨万分，哭别母亲，到南都求学。

一条"苦作舟"的科举之路

早年不幸的遭遇磨炼了韩愈的意志，使他立下了读书经世的志向。他刻苦自学，发奋苦读，每天能记诵千百字，直至熟读诸子百家，通晓儒家六部经典著作——《诗》《书》《礼》《易》《乐》《春秋》。后来在寡嫂的鼓励下，他来到洛阳求学。在那里，他租了两间茅屋居住，过着凄苦俭朴的日子。为了博览群书，他"口不绝吟于六艺之文，手不停披于百家之编"。即使在寒冷的冬天，他也不舍得生火取暖。砚台的墨汁结冰了，他就用嘴哈哈气，使冰融化了再写；手冻僵了，他便搓一搓发热后再写文章；读书读到口干舌燥，他就喝口青菜汤继续吟诵揣摩。虽屡遭挫折，三试不第，但他坚持赴考，终四试得中，开启仕途征程。

范仲淹少有大志，每以天下为己任，"昼夜苦学，五年未曾解衣就寝，或夜昏怠，辄以水沃面，往往馕粥不充，日昃始食，遂大通六经之旨。慨然有志于天下，常自诵曰：'士当先天下之忧而忧，后天下之乐而乐也'"。整整五年不曾解开衣服好好睡觉，犯困疲倦时，就用冷水冲头洗脸，经常连顿稠粥都吃不饱，每天要到太阳过午才开始吃饭，终于博通儒家经典的要领，一举高中，成就慷慨又兼济天下的抱负。

一块屡遭贬谪的"硬骨头"

韩愈生活在"安史之乱"后的中唐时期，一生经历了代宗、德宗、顺宗、宪宗、穆宗五任皇帝执政的年代，遭遇了阳山之贬和潮州之贬。作为政治界的清官诤臣，他操行坚定纯正，直言无所顾忌。德宗末年，他因上书论述天旱人饥的情况，请求政府减免赋税，而被贬为广东阳山县令。宪宗时，他回到北方，任国子博士，升官为太子右庶子，但不得志。此后直到50岁，他在官场一直浮沉不定。当时社会上崇尚佛教且风气十分盛行，传统的儒家地位受到了前所未有的挑战，作为孔孟之道的忠实信徒，他大力复兴儒家道统，"回狂澜于既倒"。

纵然被贬到生存环境十分恶劣的潮州，韩愈也始终秉持儒家学者的基本做人底线，写下"一封朝奏九重天，夕贬潮州路八千。欲为圣明除弊事，肯将衰朽惜残年"的诗句，表达了自己忠心进谏、一心为国为民的情怀。皇帝不喜欢他在中央做官，但不妨碍他到地方上有所作为。当时的潮州隶属南海郡，属于蛮荒之地。韩愈到任之后，兴修水利，传播中原先进的农业文明；兴办教育，推广唐朝的普通话，"以正音为潮人海"；选拔当地的优秀人才加以任用，开启潮州兴学育才的风气。韩愈在当地留下了诸多政声，实乃顶天立地的伟丈夫。

范仲淹四出京城，屡贬屡言，起起落落中仍然谈笑自如，根本没把贬职当回事。他不管身在何处，心里装的都是国家，是黎民百姓，是天下苍生。他有着超乎常人的治国理政能力，治水水平，教学学成，拒寇寇安……尤为可贵的是，他为了天下百姓能过上更好的日子，为了朝政更加清明，敢于与权贵做斗争，一生抗争到底。

他把天下当官的人分为两种：一种是忠于天道、人道的人，另一种是渴求功名富贵的人。前者是真正的忠臣，也是国家真正的顶梁柱；而后者唯利是图，从来不以天道、人道为底线。范仲淹要做的当然是前一种人，而且要做大忠臣。刚正不阿的性格，使他得罪了很多人，遭遇一次次贬谪。但不管时局如何，黑夜究竟有多长，他的心中日月始终四射光芒。

在河中府当通判期间，范仲淹接连上了《论职田不可罢》《奏减郡邑以平差役》《谏买木修昭应寿宁宫奏》等奏折，继续向朝廷谏言，阐述自己的治国理念。每到一地，他都兴修水利，培养人才，保土安民，政绩斐然。他这个君子儒士，真正做到了"居庙堂之高则忧其民，处江湖之远则忧其君"。"不以物喜，不以己悲""先天下之忧而忧，后天下之乐而乐"，一篇《岳阳楼记》不是用笔写就，而是他一生的经历与感悟浓缩而成，是他一生的写照。

一段荡气回肠的戍边事迹

元和十二年（817），淮西吴元济发动蔡州叛乱。当时满朝文武没有人敢去安抚镇压，韩愈却自告奋勇，毅然前往，在叛军的刀枪剑雨中穿梭，最终成功制敌。他在此次战役中表现出了处理军国大事的卓越才能，因此迁为礼部侍郎，进入朝廷上层统治集团。

宝元元年，党项族人李元昊称帝，建国号大夏（史称西夏），定都兴庆，率兵进犯北宋边境。无论是战略还是战术上均未能引起高度警觉的宋兵于三川口几乎全军覆灭，震惊朝野。范仲淹临危受命，实施"积极防御"的守边方略，形成以大顺城为中心、堡寨呼应的坚固战略体系；对沿边少数民族诚心团结，慷慨优惠，严立赏罚公约，使其安心归宋；慧眼识人培养出狄青、种世衡等名将。这些举措使西北军事防务形势发生了根本性的变化，庆历四年，北宋与西夏最终缔署合约，西北边疆得以重现和平。范仲淹戍边成功，因此拜为参知政事，成为朝廷核心重臣，进而开启轰轰烈烈的庆历新政。

一场不拘一格的古文运动

作为"唐宋八大家"之首的韩愈，其贡献主要是在文学上，故有"文章巨公"和"百代文宗"之名。至今，他的文章读起来，依旧很有深度，极富韵味。他和柳宗元一道倡导了古文运动，竭力改变六朝以来的骈偶之风，恢复先秦两汉时期的散文传统。他提出"文以载道"和"文道结合"的观点，主张以古文来振兴儒学，恢复"圣道"；以"物不得其平则鸣"为根据，提出人"有不得已者而后言"的理论；倡导写文章应该"唯陈言之务去"，去陈词滥调，争有所创新；提出文体上应该学习古代圣贤，但必须"师其意，不师其辞"。作为教育史上的突出贡献者，他高瞻远瞩，以"传道、授业、解惑"弘扬博学。作为文学界的"泰山北斗"，他"手持文柄，高视寰海""三十余年，声名塞天"。他一生在政坛、教坛、文坛行走，历尽苦辛，不同凡响。

韩愈领导的古文运动，名为复古，实则革新，开宋明理学之先声，把古文运动推向了一个新的阶段。正如范仲淹的挚友欧阳修所说："韩氏之文、之道，万世所共尊，天下所共传而有也。"苏轼对他推崇备至，称他立下"文起八代之衰，而道济天下之溺"的功绩。

范仲淹在经世济时思想的影响下，反对宋初文坛的柔靡文风，提出了宗经复古、文质相救、厚其风化的文学思想。范仲淹的文章，立足点在于政而不在于文，在价值取向上与扬雄、王勃、韩愈、柳宗元以及宋初复古文论一样，具有历史意义和复古精神，对宋初文风的革新具有积极作用。其散文创作融记叙、写景、抒情、议论为一体，动静相生，思想境界崇高，成为杂记中的创新之作，其中"先天下之忧而忧，后天下之乐而乐"乃千古名句。其诗歌忠于生活现实，符合时事，不为空言，主张"范围一气""与时消息"，继承了孟子的"浩然之气"，又将曹丕的"文气说"，以及陆机、钟嵘的"感物说"和"天人合一"的诗学思想捏合在一起，以批判和反对宋初诗坛的盲目模仿之风和无病呻吟之态。其词沉挚真切、婉丽动人的风格，也极大地改变了宋人的创作观念，引导着词坛创作风气的转移，对后世词坛产生了深刻影响。

有意思的是，韩愈和范仲淹都曾为夜遇蚊子专门写诗。这两首诗看似都诙谐搞笑，但其中泰然的境界非常人可达，更重要的是这两首诗还都写出了人生的大智慧。

韩愈的《杂诗四首（其一）》诗云：

朝蝇不须驱，暮蚊不可拍。

蝇蚊满八区，可尽与相格。

得时能几时，与汝恣啖咋。

凉风九月到，扫不见踪迹。

韩愈认为，早上的苍蝇不用赶，晚上的蚊子也不用拍。这倒不是因为不想打，而是它们到处都是，根本拍不完。看样子他对这些苍蝇和蚊子有些束手无策。虽然打不死它们，但韩愈还是找到了安慰：等到九月秋风吹起，这些苍蝇和蚊子就会无影无踪。

（冯家祥作）

这首诗虽是他信手拈来之作，却饱含着人生哲理。生活中会遇到很多小人、恶人，也会遇到不少不顺心的事，若是自己没了办法，就不用再纠结了，一切都交给时间吧，看小人能得志到几时。

范仲淹的《咏蚊》诗云：

饱去樱桃重，饥来柳絮轻。

但知离此去，不用问前程。

此诗作于范仲淹戍边西北时，当时的条件非常艰苦，范公被蚊子咬得受不了了，便随性记下。诗的前两句把蚊子写出了美感：吃饱了的蚊子就像一颗圆圆的樱桃，身形沉重；而一旦它饿了，就轻飘飘的，像一片柳絮。诗人观察细致入微，通过蚊子"饱"和"饥"的对比，将一只可恶的蚊子写得栩栩如生、跃然纸上。而后两句则好好地幽默了一把，意思是"只要能让我离开这里，上哪里去都可以"，简言之就是：你不走我走！显然这是戏言，毕竟"不以物喜，不以己悲"的范公，又岂会怕区区蚊子。但在这戏语中，简直把如何应对蚊子写出了境界，我们读到了他的人生哲学：一时斗不过就避开它的锋芒，以期日后。

通读这两首专门为蚊子写下的诗，你会发现其展现的是两种人生哲学。韩愈觉得为非作歹之徒总会受到应有的惩罚，人生也不会永远处于困境中，总有守得云开见月明的一天。范仲淹则认为遇事当以退为进，不与恶人争一时长短。看似两人对蚊子的态度有些许不同，但内涵基本类似，都是希望世人遇事泰然处之，参破浮云尘土。

他俩一生在政坛、教坛、文坛行走，可谓历尽艰辛又勇往直前，为后世捧出滚烫的强大内心。大道归真，不管扮演什么样的角色，他们所到之处都有卓越政绩。韩愈的深远影响，使万千帝王将相都相形见绌、黯然无光，也使无数黎民百姓对其景仰不尽、缅怀不止，他肯定算得上范仲淹《岳阳楼记》中的"古仁人"。而范仲淹倡导的"先天下之忧而忧，后天下之乐而乐"思想和仁人志士节操，足堪"百代师表"，对后世同样影响深远 。

韩愈得谥号"文"，范仲淹得谥号"文正"，均是那个时代对官员的最高礼遇。可以说，这一谥号几乎是当时整个官员集团梦寐以求的，就像每个读书人生前都想考状元一样——而它比考状元要难得多了，自唐以降及至清的千余年里，得到"文正"这个谥号的仅 30 余人。

"靡不有初，鲜克有终。"人与人之间的交往又何尝不是如此。两位古贤有着相似的经历、相似的品性、相似的抱负、相似的光明磊落、相似的意气相投，自然就成就了深入骨髓的惺惺相惜。因为有着这诸多不可思议的神合，范仲淹对于韩愈创作的《履霜操》愈为倾心，也就不难理解他缘何施以"只取一曲"的千古独宠了。

4. "履霜"独操

颇负声望的文人雅士能一生执着一曲的，在历史长河中并不多见，而范仲淹就是其中一个。解缆问桨，品竹弹丝，我们有必要去寻找下钥匙，破解为何他一生只弹一曲《履霜操》，进而试着去读懂他的内心。

琴曲背后蕴含着中华文化之深远背景。琴音是人心最真实的声音。琴心如人心，琴音不做作；琴曲是心言，容不得一丝污秽。思想易被完整地表达，文字是有形的，而思想和灵魂是无形的，一段乐曲也是无形的。

《履霜操》的来源折射出故事和琴曲往往蕴藏着强烈的艺术性与思想性。《履霜操》悠远的琴韵包含无比丰富的精神性内容，抒发和寄托了一个虔诚孝子对父母永不变质的崇敬、爱戴，以及对自己骨肉兄弟的深情厚爱。纵使自己蒙受冤屈，此情此心此志，也依然如故。这与士大夫们于琴中追求理想的思想品格、高尚的道德情操与空灵的审美标准的初衷甚是契合。而经韩愈改编的《履霜操》不仅思想主题更加升华，文化内涵、境界更显辽远，并且让后人能够以琴表心，传达自己的志趣和志向。我们在"履霜"结缘中，看到了两人有着太多的相似之处，更从范仲淹奔赴理想的征途中，看到了一个孤独而清醒的履风者。例如，观范仲淹于太后在时直言其失，太后崩后维护其德，可知其为臣子，可为至忠；其通透敞亮之人格，可谓大道至简，化浊为清。

"仁义礼智信"是中华传统儒家文化的精髓，其要义在于秉承家国天下之大任、厉行忠义血性之本能、恪守孝廉清正之职守、施展经国治世之大用。

范仲淹者，实乃中华儒道文化遗产之优秀继承者和真正实践者。

琴曲背后更有忧乐天下之历史背景。北宋真宗、仁宗时期，因循苟简，积贫积弱，表面上的盛世升平掩饰不了事实上的危机四伏。范仲淹等一批朝廷中的有识之士不断提出各种各样的挽救危机的主张，"每感激论天下事，奋不顾身，一时士大夫矫厉尚风节，自仲淹倡之"（《宋史·本传》）。但这样一位仁人志士，却屡遭小人诬陷，三度贬谪，四出京城，一生都抗争在逸言与诬陷的荆棘丛林之中。难能可贵的是，他没有稍改凛如冰雪的节操，弹琴"只弹《履霜》一操"，这是对自己人格操守的激励，是对国事民生的深切忧虑。

古琴中的"操"是因"忧愁而作"，范仲淹则是为忧愁而弹，但"不以己悲"，而是"居庙堂之高则忧其民，处江湖之远则忧其君，是故进亦忧，退亦忧"，范仲淹平素只弹《履霜》一曲，可知其对于自己职责使命的"如履薄冰"和政治节操的清洁自守。他是在用琴声向世人宣告他将永远实践"先天下之忧而忧，后天下之乐而乐"的初心和使命！

在某种程度上可以说，《履霜操》不仅仅是首千古名曲，更是一种情怀、一种精神、一种信念。修身、齐家、治国、平天下，儒家的入世情怀在范仲淹身上显得尤为明显，一生以"履霜"自警的他，也把自己打造成了一个"完人"——名士，能吏，良将，忠臣，孝子，诗人，君子。他"一身而备数器"：洞察与西夏的双边关系，预见北宋吏治的危机，提携栋梁之材，首倡官方学府，对国事民生尽心竭力……这种深刻的救世情怀和全面的复合型能力，造就了他当仁不让的朝野领袖地位，他也与《履霜操》那样，千年风雅、余音绕尘，道道清流令后世深深折服，诚如元好问之语："求之千百年间，盖不一二见。"

"范履霜"的雅号之下是一个用琴曲自警、一生执着一曲的文人雅士，一个"非但为一代宗臣而已"的朝野领袖。古琴声里，有唐诗宋词的雅韵、曲水流觞的旋律、风尘啸歌的情怀，还有忧戚傲然的眼神与心结。"曲中声尽意不尽，月照竹轩红叶明"，这是一位先贤大德在高山流水的琴韵中炫出生命的喧哗。

　　弹者走了，唯余音似不绝如缕的月光，挥鞭直去。问道清泉，打捞一颗浮沉山水的心，守护千古孤独的月亮。倘若我们不能去洞悉人性之本私，不能尽教化之大成，不能明知行之理，不去争做范仲淹般的能吏忠士的话，我们就只是被时间驱逐的一个个影子，所有期待明天的梦只会是南柯一梦。履霜的人，身轻为霜，命也为霜，他和霜一同消失，唯史册中余音绕梁。

"麦舟"碧云天

　　时光的鞭子忽远忽近、忽高忽低，一转身，就是累累的伤痕。贬谪，不是诗书可以尽述的意境，而恍若一片被时光遗忘的枯叶，不知自己是否可以到达远方，又在风中，期待回归的征程。范仲淹遭遇的诸多贬谪，如同一滴滴透明的泪，冷艳自己，喂养自己。

　　宋时，官员被贬外放，似乎是件稀松平常的事，比较人性化的是允许外贬官员的妻小、家眷同行，只是一旦降诏下来，大多不容半分迟滞，须得在差役"押送"下即刻离京。除贬谪河中府的那三年，范仲淹是独自赴任，之后的每次贬谪，其家人始终相伴左右，风雨同舟。身为范家人，没点强大的内心，还真跟不上范大人的浮沉节奏。幸好，早在秦朝时，朝廷就开始实行一个政策：为那些背井离乡远赴千里之外做官的人提供住房，即"官舍"，否则一家老小无处安顿，可就真是"屋漏偏逢连夜雨"。

　　沧桑，无法丈量。宝元二年正月，范仲淹携一家老小风尘仆仆地从润州徙知越州，其时核心亲友团，已从睦州时的"一心回主意，十口向天涯"变成了"九口向天涯"，缺了积劳成疾、因病辞世的范仲淹之发妻李氏，余下的大抵是三个儿子、两个女儿和伴随多年的三位家仆，三个儿子分别是生于天圣二年（1024）的长子纯祐、生于天圣五年的次子纯仁和生于天圣九年的三子纯礼，此时三子均未到弱冠之年。而关于两个女儿的出生时间，文献中没有记载，不过根据推断，极可能是纯祐的妹妹、纯仁的姐姐。

一颗漂泊的心，在兰花幽远的暗香中，渐去初来乍到的惆怅。尽管没有女主人，范仲淹又公务繁忙，但他对子女们的管教一刻不曾松懈，对他们的爱也一分不少。孩子们在稽山书院孜孜求学、尽行其规，闲时就在府山上、城墙脚下自由玩耍。公余时，烛花光影下，范仲淹常常把他们叫到一块，其乐融融地开展温馨一刻的"家庭教育"，教导他们家事国事天下事须事事关心，大节无亏、小节无纵，"君子固穷"……有父亲的谆谆教诲，加之忠仆们的精心照顾，范家的孩子们没有半点官家子弟的坏习气，长幼有序、循规蹈矩、彬彬有礼，在越州这片洋溢着文化与清辉的土地上茁壮成长。

套用现在的话说，范家的孩子们就是"别人家的孩子"，他们有多聪慧、懂事、良善呢？这里有则关于范纯仁的故事，或可窥一斑。

据《言行拾遗事录》记载，范仲淹"平生好施予"，有一次派范纯仁和随从去京城姑苏运麦500斛。范纯仁还至丹阳时，遇见了父亲的友人石延年，当时石延年钱尽粮断且三丧未葬，正求告无门，无计可施。范纯仁获情后把麦和船全给了石延年，以解其困。回去后，范纯仁向父述说遇石延年遭难一事。范仲淹说："何不把麦送他？"范纯仁回说："已送了，可还不够。"范公急了，说："何不把船也给他？"范纯仁回说："我正是连船也给了他，才徒步返回的。"范公听后会心地笑起来："救人危难当是做人本分，这才像我的儿子。"

此事传出后顿成佳话，如一卷诗书，在士大夫中广为吟咏、唱和，众多文人墨客以此为题材，创作出大量的书画和诗词作品。后"麦舟之赠"作为助丧之典故和助人为乐的美德佳话被历代传扬。

（《新时代清风廉路图》局部）

　　"麦舟之赠"的故事不沾任何的污秽，不染任何的颜色，恒定于时间的街巷，其情节大致雷同，发生时间却有不同版本，史上亦无详细确切的记载。笔者大胆推测，此事大抵发生在范仲淹治越期间。理由如下：

　　其一，从年龄上推算。在不同的故事版本中，均会出现"年仅13岁""这个刚满13岁的孩子"等词眼。范纯仁出生于天圣五年，范公收到徙知越州的诏令是宝元元年十一月，到任时是宝元二年正月。同时，无论冬麦还是春麦，成熟收割期均在六月至八月。假如时间往前推，发生在宝元元年或更前，一则范纯仁的年龄实在太小，范公不会放心让一个孩子带着随从去运粮。二则，宝元元年的冬季，范公应该已经举家在赴任的路上，范纯仁返程与家人会合的时间节点恐有矛盾。

　　其二，中国文史出版社出版的词奴儿所著《范仲淹传》，也认为此事发生在越州，作者对情节进行了艺术化的描述，书中有"若在路上再耽搁，恐怕要在途中过年了""行至越州，已是腊月十六"等说法。

　　其三，时人感于范仲淹父子乐善好施的义举，专门画《麦舟图》称颂此事。庆历二年正月，北宋三代为臣、两次拜相的富弼为《麦舟图》题诗，录如下：

> 东吴汕客夫蓉主，家有三丧愁未举。
> 睢阳南来美少年，逆旅相逢泣相语。
> 世无援赈空叹吁，意气激烈当何如。
> 麦舟五百岂足惜，一旦委赠宁踌躇。
> 归从便道独徒步，恳恳趋庭道乡故。
> 片语相符唯诺问，千载令人长叹慕。
> 噫公盛德天下闻，当朝柱石称元勋。
> 麦舟义高非所重，后之议者徒纷纭。

　　此诗作于庆历二年，想来事情发生时间应与此相近。诗中一句"睢阳南来美少年"，也使范纯仁获得"睢阳少年"的美名并名扬天下。

其四，从故事的另一个主人公石延年这方加以分析。石延年，字曼卿，又字安仁，别号葆老子，北宋初年著名文学家和书法家，祖籍幽州（今河北涿州），晋朝以幽州遗契丹，后举家迁居宋州宋城（今河南商丘睢阳区）。

石曼卿的才气在当时广为人知，《蓼花洲闲录》记载，唐代李贺写的《金铜仙人辞汉歌》一诗中有句"天若有情天亦老"，人以为奇绝无对，很多文人雅士跃跃欲试，石曼卿对了一句"月如无恨月常圆"，一语既出，人以为勍敌，皆五体投地。

石曼卿还是个酒怪，怪到别出心裁地创造了多种匪夷所思的饮酒方式。例如，他蓬乱着头发，赤着脚还戴着枷锁饮酒，谓之"囚饮"；他与人在树上饮酒，叫作"巢饮"；他有时用稻麦秆把自己包在里面，只伸出头来与人对饮，称作"鳖饮"；他夜晚不点灯，与客人摸黑对饮，说是"鬼饮"；他饮酒时一会儿跳到树上，一会儿又跳到地上，称是"鹤饮"。石曼卿还常常在一个庙庵喝酒休息，给庵起名为"扪虱庵"，足见其饮酒之狂放无忌。

假如据此认为石曼卿是个酒徒，那不免有失公允。石曼卿的许多诗词文章是在饮酒中或饮酒后挥就的，一个人的志向兴趣和自己诗歌的阅读、创作

（冯家祥作）

意象一致，他的诗与酒交融，千古风流。挚友欧阳修在《哭曼卿》一诗中，说"作诗几百篇，锦组联琼琚""诗成多自写，笔法颜与虞"，对他的诗歌才华、书法艺术作出高度评价。宋史也记载："（石延年）读书通大略，为文劲健，于诗最工而善书。"他结交的也不是酒肉朋友一类，大部分是文人知己。他英年早逝后，友人们悲痛不已，时常想起他的真性情，如欧阳修写下《祭石曼卿文》，梅尧臣写下《吊石曼卿》，蔡襄写下《哭石曼卿》等。

最值得后人景仰的是石曼卿的铮铮铁骨和拳拳报国之心。他对北宋的边防很有主见，是最早建议朝廷应立即挑选将领加紧练兵，加强北方边防，以防患于未然的官员，遗憾的是未被采纳，直至西夏起兵。宋仁宗天圣、明道年间，章献太后揽权摄政，各种社会矛盾激化，土地兼并也日趋严重，以致朝野上下气氛紧张，"政事得失天下莫敢言"。而石曼卿竟然斗胆上书，请太后还政于天子仁宗。结果惹了大祸，激怒太后，被罢免官职，贬为庶民，逐出京都。从此，石曼卿流落漂泊，浪迹江南，举家寓居江苏丹阳南乡，过着极其清苦的日子。也正因如此，才发生"麦舟之赠"的故事。

似乎没有什么不能承受之重，石曼卿顺理成章地接受了命运，在任何一处能躺下的地方保持平静。石曼卿用卖麦子与舟的钱办了丧事，让亲人入土为安。剩余的钱，他前去退还，但范仲淹坚决不受。返回丹阳后，他就用这余款为村民建造了一座桥，原名"七里桥"，后人为铭记这段佳话，把桥改名为"麦舟桥"。在丹阳南门外，也有麦溪河、麦溪桥，还有麦溪村，相传都是因"麦舟之赠"这个典故而衍生出来的。清嘉庆时，由石曼卿在丹阳的后人石韫玉在桥旁立石碑，撰写《麦舟桥记》碑文。

根据石曼卿寓居丹阳的时间，大抵可推测"麦舟之赠"发生的时间约在宝元二年秋冬季，其时，正是范公知越州时。康定二年二月四日，石曼卿卒于京师开封，令人唏嘘。漫长的一生，只不过是短暂的一瞬；所有的功名利禄，也不过是枝上柳絮。其实，不管"麦舟之赠"发生在何时，这个令人动容的故事，这段温暖人心的佳话，都像一坛陈年佳酿，飘散着千年的沉香，令人回味悠长。

光阴的潮水散发着融融的暖意。仁者爱人如其父，雅道有子继。得益于良好的家风传承和父亲言传身教的熏染，范纯仁一生遵奉儒学"内圣外王"的思想，秉持"唯俭可以助廉，唯恕可以成德"的人生智慧，在50年的为官生涯中，恪尽职守，公而忘身，宽出于性，两度拜相，世称"布衣宰相"。范纯仁的后代也自豪地称自己为范氏"麦舟堂"。

不独是范纯仁，范仲淹其余三个儿子（第四子范纯粹出生于庆历六年，为张夫人所生，张氏从小在范家长大）亦正义敢言，清正廉洁，德才兼备，讲求气节，都做到公卿。长子范纯祐16岁随父防御西夏，屡立战功，是他的得力助手；三子范纯礼官至尚书右丞；四子范纯粹官至户部侍郎。富弼评价说范家的儿子们都是"温厚而文"的，同时代的人也常常赞叹他们"有乃父之风""不坠家声"。

范家的三个女儿（幼女为继室聂夫人所生）也是懿行嘉言、知书达礼。长女嫁于蔡齐侄子蔡交，次女嫁于"孝友，人皆知之"的太常少卿贾昌龄之子贾蕃，小女嫁于范仲淹之同科进士张昪之子张琬，史传她们善于治家，清素节俭，秉持了范氏的良好家风。

看着孩子们不偏不倚、不蔓不枝、不屈不挠地长大成自己期望的样子，范仲淹欣慰之余，曾自豪地感叹："纯仁得其志，纯礼得其静，纯粹得其略"。"积金于遗子孙，子孙未必能守"，范仲淹至晚年"田园未立"，没给子孙留下什么物质财富，但他留下的"先忧后乐"的思想、"恤祖宗"的良善之心、"清白节约"的清俭家风，却是最宝贵的财富，无论对于子女还是族人或是后世人，都有着无限的示范激励和精神浸润作用。

历史在弹指间可能灰飞烟灭，有些东西却遇风而长，譬如家族绵延、家风传承。在宋室南迁、灭亡的历史大局中，范仲淹的后人散布到各地，也有不少在越州定居。其中较有代表性的有锦鳞桥范氏、皇甫庄范氏等。皇甫庄范氏建有范氏祠堂，以越州"清白堂"为名，祠堂内书有"郡谱传清白，家声溯让泉""唐宋两朝丞相第，祖孙五世太师家。廉泉让水溯流远，汉史唐书翰墨香"等对联。《范氏支谱序》中写道："范氏旧有族谱以文正公为一世祖至二十世祖莊敏公止，以后阙有间至南湖公。"

范氏后裔无论出自哪一脉，均极为珍视先祖的崇高精神和"清白"的优良家风，薪火相传、代代不绝，并努力将之发扬光大。他们或平凡，或显达，却大多品行端正、孝悌忠恕、清廉守正、乐善好施，都愿为国为民尽己所能。譬如，当代著名史学家、属于绍兴锦鳞桥范氏一支的范文澜就是杰出代表，他一生清清白白做人、认认真真做事，以"板凳要坐十年冷，文章不写半句空"的敬业和执着，潜心于读书和科研工作，为 20 世纪中国史学发展发挥了里程碑式的作用。又如，中国范仲淹研究会会长、范仲淹三十世孙范国强先生对故乡绍兴也是情有独钟、情深意长，以满腔浓情孜孜推动越地范学研究。

苍穹之外，是大把大把的阳光，每一束都散发着淡淡的馨香——范仲淹不只是范氏的祖先，更是中华民族优秀人物的代表！有情的历史，总给我们留下一些美好的事物。

印糕席上珍

　　传说，总在人们的愿望里摇曳，亦在人们的期待里枝繁叶茂。尤其是关于名人的传说，总会有一些牵强附会的情节在民间流传。绍兴印糕就与"百代师表"范仲淹有一段励志的甜美故事，人们说，这是一块助范仲淹考中进士的糕点。

　　印糕是绍兴的一种传统小吃，用糯米粉或粳米粉制作而成，内有流质的豆沙馅、桂花糖馅、芝麻馅、蜜豆馅、肉馅等。蒸印糕须用木框蒸笼，每次蒸 16 小方块，每块印有福禄寿喜、牡丹菊花之类的文字或图案。"糕"与"高"谐音，绍兴有遇时令节气登高吃糕的说法，寓意步步登高。每到逢年过节、造屋上梁、添丁进口、拜寿婚嫁，人们都把印糕作为必不可少的"伴手礼"送给邻里，既传递喜气，又增进邻里感情。

　　这样一块柔糯清甜、富有嚼劲，看起来美、吃起来香、咽下去软的糕点，经后人巧妙的演绎，被神奇地赋予"助范仲淹中举"的吉祥寓意，而更显其价值与品位。之所以会附会到范仲淹身上，大抵与范仲淹求学时那个"划粥断齑"的故事有关。

　　回溯故事，其背后是过程的蜿蜒。范仲淹两岁时父亲去世，四岁时母亲改嫁给长山人朱文翰，他随母亲进入朱家生活，并改名为"朱说"（"说"，同"悦"）。继父朱文翰是个县令，颇有见识与胸襟，虽然俸禄不高，但对范仲淹视如己出，悉心培养。范仲淹 22 岁时，到长白山醴泉寺读书。醴泉寺在长山县西南 30 里的黄堂岭下，仙雾叠彩，一派朦胧仙境世界。相传唐中宗时寺中僧人仁万到京城长安大荐福寺校勘经律，得到了一函大藏经，带回寺里宣讲，适逢寺东山上有甘美的泉水流淌，天子便赐此寺名为"醴泉寺"。醴泉者，甘美泉水之谓也。

遗憾的是，此时的朱文翰因身体虚弱，已致仕归家，俸禄微薄，孩子又多，生活未免拮据，实在拿不出更多的钱来供范仲淹读书，范仲淹常常食不果腹，数米而炊，不得不省吃俭用，每天只煮一碗粥，等放凉后划为四块，再在上面撒点盐和葱、姜等佐料，作为一天的食物，美之名曰"白云糕"，这就是"划粥断齑"典故的由来。宋朝释文莹《湘山野录》中有此记载："范仲淹少贫，读书长白山僧舍，作粥一器，经宿遂凝，以刀画（划）为四块，早晚取两块，断齑数十茎啖之，如此者三年。"

（冯家祥作）

人不堪其忧，范仲淹则不改其乐。若干年后范仲淹改回范姓，他以调侃的口吻写过一篇《齑赋》，其中云："陶家瓮内，淹（腌）成碧绿青黄；措大口中，嚼出宫商角徵。""陶家瓮"是指腌制咸菜的缸，"措大"则指穷困的读书人。陶缸中腌制出了各种不同颜色的咸菜，穷书生口中嚼出了如宫、商、角、徵般动听的声音，旷达乐观之情溢于言表！

这期间还发生了一个温馨的插曲。范仲淹有个刘姓同学是个官宦子弟，他看到范仲淹生活如此艰苦，还能坚持认真读书，内心十分佩服，回家后就对父亲讲了这件事，其父也很欣赏范仲淹勤学的精神，就派人送去很多佳肴。

数天后，刘同学发现他家送来的饭菜竟原封未动，都已经发霉了！便生气地责问道："都说君子不吃小人送来的食物，你是不是看不起我，所以才不吃我家送来的东西？"范仲淹赶紧表示歉意，解释道："不是我不感激令尊大人的厚意，只是我已经习惯每天吃粥。如果吃了好饭菜，我会变得贪图享受吃不下粥，就会分散精力去考虑吃的问题，这不是反害了我吗？"这位同学听了他的话以后很受震撼，对范仲淹愈发赞叹和佩服。

命运的掌纹，每一条都令人胆战心惊。"食色，性也。"尽管知道饭菜美味，却不受诱惑，依然坚持日常寡淡的饭食，折射出范仲淹安贫乐道、不注重物质享受的品性，且知晓对于欲望要防微杜渐，实乃真君子也。

虽然沧桑已刻在岁月的门槛上，但有些密码一直无法破解，究竟是什么样的心灵，才有能力感受真正的苦难和不平，才敌得过时光的利器？真正的奇迹只能在内心深处发生。欧阳修在《资政殿学士户部侍郎文正范公神道碑铭并序》中说：范仲淹在年轻时就常常自诵"士当先天下之忧而忧，后天下之乐而乐"。这样一个湮没在《神道碑》中的重要信息，是欧阳修对范仲淹盖棺定论时悄无声息的最高评价，为他的勤奋学习不露痕迹地注入了崇高的因子，忧乐思想贯穿了范仲淹的一生，苦学之风亦贯穿其一生，就算当了朝廷重臣，他依然"书山有路勤为径，学海无涯苦作舟"。虽则，民间传说那位刘同学回去之后，叫人用糯米粉仿照范仲淹的白云糕做了方糕，天天送去，一直到范仲淹中举。这印糕遂成助范大人金榜题名之"功臣"。

范仲淹"划粥断齑"苦读时还只有20多岁，而知越州时已经51岁。梳理他的人生履历，他最早与越州有实际接触，应该是任兴化县令时，曾来杭州、越中诸暨等地有过一次游历，其时也已36岁。据此推断，范仲淹的"白云糕"与绍兴印糕只有形式上的相似，而非遥远历史发酵的"原创"陈酿。

越地子民之所以把两者融合嫁接，给平凡的米糕附上力量和智慧，更多的是基于对范公的敬重和怀念，也可算作一种难得的因缘。假如范公生活在今天，绝对会成为成功学的典范人物。每家书店的中心展台都会在最醒目的位置摆上范仲淹的传记或访谈录，他双臂环抱胸前，目光垂向斜下方，一幅睥睨天下、舍我其谁的半身照片会铺满整个封面。他确实是凭借惊人的勤奋而成功的，一切天资、机遇、时代大势在他的勤奋面前不值一提，所以他的成功经验确实很值得人们花上一辈子的时间来学习借鉴。"见贤思齐""学而优则仕"，越地人民通过"印糕"嫁接、传承耕读传家的风气，希望子孙们能像范公那样勤学苦读，像范公那样德义高尚，步步登高，出人头地。

神奇或者美妙常常是在不经意间呈现的。绍兴印糕承载着许多代人的回忆，也寄寓着很多美好的期望。随着时光流逝，如今这种混合着竹叶的清香和糯米的香甜的糕点，已成为现代城市里最惊艳最治愈的"小食光"，人们不惜费时排着长队争相买之。我想，范公当年煮粥划刀、自制"白云糕"的时候，无论如何也不会想到，自己以冷粥果腹刻苦攻读中举的逆袭故事，会成就绍兴食品界的新一代网红。

空间只是一种情怀概念，辽阔到再远的距离也可以装得下。印糕在越人的抒情和寄托中，生命的能量被源源不断地释放出来，绵醇、浓厚，在时光里发酵出更多的志向与追求，如同范公那不朽的情怀与情操。也许真正的思想者，往往用一种姿态，伸展出生命超乎想象的力量，让时间永恒，最后澎湃成一种激情，一种超越。

浊酒家万里

酒，是滋生压抑的冰，是繁衍惬意的火！时间之上，流动着一种隐约的铿锵。绍兴，这座以酒闻名、因酒而兴的城市，发生了许多古今大事，它们在冰与火的缠绵中，长成了天长地久、氤氲不散的歌吟，成就了历史的昨天到辉煌的今天的延续。

"酒之所兴，肇自上皇，成于仪狄"，意指中国的酒起源于神话传说中的远古时代。西安半坡村遗址发掘出来的距今 7 000 年左右即伏羲氏时代的陶

（陈悦笙作）

器中，就有像甲骨文、金文中的"酉"（古义为造酒）字形状的罐子，即为佐证。史上第一个颁布禁酒令，并把饮酒行为与廉洁生活甚至政治紧密联系起来的人是大禹，他与绍兴渊源颇深。从史书记载看，禹禅会稽、疏了溪（今剡溪）、会会稽、娶涂山氏、葬会稽的人生五件大事都发生在绍兴。

《战国策·魏策二》记载："昔者帝女令仪狄作酒而美，进之禹。禹饮而甘之，遂疏仪狄，绝旨酒，曰：'后世必有以酒亡其国者。'"说的是大禹的女儿令

仪狄去监造酿酒，仪狄经过一番努力，终于酿造出质地优良的酒醪。大禹品尝后认为如此好的东西，意志薄弱的人必会沉溺于它，遂向后世发出警告，一定会有因为饮酒过度而误国亡国的君王，自己则主动疏远仪狄、绝缘美酒。

后人在历史典籍中，常可见亡国之君多沉湎酒色而不能自拔的记述，应验了廉洁、开明的大禹高瞻远瞩的预言，也佐证了古代酒对国家、对民族、对政治、对军事的影响之大。而"仪狄作酒醪，杜康作秫酒"，说仪狄是中国黄酒的创始人、杜康是高粱酿酒的创始人，亦不为过。

2 500 多年前，越王勾践用酒来奖励生育，"生丈夫，二壶酒，一犬；生女子，二壶酒，一豚……"勾践还用酒来激励将士，投醪劳师，迎流共饮，使士气大振，一举灭吴，问鼎黄河，称霸中原，真可谓壶酒兴邦，解开了盛在帝王酒樽中的爱与不爱。

如今，这条投醪河历经千年依然在绍兴城南静静流淌，见证着 2 500 多年前勾践与将士们的壮怀激烈，一种皈依的信仰千年坚定，成为传统文化独特的一脉。

1 600 多年前，书圣王羲之在绍兴山阴之兰亭与谢安等 41 位朋友雅集，曲水流觞，饮酒赋诗，酒后写成天下第一行书——《兰亭集序》。据闻酒醒后，王羲之发现里面有不少错字，想重写，却再也写不出原来的韵味了。

梦里依稀，叹天涯沦落之愁绪，东晋在酒杯中沉淀，那一盏酒，滴入一地柔曼，与月光一起揉碎。

900 多年前的宝元元年，北宋名臣范仲淹徙知越州，与绍兴黄酒、诸暨白酒结下难解之缘。浓香高度的白酒，以豪爽、耿直的文化个性，吸引范仲淹召集老友小聚一醉方休；味甘、色清、气香、力醇的黄酒则以温和、温润之态，深得范仲淹"不以物喜，不以己悲"的思想期许。

一杯清酒，提起灵魂的影子，与范公翩跹共舞，灌醉那思绪丰盈的季节，排解寂寞中的寥落，把成长的养分留给不弯的风骨，以充盈生命的质感，从而安抚了范公的越州时光，使雨天晴日自有动情之境。

古代士人大多喜好饮酒与吟诗击节而歌的生活，品酒赋诗、抚琴相饮也是范仲淹的政闲之乐。《岳阳楼记》中"把酒临风，其喜洋洋者矣"，多少豪迈与洒脱。他在《滕子京魏介之二同年相访丹阳郡》中直言"吾辈不饮酒，笑杀高阳徒"，在《绛州园池》中写"每与风月期，可无诗酒助"，在《鄱阳酬泉州曹使君见寄》中云"酒圣无隐量，诗豪有余章"，在《依韵答提刑张太博尝新酝》中说"时得一笑会，恨无千日醇""引此杯中物，献酬交错频。礼俗重三爵，今乃不记巡""但愿天下乐，一若樽前身。长戴尧舜主，尽作羲黄民。耕田与凿井，熙熙千万春"……范仲淹以纯粹的表白将酒朋诗侣的行令欢笑，涟漪在酒香里。沉醉不知归路，酒不仅给他的生活带来无穷乐趣，更激发了他的诗文灵感，给他平添了豪放风格和阳刚风骨。

范公知越州时，因身体原因而酒量大减，已不宜多饮。他在给好友滕子京的信中说"某肺病尚留，酒量大减，水边林下，略能清吟"，给孙元规的信中也说"肺疾未愈，赖此幽栖"，他无奈地自我调侃道："近疏歌酒缘多病，不负云山赖有诗。"

饶是如此，他也放不下这"杯中好物"。在赴诸暨考察时，他饶有兴致地"干"上了土酒白酒，酒至酣处，即兴赋诗《诸暨道中作》："林下提壶招客醉，溪边杜宇劝人归。可怜白酒青山在，不醉不归多少非。"

人未醉，酒未醒。受尽时间的磨难，把自己沉淀得更加清澈，可以想象其时他的喜悦与豪爽。酒让他热血沸腾，让他拥有了难得的片刻轻松自如，那是高粱的度数、大爱的度数。

文明的厚度比历史的记忆更真实，绍兴黄酒，这一种多情的液体、真性的水，深藏的是清澄的中国传统，还有或深或浅的万千心事。更值得一书的是，范仲淹把绍兴黄酒带到了西北战场，凭高醉酒，击筑悲歌，燃烧楼船夜雨大漠的雄心，飞扬铁马秋风大顺城的壮志，使北宋吟咏一段鲜艳、滚烫的宏大史诗。

康定元年，宋夏战事爆发，宋军大败，战火把朝野烧得生疼。年逾五旬的范公怀揣内心的澎湃，临危受命，从越州知州任上奔赴西北边关任职。

　　江云黯黯，木叶萧萧。当时，西北边疆条件相当艰苦，"羌管悠悠霜满地"，寒冷步步紧逼，将士在旷日持久的冬天瘦骨嶙峋。眼见将士们缺衣少粮、挨冻受寒，号令严明又爱护士兵的范仲淹看在眼里疼在心里。

　　不在寒冷中消亡，就在寒冷中重生。天无绝人之路，他想起一个御寒绝招。在越州时，因喜爱绍兴黄酒的馥郁、芬芳、柔顺、甘润、醇厚，范仲淹曾到酒坊进行实地考察，知晓了黄酒的酿造工艺技术。他的妙计就是酿制黄酒，供将士们饮用，以酒御寒。

　　黄酒的原材料是大米、黍米、粟等谷物，粮从何来？自己动手，丰衣足食，范仲淹开始发动军民开荒种粮。嫩绿的青苗，在季节里傲骨，在日子里柔肠，终于在疼痛的戈壁滩上迎来丰收，恍若一滴露水，在春天的根部，催生了一场盛大的花事。

　　在这里，时间，以另一种形式呈现，西域长歌，边塞铁骨，丰收后的西部大地弥漫阵阵酒香，那是戈壁的一场狂欢，是大漠的一场盛宴。狼烟之下，寻找到斑驳大地的温暖奔腾。故乡太远，再来三碗，饮尽这世间的寒冷、荒凉、悲壮，追逐梦想的官兵们以另一种形式张扬与释放生命，剑胆琴心勃发律动，抖落一身征程，群情雀跃，持臂高呼："范公英明。"

　　一块砖，有呐喊；一抔土，有厚载；一截墙，有沉淀；一壶酒，有情怀。绍兴黄酒定格的是一段抗敌的历史，留下的是御辱的佳话。范公之前虽从未打过仗，但他"腹中有数万甲兵"，与韩琦一起采用行之有效的攻守之策，招徕诸羌推心接纳，深为西夏所惮服，又加上喝了黄酒的众将士骁勇善战，很快便使西北边关趋于稳定，当时有歌谣云："军中有一韩，西夏闻之心胆寒。军中有一范，西夏闻之惊破胆"。

　　歌与酒，搅拌着浓酽的一杯愁绪，焊接着幸福与苍茫的印记，深入大地的腹部，那个尘世孤独的旅人，用沉重削减生命，以秋思辽阔愁肠，荡气回肠、壮阔深沉的《渔家傲·秋思》便在酒香中起弦而歌，词云：

　　塞下秋来风景异，衡阳雁去无留意。四面边声连角起。千嶂里，长烟落日孤城闭。

　　浊酒一杯家万里，燕然未勒归无计。羌管悠悠霜满地。人不寐，将军白发征夫泪。

　　《渔家傲》这首词算得上边塞词的首创，整首词的内情外景达到了水乳交融的艺术境界，可以说是句句经典，也是范仲淹的代表作之一。这首词是范仲淹守边愿望和复杂心态的真实袒露，反映了边塞生活的艰苦和词人巩固边防的决心与意愿，同时还表现出将军与征夫外患未除、功业未建、久戍思乡、矢志保卫祖国等复杂矛盾的心情，也暗寓对宋王朝重内轻外政策的不满，在悲凉、伤感中回荡悲壮的英雄气，展露沉雄开阔的意境和苍凉悲壮的气概。

　　几盏苦酒，半阕新词，孤窗月影，寒灯凄婉。"浊酒一杯"，让吟者诗兴大发，使弱者满怀豪情，令英雄潜然泪下。一滴酒的情绪，是生痛的乡愁，是凝眸的火焰，是渔歌的神韵，像一盏油灯，点亮了滚烫的记忆，看见那些走散的灵魂泪如泉涌。归来时，将士父兄妻子几千人哭声震天，如果见过那个场景，又怎能将胜负置之度外？把酒当歌，何尝不是灵魂短暂回家的途径！

　　诚如黄蓼园先生所言："读之凛凛有生气。"同时，更有价值和意义的是它让绍兴黄酒历史性地露了脸。中国范仲淹研究会会长范国强先生肯定地说："浊酒一杯"就是指绍

（张继钟作）

兴黄酒。在某种程度上可以说，这首词无形中为绍兴黄酒打了广告，又赋予了它"忧乐天下"的精神力量和内涵。范公在《岳阳楼记》一文中，倡导"先天下之忧而忧，后天下之乐而乐"的崇高精神，词中的白发老将军，正是这种崇高精神的生动写照。

缕缕酒香，卷起心境，溅起情思，弥漫戈壁。绍兴黄酒作为唯一一发源于中国的酒种，起源于春秋战国，始盛于南北朝，不仅是中华民族珍贵的历史遗产，也是中华文明通往世界道路的重要基石，如今以强烈的忧患意识、大胆的创新意识、过硬的品牌意识，在产品、营销、文化等诸多方面升级提档，醇醇酒香飘至大洋彼岸，一如当年那些镇守边关的将士们，在困境中突围，在争锋中前行。

一壶浊酒，那种气韵，那种凝重，那种古朴，磅礴一种历史的沉淀、文化的张扬、遗产的价值、传统的昭示，像起伏的波浪，像流动的瀚海，弥漫着北宋的无奈、苍凉与凄美。在这样的时刻，把酒临风，想起先贤铁马冰河的边塞战事，没有愁肠，只有追忆。那些从唐宋平平仄仄中走出的酒酿，诉说着古人的离愁别恨，弹奏着今人的悲欢离合，在山冈中缓缓靠近春天，酌一口，便暖了这春风。

墓志何辞伤

远古的镜花，淡淡地飘过秦汉；神话的水月，静静地萦绕唐宋。一些故事远了，记忆还在。

"人生如蜉蝣，一往不可攀"，来与去，如过耳的轻风，天际的流云，那些或沉重或辉煌的历史，最终都归于尘埃。而墓志是一行行能自动发声的文字，每一枚词语都丰盈而饱满，生命于此圆满。这是一个隐秘的世界，让烦琐的追思走向超然，传递一种无声的尊严：千万里，这个世界，来过，每一刻，都在延续。

作为古代文体的一种，墓志多用散文撰写，叙述逝者的姓氏、世系和生平事迹，是对一个人一生的"盖棺论定"，同时也印刻着时代的痕迹，反映着当时普遍的社会心态、价值观念。把诗歌类（通常为四字一句）赞颂、悼念铭文刻在墓前石碑上称碑铭。有的墓志铭本身就是优秀的文学作品，有的则是书法经典。一个人一生只能有一篇墓志铭，又不可能长篇大论，技术上的问题倒在其次，难的是如何全面、准确、精练地概括和评价，这考量撰写者的才能、人品与情怀。可以说，墓志是用文字为生命的炉灶最后一次添加柴薪，是一种痛彻的感悟。

常言道：物以类聚，人以群分。君子之交，亦是敬慕之交、同频之交。范仲淹赞佩推崇的同代人，是那些秉持刚正之气，以天下为己任而不佞不倚的诚信君子；而他写过墓志、碑铭的人，亦是他倾心、仰慕或尊崇之辈。就如他在《送刘牧推官之兖州》一诗中所言："益以夫子心，万物都一毫。此行名与节，须似泰山高。"

宝元二年四月，范仲淹到越州才 4 个月，便在任上接到了好友蔡齐的死讯，蔓延的特别的悲痛被一种冷冰封。

蔡齐（988—1039），字子思，先世洛阳人，为政颇有仁声。大中祥符八年，他与小一岁的范仲淹一同赴京城应考。宋真宗十分重视此次科考，亲自命题《置器赋》。蔡齐在赋中写的"安天下于覆，其工可大"等观点令宋真宗大为赞赏，认为其有"宰相器"，当即钦点他为状元，并连称"得人"。后世状元"跨马游街"之殊荣，自蔡齐始。

那一年，范仲淹得中第九十七名进士，两人是正儿八经的"同年"关系。在宋代，同年关系是士大夫之间最重要的一种人际关系，也是一种非常亲密的关系。"春风得意马蹄疾"，两人欢愉之中一言订交。加之范仲淹与蔡齐应试前一同居住在山东，相距区区百里，同年加同乡使两人关系更深一层，从此声气相求、情同手足，后来他们还"亲上加亲"，蔡齐的堂弟成了范仲淹的乘龙快婿。

史称蔡齐"堂堂英伟，进退有度""危峰屹立长江上，势折华胥限百蛮"，多谋善断，不畏权贵；虽"精学博文"，但不作"阿谀之文"。他任翰林学士时，刘太后打算营建景德寺，命宦官罗崇勋主持其事。罗崇勋奉太后之命，让蔡齐为景德寺写一篇记，说如能写得让太后满意，可升其为参知政事。参知政事

（陈悦笙作）

乃是副宰相，是莘莘士子歆羡的官职，而蔡齐却不为所动，只字未写，自然触怒了太后，被谪出朝。

蜀地（今四川）有个叫王齐雄的官员因杀人受到法办，却因他是刘太后的姻亲，不久官复原职。蔡齐知道后气愤地说："如此处理，还有何法律可言！"次日入朝，他上奏道："王齐雄仗势杀人，不判死罪，反而恢复他的官职，仅因他与太后是姻亲便废掉法律，这是以恩废法！"仁宗说："官职降一级可以吗？"蔡齐"不依不饶"地说："如果下边都仿效朝廷，天下会成什么样子？"仁宗无可奈何，只得依法治王齐雄的罪。

几经曲折，蔡齐终于官居参知政事。蔡齐与宰相王曾相善，而王曾与吕夷简不和，王曾被排挤罢相，蔡齐也罢户部侍郎，出知颍州（今安徽阜阳），于宝元二年四月病逝，终年52岁。他死后被追赠为兵部尚书，谥文忠。

蔡齐一生所著诗文很多，憾之所失，仅存《小孤山》和《小孤索同黄士殷同赋》。此处略表下《小孤山》，这是一首七律古诗，录部分如下：

> 月生西海初三夜，潮到东吴第一关。
> 安得扁舟多载酒，放歌击楫浪花间。

这首诗颇具诗仙李白之遗风，彰显了一位政治家宏大的气魄，展示了"魁星"的文采。

蔡齐还是当朝的"伯乐"，《元史》本传说蔡齐"生平喜荐士"。他所引荐的杨偕、郭劝、庞籍等都成了北宋时期的名臣，均在当时发挥了杰出的才能，也显示出蔡齐选贤用能的博大胸襟和精准眼光。

在范仲淹心中，蔡齐不仅是知己好友，还是自己的偶像，因为从蔡齐的身上他看到了"以天下为己任"和"不佞不倚"的品质。蔡齐的早逝令范仲淹深深惋惜悲痛，情郁于中，似乎笔下的每一个字都可以开花结果，也似一粒粒风霜，载满一串串思念，他先后写下《祭蔡侍郎文》《户部侍郎赠兵部尚书蔡公墓志铭》两文。他在文中情真意切地写道：我自布素（贫寒的士人）之时便和蔡齐有交往，见他说话行事都非常得体，在家中侍奉父母，一天数次问安，对于几个弟弟，也呵护备至。"浩然示至公于内外，以进贤为乐，以天下为忧，见佞色则嫉；闻善言必谢，孜孜论道，以致君尧舜为心"，朝野都知道蔡齐有当宰相的才能，他以引进人才为乐趣，忧虑的是如何治国，见了奸佞小人就疾言厉色，听到治国的言论便道谢，披肝沥胆辅佐君王，让当今天子变成尧舜那样的明君。

凄绝的回忆，淡淡的忧思，青涩的怀想，化成缕缕温暖、辛酸的追思。范仲淹的这两篇祭文，字里行间浸染悲痛，亦充满赞誉褒美之情，高度评价了蔡齐的高尚品格和节操。他对故友的赞美、崇敬与怀念，还有一辈子的祈愿，在一撇一捺间呼之欲出，斑驳在流金岁月中。

所有阳光的词语，是一生站立的高度，能为"天子悼之，卿大夫忧之，国人伤之"的蔡状元写墓表的人定非凡人，能配得上范仲淹写的墓表的人也定非凡人，一阕绝唱喻示人非一般人，事也非一般事，堪称人中龙观朝中大事。墓志从一个侧面展示了范仲淹的惊世文采，还原了一个真实的蔡状元，也写出了涵盖朝廷与个人关系的真性情。

范仲淹在越州写的另一篇墓志铭，是为已逝的谏官田锡而作。

田锡（940—1004），初名田继冲，字表圣，嘉州洪雅（今四川眉山）人，祖籍京兆（今西安），祖上定居洪雅（今四川眉山槽渔滩镇）。北宋初期著名谏臣，政治家、文学家，曾祖父、祖父均为家乡名士，历仕太宗、真宗两朝，仰慕唐代魏徵，以谏诤为己任，屡屡上疏言时政得

（《新时代清风廉路图》局部）

失，累官至右谏议大夫。

田锡以"谏"名为后世所称道，是"在其位，谋其职"的官员典范。他履职期间，不计个人安危，先后上书52次，每每上奏前都要交代儿子："我身为谏官，职责就是为国言事。若天子采纳，是臣子的幸运；若不采纳，必降祸于我，也只能听天由命了。"

田锡还是一位革陈推新、影响后世深远的文学家，被称为宋代文学的开拓者和奠基人之一。其辞赋创作追求雄伟、豪放之美，且风格多样，直接推动了宋代的古文革新运动。其代表作《诸葛卧龙赋》（《咸平集》卷五）被研究宋代文赋的学者评为与欧阳修《秋声赋》、苏轼《前赤壁赋》《后赤壁赋》、陆游《焚香赋》齐名的宋代文赋名篇，他在政坛和文坛享有较高的声誉，深为宋初士大夫所景仰。

田锡为官20余年，不曾趋权贵之门，生命旅程坎坷，每一步都用心灵去完成，即使受到贬谪，也依然不改为国为民的初衷。他死前写有表，所说都是关于国家安危的话，没有一句谈及家事，无愧终极的召唤和未来的验证，是一位德高望重、满朝颂服的"直臣"。

田锡卒时，范仲淹才15岁，两人无缘相识。当田锡的儿子田庆远请求范仲淹为父亲作墓志时，范仲淹没有拒绝，实际上他很乐于为这样的人写墓志铭。于是他搜集资料，访问旧识，写成了一篇翔实的墓志。范仲淹满怀敬意地写道："呜呼田公！天下正人也。"在文末他又不无遗憾地说："呜呼贤者，吾不得而见之。"

此外，在《新定感兴五首（其二）》中，范仲淹也给予田锡高度颂扬，录如下：

> 山水真名郡，恩多补谏官。
> 中间好田锡，风月亦盘桓。

范仲淹在越州期间，还为同僚兼好友孙沔的曾祖孙鹗写了墓表。

　　宝元二年，范仲淹知越州，孙沔（996—1066）知楚州。《宋史·孙沔传》记载："孙沔，字元规，越州会稽人。中进士第，补赵州司理参军。跌荡自放，不守士节，然材猛过人。"孙沔性格放纵狂妄，不遵守士节礼义，才能与耿直却非同寻常。当时宰相吕夷简上书自求罢免，仁宗下诏书褒奖，没有同意。孙沔看穿了吕之用意，果断上书说："吕夷简之所以不推举贤能的人来为国家做长远的打算，只推荐不如自己的人作为巩固自己地位的计策，是想让陛下知道宰相的位子非他不可，希望再次想到他而征召任用他。陛下果真召令夷简回来，自吕夷简执掌朝政，到如今已经三年，没有更改一事。把姑息纵容当作安定的手段，把逃避批评当作明智的举动。即使用完南山的竹子，也不能够写完他的罪过啊。"皇上看过奏章后，不置可否，没有加罪于他，而议论者则赞叹他的正直恳切。范仲淹与他性情相投，遂成莫逆之交。

　　那一年清明节，孙沔回乡祭祖，其间专程拜访了范仲淹。"有朋自远方来，不亦乐乎"，范仲淹自是欣喜，热情设宴招待，"三杯两盏淡酒"，两人促膝深谈，甚是欢愉。席间孙沔恳请范仲淹为他的曾祖孙鹗写墓表，以彰显曾祖之声誉。

（冯家祥作）

孙鹗曾任处州知州，官至太府少监，有"奇文远策"。范仲淹欣然命笔，写下《太府少卿知处州事孙公墓表》："公讳鹗，字齐贤，富春人也。按旧志，公以奇文远策见吴武肃王，署越州大都督府文学。历郡县幕府，改台宪，为郎官，判盐铁院。持礼入贡，授少监。终于太府少监，领缙云郡。享年八十，葬于会稽之南山。"并在墓表里写上"在御史府，无所回避，有声朝廷"，流美溢香，横跨时空，顺带赞扬了孙沔这位同僚。

门缝微开，历史的细节就探出半个头，两人的因缘之深还体现在：13 年后，是孙沔为范仲淹办理了身后事。剧烈的悲泣和刻骨的信任，汇合在历史偶然的须臾间。

从前生到今朝，从远古到现代，仅一碑之隔，经卷的气息指引着灵魂，还原随风而舞的回忆。范仲淹一生为 18 位故人饱含深情地写过祭文，包括支持他进行捍海堤工程的胡令仪，数次为他张目的石曼卿、尹洙，在西北与他并肩作战过的种世衡，亲家公王质，同窗滕子京、谢绛，庆历新政中的支持者宰相杜衍等，他们"仰不愧于天，俯不怍于人"，都有仁爱无私、光明磊落、清白耿直等特质，是范仲淹钦佩之人，也是当时和后世景仰之人。这些秉性也淋漓尽致地体现在范仲淹身上，故而他们可轻而易举地共鸣与共情。

尤为难能可贵的是，庆历四年十一月，范仲淹还为他的政敌吕夷简写了祭文，文中不仅给予宽容和理解，还对他执政期间所做的贡献予以客观评价："富贵之位，进退惟艰。君臣之际，始终尤难。公觏昌辰，宰于庶揆。保辅两宫，吁谋二纪。云龙协心，股肱同体。万国久宁，雍容道行。"

祭文也写出了他对吕夷简去世的悲痛之情："某素游大钧，猥居近辅。得公遗书，适在边土。就哭不逮，追想无穷。心存目断，千里悲风。"他是发自内心地真挚哀悼，绝不是虚应故事的表面应酬。这才是君子所为，不计前嫌，大局为重，反对秋后算账，向着阳光和风一路远行，充分展现了范公坦荡磊落、豁达大度的人格魅力。

白首充满了智能和灵性，蓦然回首，踏着曲折又闪亮的路，已成人生碑文上的历史。除祭文外，范仲淹还为故人写了 17 篇墓志、5 篇墓表、4 篇神道碑。茫茫吊千古，俯仰亦嗟叹。不少墓志不仅情真意切，令人潸然泪下，且是内容丰富的人物传记。这些文字的烛光，每一次定格都是大美，字符与字符之间，所有纷呈的笔痕、铺陈的墨珠，气象万千，热而不烈，流而不俗，为后人研究这些人物的生平提供了相对真实的史料。

时间的墙上，岁月的路上，光阴在老去，故事终将发黄，而青冢依然，春风依旧，墓志在远去的时光里记录真实，地标一样静静地守候，赚得古今多少感慨文辞，乃至戏曲说唱。挥一挥衣袖，就种下了回归的种子，一步步抵达遥远历史的纵深。

归去道不孤

千万里，不过一步，或一回头，故事渐行渐远，那些远去的时空传递的秘密，让坚守变得可贵。远方的思念把飘荡的回忆还原。世人皆知范仲淹在徐州过世，却鲜有人知道，他生命的最后时刻及其善后事，都与越州有着深深的情缘。

皇祐二年十一月，范仲淹接到调令，从杭州转到青州任职，兼任京东东路安抚使。他再次北上，水陆兼程，于次年三月到任。几个月的旅途颠簸，加上政务、军务和救灾工作的操劳，范仲淹的病情愈加严重了，他说自己"去冬以来，顿成羸老"，他经常眩晕，咳嗽不止，状态极差。

但是，铁肩挑重任，他无暇顾及自己的身体。以仁义为经，以博爱为纬，以和谐为梭，范仲淹对青州开展大刀阔斧的治理，仅一年时间，便赢得了民心，赢得了口碑，壮丽了一片时空。

皇祐三年，63岁的范仲淹病情加剧，实在难以为继，无奈上书朝廷请调至一个相对清闲的州，以利治病养身。朝廷下旨调他到颍州（今安徽阜阳）任职。

皇祐四年正月，天气乍暖还寒，曾主持北宋第一次政治改革庆历新政，而后又亲往前线领导抵御西夏防务的范仲淹，带着家人和为数不多的随从，沿官道扶病起程赶往颍州赴任。

细节满目疤痕，太多的故事，不为人知。刚从青州出发时，范仲淹尚能勉强骑马而行，没多日病情加重，他再也无法忍受马背上的颠簸，便雇了几个脚力和一台轿子。轿子虽舒服，价钱却不菲。为节省开支，他只能差人打发了轿夫，让随从想法弄来一辆有两个轮子的简易车子，套上驿站提供的一匹瘦马，"咣当咣当"艰难跋涉在有些凌乱的羊肠小道上。

寒风凛冽，四野荒原，与土地厮磨相守的身板，背着漂泊与艰辛，一路上走走停停，经过两个多月的旅途奔波，众人终于到达青州南部的徐州，只是此时，范公已是心力交瘁，奄奄一息了。在这里，他有幸遇到了他的老朋友——徐州知州孙沔。

孙沔（996—1066），字元规，越州会稽（今浙江绍兴）人。景祐元年，孙沔升职天章阁待制，也即皇上的顾问。正谪守睦州的范仲淹因知其为人，当即写信祝贺，同时勉励他为国珍重，履行好职责，从此二人素有往来。

范仲淹比孙沔年长几岁，对孙沔有提携之恩，两人又是志同道合的朋友。而孙沔确实没有辜负范仲淹的信任和期待，以耿直敢言闻名。同安县尉李安世上书指责朝政的缺失，而触犯龙鳞，皇上欲治其罪，是孙沔上书劝谏："李安世这样做完全是为了朝廷，如果因此治他的罪，恐怕以后天下的人都不敢建言献策了。"结果因"多嘴"，他自己也干不成了，被贬知衡山县。诏

（冯家祥作）

书都还未到手上，孙沔又上书言事，于是县令也干不成了，被贬到永州负责监督造酒事务。

庆历元年，孙沔任陕西都转运使，负责军需物资的筹集与转运，他竭力保障西线战事的军需供应。庆历三年，范仲淹和韩琦一同上奏疏，请求让孙沔负责措置灾伤、赈济饥民。孙沔把一切安排得妥妥的，才能出众，居官之处，"皆著能迹"，为人和行事作风甚合范仲淹之意。

世间有情，一切源自心。对这位正直敢言的知己，范仲淹自是厚爱一分。皇祐三年，孙沔丁忧期满，朝廷授他为陕西都转运使，孙沔请求到明州任职，但因当时京东地区农民起义风起云涌，朝廷让他改知徐州，以保一方平安，两人意外地在此相逢。

一切都有定数，不长不短的一生，让暖意持久的不是头顶那片炫目的阳光，而是来自生命暗夜里那个掌灯的人。得知范仲淹途经徐州的消息后，孙沔立即前去探望，看到老友病情如此严重，不禁老泪纵横。他把公事托付给副手，一面亲自安排好范仲淹的饮食起居，请州里的名医诊治，日夜照顾范仲淹；一面紧急派人向朝廷报告范仲淹病重的消息。

缘来缘去，都在一步与一步之间。弥留之际，得遇故交，范仲淹颇为欣慰。奔波多年，天涯为家，自己一直保持着温热、执着的激情，献身于单纯的岁月，影子早已背井离乡，叹息凝结成枕上霜，就像在宽广的大地上一个恋母的孩子，只有晶莹的月色和让自己眷恋的燕巢，此处，或许就是自己的燕巢。

看着忙前忙后、无微不至的孙沔，范仲淹百感交集，"桃花潭水深千尺，不及汪伦送我情"，他动情地道："元规兄，千古圣贤，不能免生死。我自知不久于人世，你不要太难过，只是我一生贫困，手头没有余财，一家人现又客居徐州，给你添了不少麻烦，恐怕我的后事，也要请你料理，此情只能来生再报了！"言罢，欲起身施礼，孙沔连忙上前扶住，两行热泪夺眶而出，无语凝噎，只能颤抖着紧紧握住范仲淹的双手，不住地点头。

归巢，合咏而归，纷飞的五月雪覆盖时光的彼岸。皇祐四年五月二十日，一代名臣范仲淹静静地走完他光辉的一生。仁宗皇帝亲笔书写了"褒贤之碑"，赠兵部尚书，谥"文正"。没有断肠声，最后的雁鸣被定格在一幅萧瑟的春画中。名与利，流云去，他终于收起了他的漂泊，放下他的沉重、他的疲惫，尽管还有太多壮心、诸多壮思，来不及构思与设计。如今，世间所有杂事，已穿身而过。此生，他曾走上无数个艰难的台阶，这次不得不迈下台阶，就如星光穿越亘古的风霜。

按宋朝规定，大臣临终前要撰写遗表，内容大多是向皇帝提出请求，希望能给自己的家人一些照顾。范仲淹的遗表却一反常态。他先谈自己的平生志愿，再谈自己做人的原则和忧国忧民的忠心，最后提出的请求是，希望皇帝"上承天心，下徇人欲，明慎刑赏，而使之必当；精审号令，而期于必行。尊崇贤良，裁抑侥幸，制治于未乱，纳民于大中"。这份六百多字的遗表，除谈论国家大事、治国之道外，只字未提个人和家庭的事。

质朴的光芒生生不息。尽管范仲淹一生功业卓著，职位显赫，文章盖世，道德千古，万民称颂，然而却是"殓无新衣"，家人甚至没有足够的资财来安葬他，"友人醵资以奉葬"，而妻儿们连个能回的家都没有，"诸孤无所处，官为假屋韩城以居之"。这样的家庭境况，范仲淹难道不清楚吗？为什么不借上遗表的机会给家人争取改善生活的机会呢？这合规也合理。但范公的风骨和气节令他终生"先天下之忧而忧，后天下之乐而乐"，他用一世的清明高节践行了理想。

每一个诺言，都碰撞得叮咚作响，许多缀辑的守望，分娩出美丽的真情。孙沔果不负所托，"醵资以奉葬"，悉心料理好了范仲淹的后事，遵照遗嘱，与范仲淹家人一起将范公灵柩安葬于河南洛阳尹樊里的万安山下，此处北靠万安山，南临曲水河，西望龙门，东眺嵩岳，是块风水宝地，这里也是范仲淹的母亲谢夫人、发妻李夫人，还有母亲从小就鼓励他好好学习的历唐代武则天、睿宗与玄宗三朝的宰相姚崇的安葬之所。这份安宁，更多的是心灵的安宁。这或许是范公此生唯一一为自己考虑的事。此后，孙沔对范公家人也是竭尽所能地照拂，这份真情实意着实令人感佩万分，也说明范公确实慧眼识人、所托良人。

　　只是，稍为遗憾的是，范公仙逝七年后的嘉祐四年（1059），孙沔在并州知州任上，受到御史中丞韩绛、监察御史沈起、谏官唐介、吴及等人的弹劾，以观文殿学士、礼部侍郎徙知寿州（今安徽六安）。据史籍记载，宋仁宗派出使者彻查此案，使者回朝奏陈孙沔确实有滥用公权、贪吝不仁等罪状，同年五月，孙沔被贬为检校工部尚书、宁国军节度副使，降为没有任何实权的闲职。嘉祐八年（1063）三月，时任参知政事的欧阳修推荐孙沔，认为他年虽老，才堪重用，宜"弃瑕使过"，宋英宗任命年近七旬的孙沔为资政殿学士、知河中府。孙沔最后还是洗心革面、"平稳着陆"。笔者窃思：假如有范公始终在旁督促、提醒，他是否不会走这段弯路呢？

（《新时代清风廉路图》局部）

　　目之所及，皆是回忆；心之所向，皆为过往。越州是范公仕途上又一次起跳，且是最为厚积薄发的起跳，范公在此处迎来人生真正的高光时刻；越州又是范公生命消逝时最温情的守护，孙沔这个越州人，是范公终生的挚友和最忠诚的同行者，无论走南或闯北，咫尺或天涯，始终守望相助，就如欧阳修所言："其人磊落。"就为人为友而言，孙沔仗义、豪爽、有情，这样的朋友，拥有一个，便是一生之幸。

　　岁月的藤上晃荡着长长的漫想，人生纷至沓来的因果从开始到结束轮回，意义总在演绎的诠释里。"月有万古光，人有万古心。"范公在越地站成一把火炬，一半化作灰烬，一半燃为光芒，映照万古人心。居高声自远，歌声犹在；心无边，灵魂尚存。天风浩荡，云天苍茫，先生之风，山高，水长。

第二篇章　清辉遗韵

四方心远怀江湖

万里沧风去不还

有一种政绩与任期长短无关，有一种尊崇与是否离开无悖。

清白和德义是范公终其一生的追求。穿越千年，月光洗净了他前世的负累，留下的是甘甜如初的清白泉。

文字游浮于时间之谷，承接着岁月的厚重。一切长久的意义，都在启发之间。清泉入骨，静美如今，听见历史发出浑厚的言语：泉清可掬当年月，德远犹如故土风。

范公站着，就是大地的背影。

名家名言

赵抃：好似希文昔日心

高山流水，丘壑盈怀。从古至今，历代皆有功垂竹帛的清官廉吏和层出不穷的清廉故事，它们凝聚成中华优秀传统文化中的"清白文化"。走近他们，会发现一个有意思的现象：清廉的人和事总是相似的。正所谓：智者不为非其事，廉者不求非其有。

熙宁八年（1075）夏天，吴越地区（泛指今江浙一带）发生严重旱灾，"吴越大饥，疫死者过半"。同年九月，赵抃临危受命，以资政殿学士、右谏议大夫的身份，出知越州。与以往一样，他所到之处，皆有善治。他以救灾抗疫为务，救死扶伤，创下中国荒政史上的一个典范，给越地百姓带来诸多福音。因性相近、习相似，他在守越时，写下《次韵孔宗翰提刑范公泉》诗，录如下：

> 陆羽因循不此寻，从知泉品未为深。
> 甘清汲取无穷已，好似希文昔日心。

该诗标题中的"范公泉"即"清白泉"，位于今绍兴市区府山。景语即情语，赵抃借诗颂"泉品"，以甘泉之无穷已，阐述清廉之源远流长、代代不绝；同时，以清泉明己志，"好似希文昔日心"，表达了对范仲淹（字希文）清廉品行的崇敬，抒发自己追随前辈范公"清白而有德义"的干云之志。此诗并非赵抃沽名钓誉之矫情作品，事实上他确实是这样做的。他治越三年，清正廉洁，关怀民生，颇有政声。越州人民感怀其清廉和勤政善政，在"清白堂"的旁边，原纪念范仲淹的"贤牧堂"处，专门供奉他和范仲淹。

横看成岭侧成峰，字中自有乾坤在。诗言志，亦启人也。该诗的点睛之句乃"好似希文昔日心"，这"昔日心"究竟有什么内涵呢？

范仲淹（989—1052），字希文，祖籍邠州，后移居苏州吴县。贴在他身上的标签很多：著名的政治家和军事家，卓越的文学家和教育家，无论在朝主政、出塞戍边或是处江湖之远，均系国之安危、时之重望于一身。他提出的军事主张和战略举措，使西线边防稳固了相当长时期；他领导的庆历革新运动，虽只推行一年，却开北宋改革风气之先，成为王安石熙宁变法的前奏；他主政的每个地方，政声迭起，邦宁民安；他倡导的宋代理学，开风气之先；他的文章论议，必本儒宗仁义；他一生孜孜于传道授业和悉心培养、举荐人才；他选择的生活方式，清贫自律，清廉传家，乃至晚年"田园未立"，居无定所，临终《遗表》却一言不及私事。无论是时人还是后人，都认可这样的评价：两宋人物首推范仲淹。

赵抃，字阅道，号知非子，衢州西安（今浙江省衢州市柯城区）人，北宋名臣，比范仲淹小19岁。颇有意思的是，两人在同样的年纪出道。大中祥符八年，范仲淹苦读及第，授广德军司理参军；景祐元年，赵抃进士及第，出任武安军节度推官。也即两人都在26岁获取功名，开始人生第一跳。赵抃虽三度治杭、一任越州知州，却与范仲淹没有直接的工作交集。其中，第一次是嘉祐五年（1060）在建德梅城任知州；第二次是熙宁三年（1070）到杭州任知州；第三次是熙宁十年（1077）再度徙知杭州；其间，熙宁八年，任越州知州。身为官场晚辈的赵抃，对身为朝野士林领袖的范仲淹大人，自然是心悦诚服、奉为楷模。范公所具有的"文武兼备""智谋过人""刚直不阿""忧乐天下""清白德义""鞠躬尽瘁"等人格特质，对于赵抃具有无限的启发和引领作用，尤其是他从范公身上看到的"清白心""正直心""担当心"，给予了他廉政、勤政、善政的理念指引。或者说，正是在范公的示范下，他沉浮宦海又能出淤泥而不染，直面权贵佞幸而不避，置身繁忙政务而不怠，人生的每一步都稳扎稳打，做到了"仰不愧于天，俯不怍于人"，才会由衷地发出"甘清汲取无穷已，好似希文昔日心"的感慨。换言之，假如他没有这种认识或达不到这种境界，就不敢如此理直气壮地抒发这醒世感悟，毕竟北宋是文人政治，而文人一般"里子"和"面子"都要，搬起石头砸自己的脚的事是断然不愿做的。

曾子曰："慎终追远，民德归厚矣。"谨慎地对待自己的终生为人，追思遵循久远祖先的德性，人们自然而然就会归于注重德行。赵抃对于"希文昔日心"的情感认同与行动同频，实实在在地体现出了慎终追远。

（冯家祥作）

"伏清白以死直兮"（屈原《离骚》）。范仲淹一生清白自守，在越地留下"清白泉"。赵抃自处极清廉，让蜀地产生"清白江"。赵抃曾四次入蜀，与成都结下了深厚的渊源。入蜀治川时，赵抃只以"一琴一鹤"随行，用鹤毛的洁白勉励自己不贪污，用鹤头上的红色勉励自己赤心为国，传为佳话，"一琴一鹤"今已为成语。《宋史·赵抃传》原话为，"帝曰：闻卿匹马入蜀，以一琴一鹤自随；为政简易，亦称是乎!"入蜀途中，他对着湔江立下誓言道："吾志如此江清白，虽万类混淆其中，不少浊也。"治川期间，他拒绝送礼，狠刹公款吃喝的歪风邪气，他斩钉截铁地表示："决不随波逐流，更不同流合污!"蜀川沉疴多年的奢靡之风为之一变，"以身率之，蜀风为变"。他还心地敞亮，没有私心，不置私产。《宋史》本传称他"平生不治赀业，不畜声伎。嫁兄弟之女十数、他孤女二十余人，施德悼贫，盖不可胜数。日所为事，入夜，必衣冠露香以告于天。不可告，则不敢为也"。

"宁正言不讳以危身乎?"范仲淹"宁鸣而死，不默而生"，四出京城亦不改正直、刚毅之心，一生不是在上奏进谏就是在进谏的路上。赵抃因当时名臣翰林学士曾公亮的推荐，得任殿中侍御史，这才有了大展才华的机会。北宋可能是中国古代历史上拥有最完善的监察机制的时期，监察御史拥有很大的权力。赵抃把监察职责行得炉火纯青，直言谠论，毫无顾忌，弹劾了包括宰相在内的许多大臣。每个他弹劾的人都被查明确实渎职，这让人们知道他这个监察御史并不是摆设和花瓶，就连皇帝都要让他三分，他也因此声名大振。《宋史·赵抃传》记载："弹劾不避权幸，声称凛然，京师目为铁面御史。"历史上因公正廉明而被称为"铁面御史"的，只有赵抃一人。赵抃还是中国最早倡导建立官员考察失误责任追究制的人。他以"监狱空虚，案件少"来考核知县的执政能力，"人为闲郡我为荣，僚友多欢事少生"，他大力培养、选拔官员，并立下"保举的官员提拔使用后不如推荐得那样好，敢当同罪"的承诺，斩钉截铁，铿锵有力。

"苏独宜兮为民正。"范仲淹"进亦忧退亦忧"，无论任职何方，均忧乐天下，深察民情，为民请命，颇有政声，忧乐心亦是担当心。赵抃一生多次出任地方长官，每到一处皆以"勤政恤民"为准则，留下了不少除害兴利、爱民如身的佳话，其中尤以越州救灾为担当作为的典范。"虑于民也深，则谋其始也精。"越州虽遇严重旱灾，但灾民尚"生者得食，病者得医，死者得葬"，社会基本稳定，这都得益于赵抃救灾组织得当，计划周密，措施有力。

事隔 4 年，赵抃的挚友、唐宋八大家之一的曾巩（1019—1083），有感于赵抃治越赈灾的事迹，实可为荒政之典范，特意来到越州，实地考察救灾详情，撰写了经典散文《越州赵公救灾记》，以平实的语言生动地记叙此事：当灾疫严重时，"公于此时，夙夜忞心力不少懈，事细巨必躬亲。给病者药食，多出私钱。民不幸罹旱疫，得免于转死；虽死，得无失敛埋。皆公力也"。"责重山岳，能者方可当之"，公日夜操劳，纵疲惫不堪，亦"力不少懈""所至善治，民思不忘"。曾巩由衷地赞叹："其施虽在越，其仁足以示天下；其事虽行于一时，其法足以传后。盖灾沴之行，治世不能使之无，而能为之备。"赵抃的施政虽然只在越州一地，但他的仁爱却足够昭示天下；赵抃的救灾措施虽然只利于一时，但他的担当作为却足够传承后人。

《越州赵公救灾记》可能算得上是唐宋八大家的作品中最实在的文章之一，甚至是中国古代最实在的文章之一。"其仁足以示天下""其法足以传后"，这是作者写此记之立意所在。文章通过记叙赵公救灾中的一系列活动，歌颂了他处处为民着想，不辞劳苦，勇于负责的可贵品格。作者善于将复杂琐碎的事实写得不蔓不枝，细密翔实，条理清晰，井然有序，体现了平正古雅的文章风格，其间流动着的对于赵抃的敬佩与推崇之情，也是隐然可感。"同流相聚，递相觉察"，诚然，大道源如此。

《围炉夜话》有言："大事难事看担当，逆境顺境看襟度，临喜临怒看涵养，群行群止看识见。"古人提出的这四"看"，主要是指在人生的各个紧要关头，最能看出一个人的担当、胸怀、修养和境界。赵抃越州救灾，"君子任职，则思利民"，既有迎难而上、挺膺负责的气魄，又有统筹谋划、协调关系的智慧，更有躬亲实践、解决问题、敢于担当的能力，堪称同时代官员中善作善成的典范，他的赈灾救灾方式也可谓教科书式的范体，得到了他人的学习借鉴。

赵抃以个人的品德与修为给当时的蜀人乃至后来人树立了榜样，时人、后人对其评价极高。名相韩琦称之为"真世人标表"，自以为不可及。苏轼称赞他："盖东郭顺子之清，孟献子之贤，郑子产之政，晋叔向之言，公兼

（《新时代清风廉路图》局部）

而有之，不几于全乎。"神宗皇帝也赞誉道："纯明不杂，金玉自昭，至行足以美俗，雅材足以经世。"元代政治家张养浩在其《牧民忠告》中说："故凡居官，必先敢于负荷，而后可以有为。"川人为纪念他，把这段湔江取名为"清白江"，在滨河公园修建"琴鹤广场"，并建立全国首个集中展示北宋赵抃清廉故事的清白文化馆。

梳理赵抃的从政经历，不难发现他把范仲淹的"清白心""正直心""担当心"学习、领会、运用得恰如其分，以青出于蓝而胜于蓝之势不辱前辈之期望，而可无愧于书写"好似希文昔日心"。《宋史》中，"铁面"赵抃与"黑面"包拯同传，后世戏曲舞台上"包青天"的形象就是以他俩为原型塑造而成的，这或许是历史给予他们的最高褒奖，也是他们回馈历史的珍贵文化遗产。

陆游：　向来惟一范

每一个词语都丰盈而饱满，似天地间一道静美的弧线划过。"当年万里觅封侯，匹马戍梁州。关河梦断何处，尘暗旧貂裘。胡未灭，鬓先秋，泪空流。此身谁料，心在天山，身老沧洲！"每当读起这阕《诉衷情》时，我们总会为陆游的一腔报国之心所感动。

而那首《示儿》，更是催泪神诗："死去元知万事空，但悲不见九州同。王师北定中原日，家祭无忘告乃翁。"陆游仅用一支笔，便弥合了字与字之间隔着海天的距离，在陌生的汉字间找到爱情、亲情、民情与国情，那是他一生对春天的瞩望。

情感的丰盈，点活了高山流水的千古绝唱。陆游为好友王十朋写过一首《送王龟龄著作赴会稽大宗丞》，其时王十朋迁著作佐郎、会稽大宗正丞（南宋时期绍兴是皇家后花园，宗室均在绍兴）。王十朋（1112—1171），字龟龄，号梅溪，温州乐清（今浙江乐清）人，是南宋著名政治家、诗人，爱国名臣。陆游的这首诗作于绍兴三十一年（1161），比较亮眼的是诗中的重要典故与范仲淹有关。诗云：

> 有越逾千载，何人不宦游？
> 向来惟一范，真足壮吾州。
> 高蹈今谁继，先生独再留。

登堂吊兴废，想像气横秋。

整首诗语言凝练明快，淋漓痛快，笔饱墨酣，极有气势。

"有越逾千载，何人不宦游？"越州有上千年的历史，风华物阜，谁不想到此做官、游赏？陆游在诗中毫无保留地表达出对家乡的喜爱与自豪。

"向来惟一范，真足壮吾州"，在历朝历代到越州为官的官员中，只有范仲淹为越州作出的政绩最值得赞颂，永远留在了当地百姓心中，实在是越州之幸。"向来惟一范"作为点睛之言，极大地推崇和讴歌了曾知越州的"百代师表"范仲淹。

"高躅今谁继，先生独再留"，如今先生您也到越州任职了，先贤的清白德义想来是可以继承了。

"登堂吊兴废，想像气横秋"，先生可以去清白堂、清白亭等处凭吊，感受先贤清风，大展宏图。

在诗中，陆游竭力推崇、礼赞范仲淹，也高度赞扬王十朋，希望好友以范仲淹为榜样，为越州百姓造福，成为"范仲淹第二"。同时，也勉励自己勤政爱民、忧国忧民，流露出爱国名臣的铁血丹心。纵观陆游的一生，可以说他的激情与热忱并不只停留在诗作中，他一直都以范仲淹这样的先贤为楷模，学习、效仿、践行，尤其是他也到过范仲淹曾工作过的睦州任职，这让他在思想和行动上感觉与先贤甚是可亲可近，他在实践中也确实做到如范仲淹那样为国为民，既有文才传世，又从军报国，颇有政声。

生活中永远有未知数，方程的解总是变化无常。陆游是越州（今浙江绍兴）人，参加科举考试时，因成绩特别优秀，被初定为第一，名次在大奸臣秦桧的孙子秦埙之前，结果被秦桧除名。等到秦桧死后，陆游才出任福州宁德县主簿。此后，陆游一直在福建、江西等地做地方官。

陆游从小就把"北定中原"、恢复大宋江山作为自己人生的最大追求，而福建、江西等地又远离前线，一腔熔化铁石的热情，仿佛被生生冷却，令他难以展颜。直到乾道九年（1173），陆游入四川宣抚使王炎幕府，才成为一名真正的军人。陆游窃喜精忠报国的时机终于来临，亲自带兵上前线与金军作战，这是他一生中精神最为豪迈的时期之一。

陆游积极抗金的言行，令朝野中包括当朝皇帝在内的投降派很是不爽，他被罢官就在意料之中了。淳熙十三年（1186），宋孝宗把陆游叫至京城临安的皇宫中，以淡淡的不容拒绝的坦诚口吻说："严陵，清虚之地……山水胜处，职事之暇，可以赋咏自适。"意思是说，严陵是个山水风光非常美的地方，你不是喜欢写诗吗？到了那里，工作之余，大可写诗自乐。至于抗金的事嘛，你就不要多操心了。

风，凛冽如尖刀；夜，漆黑如炭墨。没有同路人，没有相依相知相惜的伴侣，只有一弯冷月冷漠地看着，陆游感觉自己的心仿佛被雨悄然打湿，咫尺之间的忧伤却又清晰，荒凉的沙丘随时可能把他埋葬，必须向前，走出这方天地，他来到了高祖陆轸曾经工作过的地方——严州。

（冯家祥作）

离开了前线，抗金的话又不让讲，怎么想都是郁闷。思想的锋芒，比利刃还利，陆游是个有思想的人，有思想的人自然不会任季节胡乱地切割。他到严州后，并没有真正执行宋孝宗的指示，而是很快融入异乡的土壤，和着泉水般清亮的山风，在空旷寂静的山野中鸣响，轻易就捡拾了很多忧伤与温暖。这一年，严州一带发生大旱，粮食减产，民众不堪重负，他马上向朝廷奏请免税，这一年严州六县的岁租得以减免。他先后写了两篇《劝农文》，鼓励农民积极生产。用今天的话来说，他所做的就是抓地方经济建设。

彼岸遥远，就让目光点燃风向。和范仲淹一样，陆游也非常重视地方文化建设，在精神的家园缀满悦耳动听的音乐色彩。比如，为地方先贤江公望编印了一部《江谏议奏议》，刻印了李延寿的《南史》、刘义庆的《世说新语》，以及他自己的《剑南诗稿》和《老学庵笔记》等。一轮皓月栖息他不落的诗魂，陆游以滔滔一管轻吟，辉煌诗词文的期待。他存诗约 9 300 首，其诗语言平易晓畅，章法整饬严谨，兼具李白的雄奇奔放与杜甫的沉郁悲凉，尤以饱含爱国热情对后世影响深远；陆游亦有史才，他的《南唐书》，"简核有法"，史评色彩鲜明，具有很高的史料价值，为后人留下了丰富的精神财富。

路渐渐老去，脚印依然年轻。一颗行走江湖的心，只要回望来路上的乡关，心中就会开出一团烈焰。范仲淹、陆游这两位宋代的名臣，无论任职何地，均留下了极佳政声。千百年来，人们对他们念念不忘，立祠的立祠，建坊的建坊，他们一路被无数双眼睛久久凝视，被岁月铭刻成章。传书之轻，传输之重，带不走亘古的见证：

见贤思齐者贤必近之，一心为民者民必敬之。

【相关链接】

沈园情

满目的春色被一曲钗头凤击伤。

这是一篇写得最短的爱的忏悔录。

爱情或许没有过错，只有错过。

你的二月，一直都在错过中重复着错过。

山盟虽在，锦书难托。

你俩打开自己的同时，也真实地关闭了现实。

既然注定回头无岸，何苦又让言辞的轨迹滑向深渊呢？

爱情不需要一块碑。本想在诗里埋葬那个不属于彼此的影子，却使天下人都记住了：

陆游和唐琬的名字，合在一起，便是爱情的名字。

伤心桥，是桥本身伤心了，还是走在桥上的人伤心了？

十里长亭，远比十里长。驿亭边，一个情字，何以这般难寄又难断？

春尘既尽，伊人已远。闲池仍在泫然泪滴。

这一个爱情的家园——

爱，无处不在；爱的疼痛，无处不在。

那年的莞尔一笑，缠绵了一年又一年；

那年的深情一瞥，凄婉了一世又一世。

30岁的陆游爱着20多岁的表妹，不是传奇；

800多岁的陆游爱着同样800多岁的唐琬，才是传奇。

（沈园《钗头凤》，绍纪宣供）

注：沈园是国家 5A 级景区，位于绍兴市越城区春波弄，是宋代著名园林，至今已有 800 多年的历史。原为南宋时一位沈姓富商的私家花园，又名"沈氏园"，初成时规模很大，占地七十亩之多。园内亭台楼阁，小桥流水，绿树成荫，一派江南景色。陆游曾在此留下著名词作《钗头凤》。词于壁间，极言"离索"之痛。唐琬见而和之，情意凄绝，不久抑郁而逝。晚年陆游数度访沈园，赋诗述怀。公元 1192 年陆游重游沈园，又赋诗一首，写道："禹迹寺南有沈氏小园，四十年前，尝题小词壁间，偶复一到，园已三易主，读之怅然。"

王十朋: 世间无似此泉甘

　　一泉深邃，蓄满玄秘。近千年前，一代名臣范仲淹在越州府衙所在地卧龙山（府山）上，发掘"清白泉"，建起"清白亭"，命名"清白堂"，写下《清白堂记》，时光的光盘上，便留下亘古的期盼和厚重的历练。

　　思想的华彩，交响哲理的思辨，"清白亭"柱子上两行苍迥的诗句腾然扑目——"钱清地古思刘宠，泉白堂虚忆范公"，那些敞开的胸襟和原生态的敬仰，以跨越世纪的气势开放在古城的发梢。

　　纵览史上诗文，标题中带有"清白堂""清白泉"这些字眼的，除范仲淹的《清白堂记》、明朝金幼孜的《清白堂为杨庶子赋》、明成化十三年（1477）绍兴知府戴琥撰写的《复清白泉记》外，最有影响力的当数南宋状元王十朋的《清白堂》及与之相关联的《清白泉》，这是迄今为止少有的为卧龙山清白堂和清白泉量身定制的佳作。

　　《清白堂》诗云：

> 钱清地古思刘宠，泉白堂虚忆范公。
> 印绶纷纷会稽守，谁能无愧二贤风？

　　钱清江位于绍兴市西北，因东汉名臣会稽太守刘宠而得名。刘宠任会稽太守时，清正廉明，洁身自好，仁爱惠民，兴修水利，轻徭薄赋，变革时弊，

（《新时代清风廉路图》局部）

使百姓安居乐业，深受全郡吏民的爱戴。当他离任时，绵延数里的人们为之送行，其中还有几位特意从乡下远行百里而来的老人，每人都带了钱要送给他当盘缠。刘宠推谢许久不允，盛情难却便取一文收下。出会稽境时，他将此钱投入江中，以示两袖清风、分文不取，时人称此江为"钱清江"，后人敬其为"一钱太守"。

清白堂位于绍兴府山上，范仲淹任越州知州时，曾疏浚出一口古泉，井泉晶莹澄清，味道甘美，甘液华滋，悦人襟灵，谓之"清白泉"，并将其住处的凉堂更名为"清白堂"，写下《清白堂记》，既勉励自己清白为官，又借此整饬官场不良之风，告诫为官者，当如泉水清廉，弘扬"清白德义"的为官之道。

散文诗般的情感，舒卷出石头般的凝重与质朴。通过诗作，我们读到了一个清廉爱民、洁身自好、一心为民的刘宠，读到了一个爱国爱民、"清白德义"、忧乐天下的范仲淹，读到了作者努力追随"古仁人"的强烈愿望。青青子衿，悠悠我心，可以想象，当年王十朋伫立在清白堂前，联想到"一钱太守"刘宠和清白堂命名者范仲淹，感慨万分，诗情喷涌，遂一气呵成此诗，赞美先贤清正为民的风范，也勉励自己不辱"清白"名节，努力做一名清明廉洁、克己奉公的好官；并拉高标杆，狠抓作风建设，号召大家向东汉廉吏刘宠和北宋名臣范仲淹学习，秉承二贤遗志，以清白自律，教化百姓。

仿佛旷日持久的风追赶着水浪，而浪追赶着灵魂，泉也以一首诗解开了清廉的谜底。《清白泉》诗云：

> 圣人达节犹憎盗，志士清心肯饮贪。
> 试问卧龙山下酌，世间无似此泉甘。

这首七言绝句对清白泉墨送衷情，"世间无似此泉甘"一语表达了作者王十朋对清白泉的无限喜爱和对"清白"两字的无限追随。

王十朋以"揽权"中兴为对，被宋高宗亲擢为进士第一，官秘书郎。登第为官后，他忠于职守，廉于奉公，执政为民，勤于诗书，敢于直谏，曾数次建议整顿朝堂，起用抗金将领，力陈抗金恢复之计。他历知饶、夔、湖、泉诸州，救灾除弊，有治绩，时人绘像而祠之，成为立德、立功、立言"三不朽"的典型。在那个多事而贫弱的时代，他可谓"民族脊梁"。

王十朋中状元后，被任命为绍兴府签判，相当于现在的法院院长，绍兴是他仕途的扬帆起航地，对他有着特殊的意义。他对范仲淹极为推崇，赞颂他"堂堂范公，人中之龙。正色立朝，奸邪不容。材兼文武，永履仁义"，他把范公作为自己人生的向导和为人行事的指南，锲而不舍地追随他，终身礼敬。他以满手古色古香的传承，取得了不俗成就，人生道路趋向丰满。

王十朋刚上任时，很多人以为他是一介书生、官场"菜鸟"，没想到他非常老成，作风很实，他深入基层，听取民意，不畏权贵，裁决公允，使许多民冤得以昭雪。一次，一名乡妇击鼓喊冤，反映地方大户张侍郎家养一恶狗，其少爷放狗咬伤了她儿子。她的丈夫鲁六，见少爷如此行恶，一怒之下用扁担将狗打死。第二天，她丈夫被县衙抓走了，生死不明。王十朋令手下拿来案卷，仔细查看。有个手下提醒他，张侍郎在朝为官，又与当朝宰相联姻，这案子还是少碰为好。听手下这样说，王十朋怒道："不为民作主，当官干什么?!"随即无所顾忌地立马调查事情经过，再审鲁六，依律判他无罪。当张侍郎派人来查问此事时，王十朋据理力争道："如果我颠倒黑白，就是张侍郎的名声也要受损啊。"因秉公执法，王十朋深得民心，大伙由衷佩服他，赞他真有本事。

　　他上任不久，绍兴发大水，当时鉴湖已遭破坏。因对水患严重、生灵涂炭有切肤之痛，王十朋精心治理鉴湖，推动退湖还田，专门写了理论实践文章《鉴湖说》，洋洋洒洒数千字，阐述鉴湖治埋的重要性。他说："东坡先生尝谓杭之有西湖，如人之有目；某亦谓越之有鉴湖，如人之有肠胃。目翳则不可以视，肠胃秘则不可以生。二湖之在东南，皆不可以不治。"王十朋认为，西湖是美丽的，它让杭州妩媚动人，顾盼生辉；鉴湖不仅美丽，更是民生大计，它像肠胃一样，不断给绍兴输送养分，使这片土地上的人们丰衣足食，所以要好好地治理鉴湖。因举措行之有效，越地的水旱灾害得以解除。

　　捻一抹心香，抒一笺雅韵。王十朋对"鉴湖之父"马臻非常钦佩，专门赋诗称颂其功德：

会稽疏凿自东都，太守功从禹后无。

能使越人怀旧德，至今庙食贺家湖。

（冯家祥作）

　　门缝微开，历史的细节就探出半个头。王十朋是个干实事的官员，常常深入农家，广济灾民。为了体现亲民宗旨，他把"签判厅"改为"民事堂"，意指为民办事的厅堂，并写了篇《民事堂赋》。在赋文中，他痛骂那些吸食民脂的贪官污吏，说他们是偷窃官仓的鼠雀。他希望有才能者，都能重视民生，清正廉洁，想百姓之所想，真正像范仲淹一样，居庙堂之高则忧其民，处江湖之远则忧其君。

按现时的眼光看，王十朋算是"复合型人才"，其诗文也称颂于时，一生留存至今的作品中，诗有1700多首，赋、奏议、墓志铭等有200多篇。他对越中山水、历史文化钦羡不已，对绍兴有着一种特殊的历史情结，在绍两年时间，写下了一大批诗赋以赞美。其中最能体现他卓绝才识的，当数脍炙人口的《会稽三赋》，即《会稽风俗赋》《蓬莱阁赋》《民事堂赋》。

《民事堂赋》慰藉着这片热土，体现了王十朋全心全意为民服务的思想。《蓬莱阁赋》则事起历史与未来，是王十朋与同僚们，值中秋之夜，登览府山蓬莱阁，宴饮赏月，雅集而作。大家模仿兰亭聚会，纷纷吟诗唱和。王十朋在现场先写了两首蓬莱阁诗，觉得还不过瘾，再写《蓬莱阁赋》，把酒论文，放怀寥廓，俯仰古今，遂成佳话。而《会稽风俗赋》更具豪气，构思则反其意而用之，把绍兴的山川物产、人物古迹、历史演变纷纷写尽，文采汪洋，气势磅礴，时人评价它直逼司马相如的《上林赋》。

他从容而来，苍茫而立，清声乍起，尤为可贵的是仍相当清廉，乃至于十分清贫。他给自己的书房取名为"不欺室"，意思是做人要堂堂正正，不欺人，不欺世！王十朋的一生，一出签判，两次辞官归里，四出郡守，又在朝廷多次任职，时时以"不欺"这个标准要求自己，不管官做到哪里，均以过硬的人品和才能行走江湖，朴素、哲理、本质、淡泊，守候灿烂的誓言，飞翔灵魂的天穹。

绍兴三十一年，他担责辞官归里时，虽已为官五年，却身无余钱，且因家乡大旱，粮绝无收，一家人的生活陷入困境。居贫闲自乐，唯应笔砚劳，他写诗自嘲道：

家藏千卷书，父子忍饥读。
一字不堪煮，何以充吾腹！

乾道四年（1168），王十朋在泉州做太守，他把大部分工资都捐了建学校，自家却是捉襟见肘。不久，妻子亡故，王十朋竟连将灵柩运回家乡的运费都掏不起，灵柩在泉州迟滞了两年。值得一书的是他的妻子贾氏绝对是贤妻的代表，传承好家风的示范者，享有不贪之美德与美名。她时时勉励王十朋，做官要以清白为先，不能拿的钱分文不能取。因王十朋把钱捐赠了，贾氏生病却无钱就医，深明大义的贾氏反而劝他想开点，说比早年在农村要好多了。王十朋感佩之余记下此事：

> 相勉惟清白，囊如四壁空。
> 难望将绝语，劝我莫言穷。

夫妻俩伉俪情深，金钗一曲醉古今。王十朋为妻子写下不少诗，"月色撩人不忍眠，杖头独挂百青钱。一杯竹叶那能醉，浇起乡心更黯然""不见音容忽三月，无从涕泗已千行。家山准拟欲归隐，堪叹相随无孟光"，这些诗句，寄托了王十朋无限的思念。两人不离不弃的真挚情感，隐匿了时间的脚步声，历经千年依然唯美。

一册宋朝街井野史，在阳光下缓缓打开，绯红而激越。宋元时期产生的南戏中，最有名者当数《荆钗记》《白兔记》《拜月亭记》《杀狗记》四大传奇。由元末柯丹丘撰写的《荆钗记》，就是取材于王十朋与夫人贾氏的爱情故事。

钟情的文字如喷涌的岩浆，踏秋而歌。王十朋有文才、怀忠勇、爱百姓、敢担当，做到了像刘宠、范仲淹那样的清白、清廉、有德，"昭昭乎若揭日月而行也""浩然之气塞乎天地之间"，真真正正无愧于"二贤风"。宋孝宗为王十朋点赞："南宋无双士，东都第一臣！"纪昀赞道："十朋立朝刚直，为当代伟人。"朱熹称其文"规模宏阔，骨骼开展，出入变化俊伟神速"，称其诗"浑厚质直，思恻条畅，如其为人"，并将他与诸葛亮、杜甫、颜真卿、韩愈、范仲淹五君子相提并论，说："海内有志之士闻其名，诵其言，观其行，而得其人，无不敛衽心服。"

　　宣纸抖动，舒卷出无数山岚泉声；歙砚浮香，萦绕着万千书卷画轴。因王十朋在绍兴的政绩，在他期满离任时，越地人民给予他最高荣誉，为他立祠，把他的绣像挂在名贤祠中，以示尊崇。后人还将他列入治水名人前三强，仅次于大禹、马臻。在绍兴美丽的鉴湖水街，人们辟出专门的景点，以示纪念。诚可谓：世间无似此泉甘，吾心光明映波清。

朱熹： 天地间气第一流人物

《宋史》有言："自古一代帝王之兴，必有一代名世之臣。宋有仲淹诸贤，无愧乎此。"从历史来看，一个皇帝想要有所作为，就必定需要举世闻名的贤良大臣辅佐。在北宋满朝的文武大臣中，假如要评选一位既是君子，又是能臣的人，那第一毫无疑问就是范仲淹，他倡导的先忧后乐思想和仁人志士节操，是中华文明史上闪烁异彩的精神财富，历经千载迄今，人们对他钦佩不已，亦好评如潮，几近无以复加。

有些事情刻在骨头上，字字都溅出火星，发出沉重的声音。南宋理学家朱熹就多次评价范仲淹乃"杰出之才"，称"本朝道学之盛，亦有其渐，自范文正以来已有好议论""本朝唯范文正公振作士大夫之功为多"，称他是"有史以来，天地间气第一流人物"，可谓是至高无上又恰如其分。所谓"间气"，在古时形容上应星象、禀天地特殊之气、间世而出的英雄伟人。若从天文学描述天体的角度而言，在人才辈出的宋朝，乃至中国历史上，范仲淹绝对数得上是一等星。

朱熹（1130—1200），字元晦，又字仲晦，号晦庵，晚称晦翁，谥文，世称朱文公，祖籍江南东路徽州府婺源县（今江西婺源），出生于南剑州尤溪（今福建尤溪），宋朝著名的理学家、思想家、哲学家、教育家、诗人，闽学的代表人物，儒学集大成者，后世尊称为朱子。

作为唯一非孔子亲传弟子而享祀孔庙，位列大成殿十二哲者中的先哲，朱熹缘何对范仲淹如此推崇备至？

梳理两人的生平履历，不难发现两者有着跨越时空的"莫逆于心"：为官均清正有为，尤其是在振举书院建设、致力于社会救助方面，各创先河，彪炳史册。

时光深处的古道热肠

《礼记·礼运·大同篇》里阐述道："大道之行也，天下为公。选贤举能，讲信修睦，故人不独亲其亲，不独子其子，使老有所终，壮有所用，幼有所长，矜寡孤独废疾者皆有所养，男有分，女有归。货恶其弃于地也，不必藏于己；力恶其不出于身也，不必为己。是故谋闭而不兴，盗窃乱贼而不作，故外户而不闭，是谓大同。"

中华历史浩浩荡荡五千年，始终伴随着战争与自然灾害的发生，古代老百姓的生活经常处在流离失所、困窘饥寒、水深火热之中，所以中国古代对贫困人口开展社会救助的历史也源远流长。天下大同的思想，就包含了对老人、儿童、残疾人的社会救济思想。

（《新时代清风廉路图》局部）

孔子的"仁者爱人"和孟子的"仁政"思想在范仲淹和朱熹的心中深深扎根，两人关于社会救济的思想有着惊人的相似，各自创立的"范氏义庄"和"朱子社仓"在历史上赫赫有名，各有千秋。

皇祐二年十月，时任杭州知府的范仲淹已 61 岁，他做了一个惊人的创举：在自己的老家苏州府吴县、长州县购买良田一千亩，再买一座大宅院。只是他不是为了自己求田问宅，而是为了创造一个史上前所未有的非政府慈善机构——义庄，为范氏族人提供最低生活保障，其实质是以血缘关系作为纽带的宗族救助。

可能范公唯一没有想到的是，他首创的这个史称"范氏义庄"的机构，将从北宋一直运行到民国，历经近千年风雨屹立不倒，创造了一个不朽的传奇。

范仲淹在《告诸子书》中说："吾吴中宗族甚众，于吾固有亲疏，然吾祖宗视之，则均是子孙，固无亲疏也。苟祖宗之意无亲疏，则饥寒者吾安得不恤也？自祖宗来，积德百余年，而始发于吾，得至大官。若独享富贵而不恤宗族，异日何以见祖宗于地下，今何颜入家庙乎？"换言之，他把自己能够"得至大官"的原因，归结于范氏祖宗"积德百余年"，因此，他就要"饮水思源"，要"恤宗族"，回报范氏族人。

如何恤？建"义田""义宅""义学"，设立"范氏义庄"，并手订《义庄规矩十三条》，规定了义田所收的租米"谁管理""赡养谁""如何赡养"等基本原则，包括"发给谁""发什么""如何发"等皆有翔实规定。比如，"逐房计口给米，每口一升""冬衣每口一匹，十岁以下、五岁以上各半匹""嫁女支钱三十贯，再嫁二十贯""娶妇支钱二十贯，再娶不支""诸房丧葬，尊长有丧先支一十贯，至葬事又支一十五贯，次长五贯，葬事支十贯""乡里外姻亲戚，如贫窘中非次急难，或遇年饥不能度日，诸房同共相度诣实，即于义田米内量行济助"等。总之，规矩非常详细，也充满了超前的人性化的"男女平等"思想：族人不论贫富，均予发放；对于无经济收入的妇女包括再婚妇女也予发放。

范仲淹能够设立"范氏义庄",相当不易,他既豪爽地付出了全部的官俸积蓄,又不问族人曾经的伤害,是典型的以德报怨。"范氏义庄"的存在,集中了居住在苏州府的范氏族人们,增强了向历朝历代政府纳税的能力和抵御自然灾害的能力,保证了范氏族人的繁衍昌盛。在范仲淹的成功示范下,宋、元时期义庄达到七十多个,明朝发展到两百多个,到了清朝"义庄遍天下",许多乡绅为了家乡出钱出力,在社会救助方面发挥了重要作用。

"范氏义庄"运行近千年后,范氏族人依然沐浴在祖宗范仲淹的爱心之下。这是中国历史上延续时间最长、运行规模最大、管理最严密、影响最广泛的私家慈善机构,可谓独此一家,别无他例。究其原因,不外乎是范仲淹具有深广的智慧和深厚的道德情操,加之义庄有一套不断完善且行之有效的制度,以及后世子孙传承了祖宗的清白清廉、古道热肠的优良家风。

朱熹提出"天下之务莫大于恤民""救荒之政,蠲除赈贷固当汲汲于其始,而抚存休养尤在谨之于其终",即重视灾后的蠲免和赈恤,指出政府实施荒政要善始善终,使灾民真正能"筋骸气血庶几可复其旧"。他创立的"社仓"实实在在地体现了这些思想。

乾道四年,朱熹居住在福建崇安县开耀乡,该年发生大饥荒,朱熹向县政府借粮食600石贷给农民,之后农民如数归还。朱熹觉得这方法挺好,能真正帮到农民,就在民间进行深入推广,还特意制定了推广的规则:按照25户设一单位"社",每年一次向乡民放贷一石米,平常年岁收取20%的利息,"若逢小饥之年利息减半,大饥之年利息全免"。此后的14年中,朱熹开创的社仓不但将600石粮全额还给政府,而且多出了3 100石粮。朱熹将这3 100石息米继续专供放贷,不再收取利息,每年只收3%的损耗,这就是社仓之法。因社仓坐落在五夫里,故曾名"五夫社仓",后邑人为了纪念先贤朱熹这个惠民善政,遂改称"五夫社仓"为"朱子社仓",其实质就是由乡绅主导的民间互助的贫困救助形式。

社仓竣工之后，朱熹又举荐乡里中较有德望之人共同管理，制订了《仓规》，写下《建宁府崇安县五夫社仓记》，并勒碑以志之。据《康熙崇安县志》记载，竣工之日，朱熹还在仓壁上题了一首警诗："度质无私本是公，寸心贪得意何穷。若教老子庄周见，剖斗除衡付一空。"没有规矩不成方圆，朱熹以诗立规，借以劝诫管理人员。

超凡脱俗的睿智思想，在慈悲的心灵中薪火传承。朱熹的惠政之举得到了官府的支持，淳熙九年（1182），南宋朝廷将朱熹

（陈悦笙作）

呈请施行的《社仓法》"颁诏行于诸府各州"，闽、赣、苏、湘等地方相继推广，收效甚好。自此，"五夫社仓"因为开救荒之先河，被誉为"先儒经济盛迹"，历代重修不辍，因而保存完好。到了明清两朝，社仓之法大为盛行。

社仓法的实施，不仅减轻了封建国家财政的负担，而且改变了受灾民众单纯依靠国家拨谷救济的思想，有效地培养了农民的自我保障意识，是我国古代社会保障制度的一大创举。

范仲淹设立义庄，朱熹开创社仓，为民间的社会救助开创了先例，也为中国古代的社会救济事业作出了突出贡献。

隔空相知的书院情缘

众所周知，范仲淹一生崇学尚学，几乎每到一地，就会建学校、兴教育，相继在安徽广德、南京应天府、苏州、江西鄱阳、江苏镇江、越州、陕西彬

县、邓州等地办学或讲学，他创建的书院中享有盛誉的有苏州府学、越州稽山书院和邓州花洲书院。苏州府学即现在的苏州中学，当时请胡瑗"首当师席"，著名学者纷纷来苏讲学，一时间盛况空前，影响遍及全国。越州的稽山书院，聘请新昌大儒石待旦担任"山长"，并把李觏从镇江挖来讲课，范仲淹也多次亲自讲学，使越州学风大盛。花洲书院原称"春风堂"，范仲淹亦曾亲自讲学，宋朝理学创始人之一张载等一批政界、思想界名流都曾前往"春风堂"听课，令邓州文运大振，后来，历朝历代的邓州地方官都对花洲书院进行过修葺，使其成为中国历史上办学历史最久的场所之一。

而朱熹虽然未能首开其端，但在理学家掀起的书院运动中，却是中坚与旗帜。终其一生，他都以极大的热情投入书院建设之中，与他直接有关的书院有40所，其中，他创建书院4所，修复书院3所，并身呈文采，亲抒翰墨，在20所书院亲自讲学，为7所书院撰记、题诗，为6所书院题词、题额。此外，他年轻时读书以及成名后讲学等经行过化之地，后人建有27所书院以为纪念，相关书院数量之多，远超同时代其他理学大师，其对于南宋书院运动的贡献，在文化的遗风中绵延生辉，高山仰止。

"所合在方寸，心源无异端"，相差230岁的两位先贤因为书院而隔空"神交"。

淳熙八年，看似平淡无奇的一年，却又是多灾多难的一年，此年距南宋灭亡的1279年还有近百年，而宋室南迁已经54年了，主战与主和的纷争此起彼伏，一直不绝，但大体上还能够维持局面上的稳定。

这一年五月，严州、绍兴府发大水，上万家民居被浸没。七月以后，天气干旱，久不下雨，包括临安在内的许多地方都遭受旱灾。宋廷派出专使到各地救灾，并且下令减免灾民赋税。

朱熹因在南康救荒有方，受宰相王淮推荐，提举浙东常平茶盐公事，赴浙江赈灾。为解救灾民，朱熹迅速采取了几项有力措施，果不负上望，当年即尽缓灾情，使饥民无断炊之忧。除做好赈灾等公务外，因慕"天地间气第一流人物"范仲淹，朱熹来到越州稽山书院。稽山书院乃范仲淹知越州时所创立，这里隐藏着越州的文脉。作为当时绍兴的最高学府、"越地讲学圣地"，稽山书院虽历百余年依然弦歌不绝，深受文人墨客推崇，四方受业者甚众。朱熹到后，即兴致勃勃地在此讲学敷政，以倡多士，"正心诚意""格物致知"等理学思想激荡古城，使稽山书院声誉日隆。

德不孤，必有邻。嘉靖三年（1524），绍兴知府南大吉及山阴县令吴瀛拓稽山书院，增建"明德堂""尊经阁"。王阳明于此阐述"致良知"之学，并撰《稽山书院尊经阁记》。稽山书院是王阳明在绍兴讲学的主要场所之一，另一处为阳明书院。王氏还在此地收绍兴府及邻近八邑的优秀学生为徒，每月提供膳食住宿，学生学习之处被称为"瑞泉精舍"。用心建设与开发，立言立德，弘扬教化育人之功，书院大兴，再次成为海内著名书院。万历十年（1582），知府萧良干修复书院，易名为"朱文公祠"，又于瑞泉精舍旧址建"仕学所"，这是书院成为朱氏祠堂之力证。

一切都在贯通古今的时光流波里浸染浮沉，在人类精神的原野构筑起继往圣、开来世的丰碑。书院作为中国古代民间教育机构，发端于唐朝，兴盛于宋朝，而正式的教育制度还是由朱熹所创立。天纵圣贤，一家书院能得朱熹亲自授课，实乃无上荣光，稽山书院因此在史册上浓墨重彩，浩浩然促进了绍兴地方教育事业的大踏步前进。

记忆或许已淡如烟霭，铭记却难漠然忘怀。两位先贤不为时势所控，命运所扼，还将沉重，还将深刻，不求名彪青史，只求白雪声名，在古越大地完美对接，铸就史学佳话。"先生之德，山高水长""天地间气第一流人物"，他们是天地的"间气"，是历史的活页，卓然耀然于书院的光阴故事里。

范文澜： 清白传家风

　　走近卧龙山（今府山），门虚掩在一片探寻的日光里，心跳掀起阵阵血液的巨澜。低头石砖路，仰首古城墙，历史在这里把经典与精彩收藏。山的南麓是范蠡的"商祖祠"，山中有范仲淹的"清白泉"，山的北麓是范文澜的"锦鳞桥故居"，"范氏三杰"形成了绍兴2 500年历史的人文坐标。这座并不雄峻的山，栖息着历千年而不衰的"范氏家风"，寄托着人们虔诚的陶醉。置身其间，自己仿佛是一个与历史同行的跋涉者，远远地似乎便能谛听到他们在促膝长谈。

　　史书评价范蠡是华夏五千年以来绝无仅有的完人。他在官场，可以扭转乾坤，挽狂澜于既倒；他在情场，赢得绝代佳人的青睐，泛舟太湖；他在商场，三次成为巨富，被后世尊为"商圣""财神"。人们穷其一生想要追寻的很多标签和符号，在他身上集中又完美地呈现。

　　展开范蠡一生的经卷，可见其生命擎着理想前进。懂得选择，就懂得突破。范蠡的智慧、哲学思想，令人望尘莫及。其

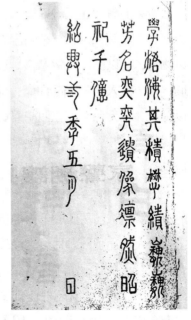

（《范氏家谱》，章洁莹供）

哲学的亮点是"经世致用"，并能把发现的客观世界运行规律用于国家和个人两个层面，且都取得了成功。他是历史上首个明确地把天、地、人作为整体进行分析研究的人，他提出"治国固有前道，上知天时，下知地利，中知人事"。此语成功启发了孟子，形成了"天时、地利、人和"的著名格言。尤其令世人叹服的是他的"功成身退"，有所不为，才能有所为，这里包含着人生的大智慧："知足""知止""退后一步，天高地阔"。

越国"十年生聚，十年教训"，越大夫、上将军范蠡功不可没，他不仅勇于指挥作战，而且善于治理内政，他还是个经济学家，利用湖泊河网发展水产业，利用丘陵平原发展畜牧业，让故乡人民受益万代，被誉为"商圣"，与"文圣"孔子、"武圣"关羽并称为"三圣"。世上能把年轻时看远、中年时看透、老年时看淡的人生哲学运用得炉火纯青者，少之又少，范蠡当占有一席。司马迁称"范蠡三迁皆有荣名"，以"与时逐而不责于人"概括其平生；后人则誉之"忠以为国，智以保身，商以致富，成名天下"。

所有的事物在泥土里簇新和真实着，呈现出时间纵深里的片片华美。一篇《岳阳楼记》，让许多人记取了"先天下之忧而忧，后天下之乐而乐""不以物喜，不以己悲"等警言。这些千古传诵的佳句作者，就是被赞为"天地间气第一流人物"的范仲淹，他自认是"范蠡后人"，对先祖推崇备至、引以为豪。宝元元年，范仲淹遭贬任越州知州，其间曾专程赴范蠡旧宅翠峰院拜谒先祖，并深情"表白"："翠峰高与白云闲，吾祖曾居水石间。千载家风应未坠，子孙还解爱青山。"

任何躬亲的姿态，都蕴含着一种勃发的力量。最令人景仰的，是范仲淹的廉洁清白，已荡漾成千古佳话。一次偶然的机缘，他在府衙所在地卧龙山上，着人浚通了一方枯泉，没想到井泉竟十分清澈甘甜，欣喜之余，他取名"清白泉"，旁建"清白亭"，将府署亦更名为"清白堂"，有《清白堂记》为证："视其泉，清而白色，味之甚甘。渊然丈余，绠不可竭……予爱其清白而有德义，为官师之规，因署其堂曰'清白堂'，又构亭于其侧，曰'清白亭'。"越州百姓感念其清白德义，曾建"希范亭"于卧龙山，又建"百代师表坊"于府前，以示纪念。如今，这儿已成为一个全国著名的"廉政示范基地"。而范仲淹在桐庐赞叹严子陵的歌赋——"云山苍苍，江水泱泱。先生之风，山高水长"，又何尝不是自身的写照。

　　当代著名史学家范文澜的家族属绍兴锦鳞桥范氏一支，乃范仲淹的后裔。锦鳞桥之名取自范仲淹《岳阳楼记》中"沙鸥翔集，锦鳞游泳"之句。范文澜之名，亦在"春和景明，波澜不惊"句中。范氏素有"清白世家"之称，并以之为锦鳞桥故居堂号。正是范氏先祖范仲淹，教会了范文澜"清清白白做人，认认真真做事"，也让先祖范蠡先生的"千载家风应未坠"得到了传承与应验。

（冯家祥作）

　　梦想与现实只差一个努力的距离。范文澜是一位真正的学者，"板凳要坐十年冷，文章不写半句空"是他的座右铭。他以耐得住清贫、耐得住寂寞的敬业和专注精神，潜心于读书和科研工作，把传统学术的深厚功底与对马克思主义的深刻见解完美地结合。生命因为不动声色的储蓄与坚持，积蓄出破土而出的力量，他以 25 年心血浇灌，成功撰成堪称中国史学"王牌"的《中国通史简编》，在 20 世纪中国史学发展上发挥了里程碑式的作用。而《文心雕龙注》一书，亦以征证详核、考据精审、究极微旨，成为一时名著。

总有些人和事值得我们仰望，总有些人和事需要我们仰望。哲学家范鑫、文学家范仲淹、史学家范文澜，是中华家族的一个缩影。传承家风，记住祖训，这是子孙万代不变的虔诚。范氏一脉作为绍兴乃至全国的著名家族，其以"清白"为标志的优良家风，无愧于中华优秀传统文化基因。

卧龙山拾起历史的自豪，历史文化、民俗民情、休闲娱乐与清廉文化交相辉映，犹如呼吸着春秋的清风，吟唱着大宋的歌谣，流淌着当代范氏的清雅，脱俗通灵，天人合一。"范氏三杰"和范氏"千载家风应未坠"的传奇故事，携春天同行，袅然飘进世代的吟咏，时光将他们深情浮雕。

泉眼无声

文藻凌云处

——《清白堂记》哲思

《清白堂记》是范仲淹徙知越州期间写下的著名篇章，虽近千年，其蕴含的文化内涵、政治思想依然鲜活，并返本开新，愈显其质。

从文化角度而言，《清白堂记》蕴含文学性与时空性，堪称瑰宝之作。

其一，此乃富有境界之美文。"文学是语言的艺术"，而语言是文化的"背景"。《清白堂记》全文 300 余字，用字凝练，却寓意深刻，用文字的魅力使文章臻于"三境之美"，即景物之美、情感之美与哲理之美。文章开门见山，开宗明义，交代作文之时、地、物、事。"会稽府署，据卧龙山之南足"，亮明作者身份；"北上有蓬莱阁，阁之西有凉堂，堂之西有岩焉。岩之下有地方数丈"，点明水井所在位置；"莽然就荒""命役徒芟而辟之，中获废井"，述明水井乃废井，因偶然挖掘而得之；"视其泉，清而白色，味之甚甘"，阐明将水井称为"清白泉"之缘由；"当大暑时，饮之若饵白雪、咀轻冰，凛如也。当严冬时，若遇爱日、得阳春，温如也"，按照美的法则绘制了一个颇具神韵的想象世界，宛若对废井进行正名。

一篇好文，或许重要的不是作者所描写的对象，而是其所蕴含的内涵境界。仅形、事、情之美，稍显单薄，唯与理、典相合，方生珠联璧合之效。诚如梁衡先生所言："文章有'思'无美则枯，有美无'思'则浮。"《清白堂记》中，范公遵循叙述之脉理，于行云流水的描述后，笔锋一转，据《易经》发挥，认为井德之地，在于"所守不迁"，即坚定信念、坚持原则；井泉之义，在于"所施不私"，即清正廉洁、不徇私情；圣人画井之象，在于"明君子之道"，即观照他我、怀德明道。片言只语升华了井之境界，赋予了井之灵魂——"清白"。同时，"予爱其清白而有德义，为官师之规"，借"井德"喻"官德"，表明自己清白从政之道，也以此示范引领百官清白。通篇下来，一气呵成，人们读之往往会为它高尚的情思所激励，为它佳妙的艺术表现所熏陶。或许范公从来没把自己当作文学家，但他的文章携思想之深与艺术之美，契合作文和审美之规律，实不失为瑰宝。

其二，此乃富有精魂之史作。无论从文学还是从历史价值、思想内涵上看，《清白堂记》均可与其之后的姊妹篇《岳阳楼记》相媲美，两者遥相呼应，终成黄钟大吕之响。或许在影响力方面，它稍逊于《岳阳楼记》，但它对于绍兴无疑是一份独特的历史遗产。它使一口普通的水井成为一口伟大的水井，自宋以降，清白泉和清白堂作为有深刻教育和警诫意义的场所，曾在绍兴府衙中得以长期保留。其所包含的文化精神和清廉思想，则千百年来一直为人们所称颂。它更为绍兴这座历史文化名城添加了浓墨重彩的一笔：一个被朱熹盛赞为"有史以来，天地间气第一流人物"，一个陆游写诗颂扬的"有越逾千载，何人不宦游？向来惟一范，真足壮吾州"之人，一个"在布衣为名士，在文坛为大家，在州县为能吏，在边疆为良将，在庙堂为贤相"的完人，能莅临越州，留下政绩，实乃绍兴之幸。《清白堂记》真实记录了这一段历史，使其精魂绵延，流芳于千年古城的历史文化中。

从政治角度而言，《清白堂记》蕴含思想性与历史性，堪称醒世之作。

其一，其政治思想深刻丰富。任何一篇文章都是作者知识和阅历的结晶，甚至是生命的写照，故离不开写作的背景。写《清白堂记》时，正是范公贬谪越州之际。越州于他并不陌生，"翠峰高与白云闲，吾祖曾居水石间。千载家风应未坠，子孙还解爱青山"，他以自己为范蠡后人而荣，而此地正是范蠡谋划越国兴霸的故地。是此，虽则这是他第三次被放逐京城之外，仕途未卜又遭遇爱妻亡故，凄楚的心境可想而知，但他正如欧阳修所称颂的"少有大节，其与富贵、贫贱、毁誉、欢戚，不一动其心，而慨然有志于天下"，将个人成败得失抛在一边，全身心地投入政事，在越地重教兴学，兴修水利，短短时间内政绩斐然。他一向为官清廉，两袖清风，痛恨吏治的腐败，对"清白"二字有切肤之感，故对废井开掘一事颇多感慨，不仅将其命名为"清白泉"，构筑"清白亭"，将住处改名为"清白堂"，且撰写《清白堂记》，以文言志——爱此泉"清白而有德义"，可以"为官师之规"，并寄望："庶几居斯堂，登斯亭，而无忝其名哉！"

可以说，《清白堂记》体现出范公的从政理念，奠定了他忧国忧民的思想基础，与《岳阳楼记》中"不以物喜，不以己悲""先天下之忧而忧，后天下之乐而乐"等政治思想一脉相承，深邃丰富。

其二，其历史启迪性历久弥新。《清白堂记》诠释了"清白"这个命题，回答了为何清白——德也；何谓清白——凛如也，温如也；如何清白——治理、疏导。他由此简洁、深刻地讲出了人生和政治的基本道理，告诫人们当清白干事，理天下如同理井，不治则百废不兴，治则清流不断。一个政治家政治行为的背后，往往有人格精神在支撑，且其人格力量会更长久地作为示范，存在于历史中。《清白堂记》似醒世之作，凝聚着范公以自身思想和行动结晶的政治品德，且这种政治品德是超地域、超时代的，乃至于横绝时空，感动了千千万万的仁人志士。

"不要人夸好颜色，只留清气满乾坤。""清白"是检验一个官员人品

（《清白堂记》，绍纪宣供）

好坏的试金石，是千百年来永远的政治话题，是我们应该也必须继承的政治文明。在全面从严治党、反腐败斗争形势依然严峻、作风建设永在路上的时代背景下，"清白"二字对于党员干部而言，比任何时候都显得重要。清白不是明哲保身，不是独善其身，不是无为无争。清白是修身养性，是善做善存、担当有为，是示范引领他人。就像范公一样，"心焉介如石，可裂不可夺""士不死不为忠，言不逆不为谏"，无论在朝、在野、打仗、理政，从不人云亦云，而是刚直不阿，按原则办事，一生四起四伏亦不改初心，改革图新；"先天下之忧而忧，后天下之乐而乐""求民疾于一方，分国忧于千里"，无论顺境逆境，从不因进退得失而生发困扰，始终坚持"兼济天下"的政治抱负，心系社稷苍生，先忧后乐；"不以物喜，不以己悲""宠而不信，弃而不伤，丈夫立世，独对八荒"，无论人生光鲜还是落魄，始终秉持勤于职守、清白做官之政风，始终秉承严厉节俭、积善行德之家风，成为后人高山仰止的楷模，也成就范氏家族 900 年兴盛不衰之千古传奇。所有这些是范公一生的歌唱，实质也是中华民族精神的回响，引领我们自觉"照镜子、正衣冠、洗洗澡、治治病"，要求我们始终做到忠诚坚定、担当尽责、遵纪守法、清正廉洁，始终坚持人民立场、秉持高尚情怀，始终坚持实事求是、求真务实、忠于职守、认真履职。

文章是思想的载体、艺术的展现，《清白堂记》不仅是珍贵的历史遗产，更是珍贵的政治财富，可谓震大千而醒人智，承千古而启后人。或许其含义远非如此，但经常保持对清白观念的认同和期待，主动去学习、领悟、践行，能使我们认清事物的本质，清晰自身职责使命，不断鞭策自己、警诫自己、完善自己，也足以启人深思，发人深省。

波上寒烟翠

——《清白堂记》与北宋文风革新

　　《清白堂记》是一篇寓意深刻的散文，语言质朴，形象生动，气度宏达。时隔千年，文字依然滚烫，画面依然鲜活。读之，令人不由为其高尚的情思所激励、佳妙的艺术表现所熏陶、丰富的内涵所启迪。珠辉碧焕，文思久远，其与脍炙人口的《岳阳楼记》一样，都是灼见和雄文。同时，它也是范仲淹致力推进北宋文风改革的产物和力证。

　　中国古代散文主要分骈体文与散体文。前者简称"骈文"，也叫"四六文"，要求四六句式严格相对，上下句的词语性质相对，音节上出句与对句平仄相对，且多使用典故和华丽的辞藻等。后者又称"古文"，行文自由，句式长短错落，用语自然，是先秦两汉时流行的文体，因时间早于唐朝而得名。

　　韩愈最先提出"古文"这个概念，并和柳宗元一道发起古文运动，提倡写古文，行文要言之有物，摒弃佶屈聱牙的字词，文从字顺，文以明道，采用生活化的语言，以儒家之道助李唐王朝的中兴等。骈体文由此首遭重挫。只是，韩愈倡导的古文运动到了晚唐已渐渐衰微，骈体文又"重获新生"。一直到北宋初，文坛上还是继承这种讲究对仗、声律、辞藻，一味追求形式上的工整华美，而不去关注内容、严重脱离社会实际的文体文风。客观地说，不能一棍子把骈体文打死，比如，三国曹植的《洛神赋》不失为辞赋名篇，南朝梁吴均的《与朱元思书》堪称史上最美骈文，初唐王勃的《滕王阁序》也无愧"千古第一骈文"的雅称，读之行云流水，令人拍案叫绝。

至范仲淹时代，延续晚唐、五代的浅俗文风依然大行其道。范仲淹从前代兴亡中看到文章之薄的危害，洞破北宋墨守祖宗家法、政尚循谨、浮华奢靡背后潜伏着的种种危机，对以西昆体为代表的时文进行了猛烈抨击，大力提倡改革文风，主张从内容到形式都进行复古革新，重视文章的政治教化作用，提出了宗经复古、文质相救、厚其风化的文学思想。他曾通过或上奏或著文或改革，四次旗帜鲜明地倡导文风革新，可以说，他是北宋古文运动的积极倡导者。

天圣三年，时年 36 岁的范仲淹在《奏上时务书》中，建议皇太后刘氏及仁宗皇帝"救文弊而厚风化"，指出"国之文章，应于风化，风化厚薄，见乎文章。是故观虞夏之书，足以明帝王之道；览南朝之文，足以知衰靡之化"，建议朝廷"议文章之道，师虞夏之风"，并"敦谕词臣兴复古道，更延博雅之士，布于台阁，以救斯文之薄，而厚其风化也"。

（冯家祥作）

此奏对以西昆体为代表的时文毫不客气地"亮剑"。西昆体为博学雄文的杨亿（974—1020）所倡导。景德年间，杨亿出面反对晚唐五代雕靡绮丽的文风，以李商隐的骈文作指导，"在两禁中变文章之体"，其他文学词臣刘筠、钱惟演等16人和他唱酬，杨亿等人把这些酬唱篇编成《西昆酬唱集》，此集一经问世，"后进学者争效之，风雅一变，谓之'昆体'"，形成文坛最有势力的流派，风靡一时。只是它虽则"雕章丽句，脍炙人口""历览遗篇，研味前作"，却依然存在因袭晚唐、五代文风，谨守四六、仿拟前人的弊病，思想内容贫乏、空虚而没能逃脱"浮华淫丽，颇伤雕摘，多是消遣、粉饰太平之作"的窠臼，整个文坛继续弥漫着华而不实的文风。范仲淹认为对此决不可等闲视之，再次果断上奏，他提出的"文弊则救之以质，质弊则救之以文"这一文道合一的主张，不仅在当时，就是在后世也颇见水准。

天圣四年，范仲淹为唐异处士诗集作序，提出诗歌要为政教服务，这是他第二次为文风革新呐喊。《唐异诗序》是一篇具有精辟见解的诗论，也是一篇批评时文的文章。"诗之为意也，范围乎，一气出入乎，万物卷舒变化，其体甚大。故夫喜焉如春，悲焉如秋，徘徊如云，峥嵘如山，高乎如日星，远乎如神仙，森如武库，锵如乐府，羽翰乎教化之声，献酬乎仁义之醇，上以德于君，下以风于民。不然，何以动天地而感鬼神哉！"范仲淹强调诗歌必须反映现实，要有真实感情，同时，还要为政教服务。

"五代以还，斯文大剥，悲哀为主，风流不归。皇朝龙兴，颂声来复，当抗心于三代。然九州之广，庠序未振，四始之奥，讲议盖寡。其或不知而作，影响前辈，因人之尚，忘己之实，吟咏性情而不顾其分，风赋比兴而不观其时；故有非穷途而悲，非乱世而怒，华车有寒苦之述，白社为骄奢之语，学步不至，效颦则多；以致靡靡增华，愔愔相滥，仰不主乎规谏，俯不主乎劝诫，抱郑卫之奏，责夔旷之赏，游西北之流，望江海之宗者有矣。"他还对时文进行了极为猛烈的抨击，批评五代那种"悲哀为主，风流不归"的文体和宋初那种学步效颦、模拟失真、无病呻吟的恶劣文风，认为其脱离现实，不利于规谏和劝诫。范仲淹在直言不讳中揭起了古文复苏的旗帜。

庆历三年，范仲淹在推行的庆历新政中，提出 10 项改革主张，其中"精贡举"的革新举措中，范仲淹提议为了选拔出真正利国利民的有才之士，应对科举制度进行改革，进士除了诗赋以外，还要考策论，如此一来，就能更好地选拔出治国之士。这其中就涉及文风改革，表明了他以政治家的立场反对西昆体的坚决态度。

庆历七年，范仲淹为亡友尹洙文集作序，再次猛烈抨击了西昆体华而不实的文风，力倡恢复古道。尹洙是北宋诗文革新运动的一员健将，范仲淹对其在北宋文学史上的地位和作用评价道："唐贞元、元和之间，韩退之（愈）主盟于文，而古道最盛。懿僖以降，浸及五代，其体薄弱。皇朝柳仲涂（开）起而麾之，髦俊率从焉，仲涂门人能师经探道，有文于天下者多矣。泊杨大年（亿）以应用之才，独步当世，学者刻辞镂意，有希仿佛，未暇及古也。其间甚者专事藻饰，破碎大雅，反谓古道不适于用，废而弗学者久之。洛阳尹师鲁，少有高识，不逐时辈，从穆伯长（修）游，力为古文。而师鲁深于《春秋》，故其文谨严，辞约而理精，章奏疏议，大见风采，士林方耸慕焉。遽得欧阳永叔从而振之，由是天下之文一变而古，其深有功于道欤！"《尹师鲁河南集序》是又一篇批评当时文弊的重要文章，这是范仲淹第四次对不良文风"亮剑"。

在范仲淹等进步士大夫的请求和推动下，宋仁宗也深深感到在重视"文治"的国朝，文人们写作不务实，是一件既影响北宋诗文健康发展，又牵涉到政治变革重大问题的可怕之事，认同改革文风势在必行。天圣七年、明道二年，朝廷两次下诏申诫浮华文弊，在科举应试中兼顾策论，提倡散文，以适应政治和强化封建统治的需要。

皇帝以君临天下的姿态，亲自参与文风改革，无疑对北宋的古文复苏起到巨大的作用，这其中受益最大的当数宋代古文运动的"盟主"欧阳修。他在政治上坚定支持范仲淹的新政，将政治上的革新精神带进文学领域，大力提倡平实朴素的写作，倡导了声势浩大的古文运动并获得空前成功。欧阳修在《苏氏文集·序》中指出："天圣之间，予举进士于有司。见时学者，务以言语声偶擿裂，号为时文，以相夸尚……其后天子患时文之弊，下诏书讽勉学者以近古，由是其风渐息，而学者稍趋于古焉。"在这次运动中，欧阳修在理论和创作上均作出了重大贡献，西昆体乃告衰歇。此举被范仲淹称赞为"使天下之文为之一变"。

因有宋仁宗做坚强后盾，以及文坛上有话语权的人物众相响应，宗经重道、尚实斥华的散文创作观念与平淡自然的风格得到推广。士大夫们也做到了人格与风格一致，他们的文章便是他们意志、情感、个性最真实的流露。

这一时期文人和政治的关系甚为密切，大多文人、官员、学者不仅在思想上重道，而且在实践上更重实用，主动深入社会，关心现实，更喜欢谈论政事，但又不尚空论，具体表现为多用散文反映政治斗争与政治事件。自此，经世致用、补偏救弊的文风俨然成为一种"共识"，宋代重实用的"以理实为要、斥浮靡"的文学观由此成形。

历史证明欧阳修"文以载道"的主张与实践是可行的，以策论为先的科举改革既注重对社会时事提出建议之"策"，又注重对具体问题作评价之"论"，使学子们在日常生活中高度关注社会现实，加之学子们有不俗的政论水平，这不仅可为朝廷提供实用人才，而且也以儒家经术拯救了浮华柔弱的文风，加大了古文在读书人中的推广速度，与北宋古文运动倡导古文斥浮华的目标完美契合。

走进一群文字，追求象形，找到读音。《清白堂记》作于康定元年，也即范仲淹二次上奏或著文力主文风改革及朝廷两次下诏革新浮华文弊之后，其时北宋文坛的不良风气已处于大踏步扭转时期。范仲淹等进步人士更是身体力行，著文赋诗有意复兴儒道和古文，赋予文学创作以新的生命。

《清白堂记》首段写道："会稽府署，据卧龙山之南足。北上有蓬莱阁，阁之西有凉堂，堂之西有岩焉。岩之下有地方数丈，密蔓深丛，莽然就荒。一日命役徒芟而辟之，中获废井。即呼工出其泥滓，观其好恶，曰：'嘉泉也。'择高年吏问废之由，曰：'不知也。'乃扃而澄之。"这段文字以平实质朴的语言交代了井的由来，体现了"词语甚朴、平易通达"的文风。

接下来描述："当大暑时，饮之若饵白雪、咀轻冰，凛如也；当严冬时，若遇爱日、得阳春，温如也。其或雨作云蒸，醇醇而浑；盖山泽通气，应于名源矣。"佳句迭出，赞评"嘉泉"，读之清新自然，朗朗上口，而无"险怪奇涩之风"。

（清白泉石碑，绍纪宣供）

最后借自然山水来抒发情感、发表议论，从圣贤哲理和历史兴亡中汲取经验教训。"圣人画井之象，以明君子之道焉。予爱其清白而有德义，为官师之规，因署其堂曰'清白堂'，又构亭于其侧，曰'清白亭'。庶几居斯堂，登斯亭，而无忝其名哉！"有感而发，文采斐然，言之有物，思想深邃，大力宣扬"所守不迁""所施不私""清白德义"的情怀情操。诚如欧阳修所言："道胜者文不难而自至也。"儒家之道学到了一定程度，文章自然如泉水般喷涌而出，寥寥数语便彰显出范仲淹的文章"立足点在于政而不在于文"的政治性和"文道结合"的文学主张。

《清白堂记》将记叙、写景、抒情、议论等融为一体，体现出"以理实为要、斥浮靡"的文学观和经世致用之道，无疑是一篇上等的散文佳作。它与范仲淹六年后写就的《岳阳楼记》在写作方式上如出一辙，只是没有它那么幸运，不可否认的是《岳阳楼记》把范仲淹推至北宋文学巅峰的位置，盖因天时地利人和也。

从一首诗的星光到一阕词的呐喊，文人在生生不息地流淌中写下自己的陶醉。一触即发的抒情和畅所欲言的韵律，在水波里翻滚辽远与阔大，仿佛风撞响钟。范仲淹的一生创作历程长达 40 多年，他著作甚丰，涉猎甚广，在散文、诗歌、词等领域都有极佳的表现。他的诗歌内容广泛，风格明显，代表着由唐音向宋调转变的重要一环；他的词作产量不高，仅有 5 首流传到后世，但每一首都脍炙人口。范仲淹的散文更是值得大书特书，《岳阳楼记》《灵乌赋》《上政事书》等都是经典的散文代表作，都具有很高的流传度，遗憾的是仍有很多作品并不为大众所熟悉。

啼血成泪，期望重如石头，后人也常为范仲淹不能入席唐宋八大家而报以遗憾。唐宋八大家，又称为"唐宋散文八大家"，包括唐代韩愈、柳宗元和宋代欧阳修、苏洵、苏轼、苏辙、王安石、曾巩八位。这 8 个人之所以被合称，原因就一个：他们是各自时代"古文运动"的倡导者和推动者，对于古文运动的推广有着不可磨灭的贡献。"宋六家"中，欧阳修无疑是"魁首"，但事实上，范仲淹比他年长 18 岁，成名也比他早，论资排辈，属于欧阳修的"文学前辈"，故，某种意义上可以说，范仲淹是"宋六家"的前辈。而范仲淹因为缺席这场盛极一时的古文运动，遗憾地未能获得唐宋八大家的门票，但这丝毫没有影响他在北宋文学史上的地位和他对北宋文学发展作出的历史贡献。作为北宋时期诗文革新运动的先驱人物，他是一位上继李杜、韩柳，下开欧阳、曾、王、苏的重要作家，起着承前启后、不可磨灭的作用。

同时，作为宋学的开山之人，范仲淹研究易经、诸子百家并加以实践，学术成就很高，他举荐了宋初"三先生"之大教育家胡瑗和孙明复，指点过关学创始人张载，学术成就和政治理念影响了后来的王安石，这些人都是为宋学作出巨大贡献的人。最为重要的一点是，世人对范仲淹的人格评价颇高，他几乎是完美的，死后谥号"文正"，而有宋一代的文人都以文正公为道德标杆，宋朝及之后的几百年间，能获得这样高度评价的，也不过二三十人而已。他的功绩和个人品德，也成为世代知识分子的行为标杆，后世史学家都给予他极高的评价，南宋著名学者吕中就曾说："先儒论宋朝人物，以范仲淹为第一。"

一身正义，两袖清风，正气抚长歌。历史上的范仲淹，比语文和历史课本上的简短介绍更加光彩照人。毛泽东主席盛赞他："中国历史上有些知识分子是文武双全，不但能够下笔千言，而且是知兵善战。范仲淹就是这样的一个典型。"对范仲淹词的评价是"介于婉约与豪放两派之间，既苍凉又优美，使人不厌读"，可谓恰如其分。

走近范公，与每一个动情的文字握手，握住的是发自内心的仰望，夜凉如水，思念感怀，《渔家傲·秋思》轻轻套住暮归的忧伤："塞下秋来风景异，衡阳雁去无留意。四面边声连角起，千嶂里，长烟落日孤城闭。浊酒一杯家万里，燕然未勒归无计。羌管悠悠霜满地，人不寐，将军白发征夫泪。"也"走心"读下《苏幕遮·怀旧》："碧云天，黄叶地。秋色连波，波上寒烟翠。山映斜阳天接水。芳草无情，更在斜阳外。黯乡魂，追旅思。夜夜除非，好梦留人睡。明月楼高休独倚。酒入愁肠，化作相思泪。"前者是一幅十分沉郁而苍凉的图景，在边声号角、长烟落日的壮阔雄伟的背景下，戍边战士立功报国的壮志和离家后难以名状的忧思，如同洪水击石一样冲击着人们的心灵，一壶浊酒如何挡得住寒冷孤寂？悠悠羌管，冷冷白霜，谁能安然入梦？烽火燃烧，家园不宁，谁又忍心回去？后者则向人们展示了一幅动人的秋景，但这秋景，不是在塞外，而是在一个秋色连波的美丽地方，有乡思却又少了一份豪情，多了一腔柔情似水与缠绵悱恻。掩卷品味，实乃豪放而不粗陋、婉约而不软弱之美文也，让人在感知那一份无尽苍凉的同时也肃然起敬。难怪其铁杆盟友欧阳修要开玩笑地说他这词为"穷塞主之词"，意思是范公只有在那穷苦蛮荒的边疆才具有这不寻常的感触，才能写出那么好的作品。

无情未必真豪杰，忍得住官场的得意与凄凉，扛得住为民请命的忧愤与悲壮，挺得住仗剑行侠的艰辛与理想，这样的范仲淹才是实实在在的范仲淹。没有鼓角争鸣，不闻战马蹄声，唯见羽扇纶巾，范仲淹在文风革新方面开启了一条"征伐之路"。他的词拓宽了词的境界，开豪放词之先声，对之后的苏辛词产生了重大影响。他的散文也提升了散文的品位，视野宽广、政文相合、形神兼具，和晚唐、西昆体的晦涩文风截然不同，对古文运动起到了先导作用。

　　在文学里，所有的告别都不是告别，所有的失望也不会是绝望。且临风把盏，且凝神注目，时光深处，《清白堂记》魂同《岳阳楼记》，妙在美学，妙在哲理，妙在感思，妙在文辞，妙在意境。承一弯光风霁月，替换下那一袭过于沉重的济世的苍茫，那些透过千年时光仍口口相传的诗句，不仅经得起时间考验，更是大浪淘沙后之精华所在。

　　借一片青天，存高远之心，时间的光明顶上，文人的风骨在风中回响。千百年来，无数吟诵它们的后人，走近范仲淹的身边，便不愿离开。温暖，以光的速度降临，这便是他和他的作品带给我们的关于平实文风和务实作风的深情独白。而我们与诗文的距离，穿山过河，恰是美德仰视的高度。

青紫信可拾

——"范氏家风"品"清白"

家风是家庭或家族的传统风尚或作风，其实质就是中国传统文化的基因，深蕴传统文化精髓，彰显着民族的精神风貌，维系着个人、家庭和社会的协同发展，可谓价值观建设的支柱力量。

范氏家风的千年传承，体现出浓厚的家国情怀和中国传统文化的精髓及其变迁之迹。国事亦家事，家风融国事。从范氏始祖开始倡导，至范仲淹的维系与推广，范氏家族形成了清正廉洁为官、孝义节俭持家、宽和忠恕待人、乐善好施济人的优良家风，这些生命气象与风骨，对后辈来说无疑是极好的亲情见证与家风熏陶，使子孙后代都深得家学真谛与滋养，形成了令后人津津乐道的"文正家声""墨幛家声"。

（一）

"家风"一词，最早见于西晋著名文学家潘岳的诗中。其时与潘岳有"双璧"之称的夏侯湛将《诗经》中有目无文的六篇"笙诗"补缀成篇，潘岳为与友人唱和，写作了《家风诗》，诗云：

绾发绾发，发亦冀止；

日祇日祇，敬亦慎止；

靡专靡有，受之父母。

鸣鹤匪和，析薪弗荷；

隐忧孔疚，我堂靡构。

义方既训，家道颖颖；

岂敢荒宁，一日三省。

全诗用词准确细腻，语意含蓄深刻：清晨梳好头发认真盘结，乌黑润泽的头发高高地束在头顶；爱护头发要像敬重神祇，小心谨慎严格要求自己；它不只是身体部分的剩余，每根都是父母慷慨授予。禽兽鸣叫动听不能应和，珍贵木材劈开难负重物；犹恐自身留有细微隐患，不能让它毁坏已建祖居。道德行为一旦成为规范，就要发扬光大严格遵守；怎图安逸享乐放纵行为，每餐饭前都要深刻反省。

潘岳写本诗，主旨在于强调"家风"，即家庭教育建设，抛出"家风不可忽视，家训不可小觑，人品十分重要，习惯决定人生"这个家教观点，目的就是阐述家风、传承家风、强调家风。

受潘岳的影响，魏晋时期"士族""世族""势族""大族""世家大族"等社会砥柱开始大力倡导"家风"，出现了很多颂扬家风家教的文学作品，使"家风"一词空前盛行，它和"门风"互用，寄寓一个家庭的风气、传统以及文化。

无形的家风，都因有形的家教而流传。家风是一种看不见、摸不着的习气，它以一种隐性的形态，附丽于家庭而存在，在举手投足间体现自我和特色，既是一个家庭或家族长时期历史汰选、传统沉淀的结果，也是一辈又一辈先人生活的结晶，对族中子弟具有熏陶、浸润的意义。可以说，只要有家庭繁衍、家族绵延，其子孙后代就必然会带有其特殊的习性。因此，家风是历经延传并持久存在，或者在子孙后代身上一再出现的东西，是个中性的概念。好的家风是传家宝，比如，"耕读""忠厚""清廉"这些美好的品质，往往传家久、继世长。不良家风当予批判和遏制，如狡诈刻薄、酗酒赌博、

（《范氏家谱》，章洁莹供）

忿戾凶横等。

家风不同于家规。家规是家庭或家族中的规矩，是家人所必须遵守的规范或法度，是父祖长辈为后代子孙所定制的立身处世、居家治生的原则和教条，包含家训、家诫、家仪、家教、家法、家约、家矩、家则、家政、家制等，关于敬祖宗、睦宗族、教子孙、慎婚嫁、务本业、励勤奋、尚节俭等有具体而明确的条文，是载诸家谱、可供讽诵学习的有形文本，体现强制性、约束性。而家风更多的是一种无形的教化，不是刻意教戒或传授，更多的是通过言传身教、耳濡目染，产生"润物细无声"的作用，"渐渍家风"就生动形象地诠释了这一过程。

（二）

千载而下，范仲淹一直是以光照千秋的正面形象，获得皇家的高度认可、知识阶层的一致推崇和民间的由衷爱戴的。仁宗皇帝亲自书写其碑曰"褒贤之碑"；钦宗皇帝称赞他"清明而直谅，博大而刚方"；王安石评价他"一世之师，由初迄终，名节无疵"；朱熹誉之为"天地间气第一流人物"；而其在金朝文学家元好问眼中，则是"千百年间，盖不一二见"的人物；后世史学家评价其为"两宋第一人"。中国历史上，很少有这样的"完人"，生前被同时代人热情讴歌，身后更获褒扬无数。

其中，范氏家风像一面镜子，映照出这位先贤大德的千古风范。"我爱古人节，皎皎明于霜"，是范仲淹一生的自我期许和坚守。他把"清白德义"视作为人为官的准绳，熔铸一种践履功夫和修为内涵；以"不以物喜，不以己悲"这种道法自然的生存状态，达到无欲则刚的境界，从而无论处于何时何地，无不安适；他"心忧天下"而弘道不懈，引领时代思想的发展。

"参天之木，必有其根；怀山之水，必有其源。"追根溯源，仿古认祖，是人之天性，中华民族尤其如此。范仲淹深以范氏为荣，他仰慕先祖的事迹和功德，它们是他成长、化蝶的重要思想资源。而范氏也确实在古代历史舞台上显赫一时，"源自尧裔，望出高平"，这副刻于范氏祠堂的对联，不仅点出了范姓对于自己姓氏起源的集体记忆，也点明了范姓的郡望所在。东汉王符的《潜夫论·志氏姓》记载："帝尧之后有范氏。"或是范氏乃帝尧之裔孙刘累后代之证言。范姓得姓始祖是春秋时期晋国政治家、军事家、中军将、太傅范武子，他是个治世能臣；谱系始祖是唐朝宰相范履冰，他也是一代栋梁之材，是后世顽者廉、懦者立的榜样。他们都具有"纳谏不忘其师，言身不失其友。事君不授而进，不阿而退"的嘉言懿行，作为世所公认的君子，是范氏族人前行的动力，追寻生命意义的思想养分。

家族就像生命之树，蒙荫着后代子孙，那是根之所在。当范仲淹功成名就时，认祖归宗、复姓为"范"就成为头等大事。他在上书中说："志在投秦，入境遂称于张禄；名非霸越，乘舟偶效于陶朱。"搬出"陶朱"（范蠡）和"张禄"（范雎）这两位先贤先祖，表复姓之诚心和决心。

对于祖先，范仲淹不仅尊敬，更是尊崇。他到越州后，利用公暇，专程赴范蠡旧居翠峰院凭吊，抒怀写下"千载家风应未坠"，字里行间，无不透露范氏家族千百年来依旧保持清正风范、勤政为民，没有在官场、商场中堕落的自豪。他在位居高位时曾说：我现在能够位高名显，与祖宗积德是分不开的，因此，我报答祖宗的方式就是以对待祖宗之心对待族人。尽管这些族人跟我范仲淹的血缘关系有近有疏，但在祖宗的眼里，他们都是自己的血脉延续，关切的心情是一样的。是以，晚年他在苏州老家，倾一生积蓄创建义庄。

他的报答祖宗之心，不仅施与他血脉相连的族人，更有看似陌路的天下人。作为将军，他用父母之心体谅士兵，不肯轻易启战；作为地方官，他关注民生民情，为民请命，一枝一叶总关情；作为臣子，他忠君爱国，敢于犯上直谏。一种旷世的悲悯情怀，温暖瘦骨嶙峋的时光。

人生的回报总是在过程的丢失中悄然而至。范仲淹是个有大爱又懂得感恩的人。庆历五年四月四日，他向朝廷上了一道因郊恩奏请恩泽的奏章，内中言："继父故淄州长山县令朱文翰既加养育，复勤训导……伏望以所授功臣阶勋，恩命回赠一官。"这是如今唯一可靠的范仲淹关于继父的记载。这一年，范仲淹已经57岁了，对继父"既加养育，复勤训导"之恩仍念念不忘。《长山县志》记载说，范仲淹"性至孝，虽改姓还范，仍念朱氏顾育恩，乞以南郊封典，赠朱氏父太常博士，朱氏子弟以荫得官者三人，并于孝妇河南置义田四顷三十六亩，以赡朱族"。

人间的福祉，莫过于此，这是范仲淹"恤宗族""忧天下"思想的重要出发点和现实立足点。其实，我们只要对照范仲淹为人为官的言行稍加注意，就不难发现，他与这些范氏先祖在许多方面是惊人地相像，也就不难理解他缘何能获世人如此的推崇。

古人云："由俭入奢易，由奢入俭难。"俭以养德、廉以正声是范仲淹秉持终生的理念和亲口说出的"家法"，"俭"和"廉"是他亲身示范的家规。

（谢权熠书）

尽管出将入相，身居高位，但范仲淹在生活上却自始至终都很俭朴、廉洁。少时的贫贱磨炼了他的意志，中年后的富贵始终没能改变他的初心。他平素只有在宴请客人时才吃肉，穿着也是普通布料做成的衣服。50岁后，范仲淹官高权重，他和家人完全有条件享受富足安康的优渥生活，但他们却未曾这样做过。他担任陕西经略安抚副使兼知延州时，仁宗皇帝非常慷慨地赏金赐银，这笔数额不小的财富，却全被范仲淹拿去或奖给了将士，或用于安抚边境少数民族及其首领们。担任参知政事，成了大权在握的"副宰相"，俸禄更多了，可是他的妻儿依然布衣淡食，过着清苦的生活。《宋史·范仲淹传》说，他家里"非宾客不重肉。妻子衣食，仅能自充"。挚友富弼在《范文正公墓志铭》中也说："既显，门中如贫贱时，家人不识富贵之乐。"

浮尘掩埋不了信仰的尖锐、力量的纯净。在范仲淹的人生字典中，似乎没有"占有钱财"这个概念。他为官近 40 年，没有私宅，没有私产。在开封府任职时，全家租房居住于一个名叫"苦水巷"的地方。去世时，众人连他的一身新衣服都找不出来，"友人醵资以奉葬""诸孤无所处，官为假屋韩城以居之"，妻儿们连个能回的家都没有，好在朝廷暂时为他们提供了居所。

星空高远，尘世纷繁。尽管这是种孤独的歌唱，也要淡泊欲望和世俗。守官苏州时，范仲淹曾购得一块地皮，风水先生考察一番后，激动万分地说："这可是难得的风水宝地啊！谁家在此建房盖屋，谁家就能世世代代出公卿、出人才啊！"范仲淹听后道："这要真是一块能出人才的宝地，那好处就不应只是范家独得。"于是他捐出地皮，建造学舍，创办了苏州郡学。后来，又延请名师，为家乡培育出大量优秀人才。在他的心中，人才不必在范家，为国和天下育人才才是正道。

暖意滑入掌心，回旋人世间的真情与美好。范雍的儿子请范仲淹为父亲撰写墓志。范仲淹敬佩范雍的人品与功德，欣然同意。焚香的笔，把发现、感悟和思想在历史的大背景下加以表达，他在文中称范雍乃"邦之伟人"。范雍之子非常感激，找出父亲收藏多年的书画珍品相赠。范仲淹一再推辞，最后盛情难却，只取一本《道德经》，并语重心长地说："此书是稀世珍品，你父亲懂得其价值，所以一直收藏着。我之所以留下这本书，是要替我的本家保管着，以免丢失。"

范仲淹不为个人谋利，却不代表他不知道如何获取利益。《范文正公言行拾遗事录》记载了一个有趣的故事。范仲淹在饶州任官时，有个穷书生来找他，诉苦说自己"平生未尝一饱"，就是从来没吃过一顿饱饭。当时流行唐代书法家欧阳询的字，荐福寺中欧字碑文的墨本能值千钱，范仲淹准备为他拓印千本，到京城去销售，定能卖得钵满盆盈，可惜的是书生的运气实在不敢恭维，万事俱备时，碑却遭到雷劈击碎了！

按宋朝规定，大臣临终前要撰写遗表，当时范家家境其实相当窘迫，范仲淹完全可以给家人争取些改善生活的机会，但他上的遗表却与众不同，先谈平生志愿，再谈自己做人的原则和忧国忧民的忠心，最后提出的请求是希望皇帝"上承天心，下徇人欲，明慎刑赏，而使之必当；精审号令，而期于必行。尊崇贤良，裁抑侥幸，制治于未乱，纳民于大中"。这份600多字的遗表，除谈论国家大事、治国之道外，自身自家私事只字不提。这种风骨和气节，诚可谓"高山仰止，景行行止"。

为了一个不懈的信念，范仲淹一生未生弃离之心，这是宿命，更是使命，无怪乎后世学者称他为"伟人"，其情操之高表现在方方面面。如果说做到不以权谋私是为官者难得的可贵品行，那么范仲淹所做的则远远超出了这些，他用一生的清明高节践行的"忧乐天下""清白德义"的理想和道德情操，被人们称为"范公精神"，实际上也成为中华民族共同的官德规范，激励后人企慕先贤，为天下大治而奋斗。孟子云："富贵不能淫，贫贱不能移，威武不能屈，此之谓大丈夫。"范仲淹正是这样顶天立地的"大丈夫"！

（三）

从范仲淹的治家经验来看，第一要紧的就是家风，而范仲淹的言传身教，就是维系和光大家风的最重要一环。他一生洁身自好，治家更是十分严谨。

范仲淹深知"藏书万卷可教子，遗金满籯常作灾""积金以遗子孙，子孙未必能守"，因而，相当注重对子女品行方面的廉洁节俭教育。常对子女们说："吾贫时，与汝母养吾亲，汝母躬执爨，而吾亲甘旨未尝充也。今而得厚禄，欲以养亲，亲不在矣，汝母亦已早逝，吾所最恨者，忍令若曹享富贵之乐也！"我与你母亲侍奉你祖母，你母亲都是亲自烧火做饭。你祖母生活俭朴，治家节俭，她从来不随便吃好东西，也不用人侍候，她老人家给我们立下了节俭的家风。颜回家居陋巷，箪食瓢饮不改其乐；颜真卿身为唐朝第一等人，而饘粥不继……这些也是他常常对子女讲的故事，他还总结说，这就是中国古人所说的"君子固穷"。

因为重视家风家教，他亲自定下《六十一字族规》和《家训百字铭》，前者规定："家族之中，不论亲疏，当念同宗共祖，一脉相传，务要和睦相处，不许相残、相妒、相争、相夺，凡遇吉凶诸事，皆当相助、相扶，庶几和气致祥，永远吾族家人炽昌般。"后者指出："孝道当竭力，忠勇表丹诚；兄弟互相助，慈悲无过境。勤读圣贤书，尊师如重亲；礼义勿疏狂，逊让敦睦邻。敬长与怀幼，怜恤孤寡贫；谦恭尚廉洁，绝戒骄傲情。字纸莫乱废，须报五谷恩；做事循天理，博爱惜生灵。处世行八德，修身奉祖神；儿孙坚心守，成家种善根。"教导子孙后代正心修身，积德行善，清心做官，谦恭尚廉。

"国计已推肝胆许，家财不为子孙谋"，范仲淹至晚年也是"田园未立"，没给子孙留下什么物质财富，但他留下的"先忧后乐"的思想，又岂是金钱能够衡量的？在这样一位大家长掌舵之下，即使自己名满天下，贵为副宰相，他和他的家人们也始终把简朴的生活视为宝贵的财富，把富贵视为需要加倍警惕的诱惑，从来未染指奢侈生活。他们不是没有条件或没有能力，而是"不愿意"。在他们的价值观中，"独乐乐，不如众乐乐"。钱财乃身外之物，人生的意义在于对社会、对他人作出贡献，在于获得敬意与成长。

父严如此，儿女皆谨遵家

（《范氏家乘世系》，章洁莹供）

训。在范仲淹的谆谆教诲和言传身教下，范氏家风在子孙这里传承得很好，代代范家子弟大多是廉俭家风的践行者、示范者、传承者，不少成长为能够为国谋利、为民谋福的栋梁之材。

长子范纯祐天资聪慧，"方十岁，能读诸书""为文章，籍籍有称"，被誉为神童。但是他不慕功名，"不应科"，始终侍奉双亲左右，以安诸弟之心。当范仲淹临危受命破解西北危局时，战场风云变幻，家国重任如山，良策尤需良将，范纯祐如影随形，成为父亲的得力助手。父不以子忧，子不以事惧，父子坚兵浑然一体，共成军国大事。据说范仲淹登临大顺城时，感慨万千，写下名篇《渔家傲·秋思》，"四面边声连角起""千嶂里，长烟落日孤城闭"，雄浑苍凉难掩壮志豪情，父子同心，共守国泰民安。百善孝为先，有子如此，父可大慰平生。

次子范纯仁自幼接受父亲教诲，父亲身边的博学高行之士也都是他的良师益友。他曾对皇帝说："盖尝先天下而忧，期不负圣人之学。此先臣所以教子，而微臣资以事君。"他接续了父亲的慈善事业与美好品行，对贫寒士人总是力所能及地予以援助。

范纯仁任职西京留司御史台时，司马光也在洛阳做官，两人"皆好客而家贫，相约为真率会，脱粟一饭，酒数行，洛中以为胜事"。尽管招待宾朋仅是粗饭薄酒，且是酒过数巡即罢，洛阳士人却仍愿把参加此会视作幸事。

《宋史》载有这桩逸事："公子纯仁，娶妇将归，或传妇以罗为帷幔，公闻之不悦，曰：'罗绮岂帷幔之物耶？吾家素清俭，安得乱吾家法？敢持归吾家，当火于庭。'"范纯仁娶媳妇时，传言儿媳妇用罗绮做成帷幔，范仲淹听到后很不高兴地说："罗绮岂是做帷幔的东西！我们家素来清廉节俭，怎可乱了我们的家规？如果真的敢带这种奢侈东西回家，我就当庭烧掉。"

这二儿媳妇非寻常人家女孩，其父正是范仲淹的"铁杆"老友王质。范仲淹知越州的这一次贬谪，群臣或慑于丞相吕夷简的威势，或为了自保避嫌而不敢相送，唯有龙图阁直学士李纮和集贤校理王质甘冒斧钺之诛，在驿亭为范仲淹设便宴饯行。当时王质还生着重病，却乘着车拉着酒来了，丝毫不惧被人告密而被列为范仲淹同党。君子淡似亲，一种简单，一种了然于心，想来王质听到这话，也是极为理解和赞同的。

当兄长范纯祐病故需在洛阳安葬时，范纯仁没有打扰当地官员，而是悄无声息地办妥事情。当时，富弼还专门给洛阳尹写信，让他帮着范家人安葬。洛阳尹等了一段时间也没等到范家人来，就叫人去打听，才知道已经安葬完毕。洛阳尹很是惊讶，居然没有听到一点儿风声。在范纯仁看来："这是我们家里的私事，哪能打扰公家呢！"

在范纯仁后人写的《过庭录》中，还记载着这样一桩趣事：范纯仁知洛阳时，有个叫谢克家的人在途中见到一位老翁眯着眼睛在墙角晒太阳，其时有人连续两次告诉老人："你的黄牛被人偷走了！"老翁神色自若，不加理会。谢克家觉得老翁一定是个超脱物外的奇人，便走过去向老翁问话。老翁哈哈大笑："我哪是什么奇人，范公（纯仁）在此，谁还愿意去偷盗啊？牛不会被偷的！"后来，黄牛果然回来了。这个故事显示了范纯仁为官清正，其管辖境内弊绝风清、政通人和的景象。

范纯仁的长子范正平读书时，夫妇俩从来不给孩子穿华贵的衣服，学堂中也没有人知道那衣着简朴的少年居然是丞相之子。范正平学问操行很高，史书说他有祖父之风。他曾经担任过开封尉。一日，有村民来告状说，有一家姓向的侵占了四邻的房子、土地。向氏是皇后的娘家人，因后台硬，故他们的行为得到了户部尚书蔡京的支持。范正平查明事情真相后，秉公处理，最后小民胜诉，蔡京被罚铜二十斤，从此蔡京对范正平记了仇。维护小民利益不惜得罪朝中权贵，这样磊落刚正的性格，实不愧为范仲淹之后。

曾有亲友来向范纯仁请教为人之道，范纯仁说："唯俭可以助廉，唯恕可以成德。"意思是只有俭朴才能铸成廉洁之风，只有宽恕才能成就好的德行。亲友认为此话甚有理，遂将其当成了自己的座右铭。

范纯仁从布衣到宰相，一直保持着廉洁勤俭的家风，留下"布衣宰相"的美名。他去世后，时人邓忠臣评价其"每思捐身而开策，尝愿休兵而息民。只知扶危而济倾，宁恤跋前而疐后""循公忘己，为国惜贤"，评语极为客观真实。《宋史》说他"自为布衣至宰相，廉俭如一，所得奉赐，皆以广义庄；前后任子恩，多先疏族"，评价他"位过其父，而几有父风"。

三子范纯礼性静，不苟言笑，严肃刻板，但也是一位勇于担当、关心民生的政治家。他曾经说服上司不要修陵墓，以免增加境内百姓负担；也曾经挺身而出，坚持真相与正义。他果断刚毅，又心怀慈悲。《宋史·范纯礼传》说他"治民以宽"，深得父亲、兄长衣钵。他知开封府时，审理案子小心慎重，注重调查事实真相，公正之中体现着宽容。

有一回，有个侄子到外地任官，临行前来向他拜辞。范纯礼开门见山问道："你出门带的行装有几担?"侄儿如实回答："有十担。"范纯礼一听，板着脸批评道："初次任官你就带这么多行装，以后做官时间长了，得带多少?我第一次出去到遂州做官，行装只有三担，官做完了回来时还是三担。少带行装，不仅遇到急事容易收拾，也是为了不留下铺张的坏名声。"

范纯礼历任天章阁待制、枢密都承旨、礼部尚书等职，官至尚书右丞。无论身处何职，范纯礼都不忘节俭，"布衾绨袍，不为表襮沽名誉。食饮不择肥鲜，不役婢妾"。他不单践行了范氏家风，更堪为士林表率。

四子范纯粹出生时父亲已经出将入相，位高权重。但一个死时连入殓的新衣都没有的父亲，自然不会给儿子贵公子般的童年生活，这从他的诗文中可以印证："惯处贱贫知世态，饱谙迁谪见家风。"

如同诗歌吹皱一池月光，范仲淹的严格要求也针对家乡的侄子们。与兄长范仲温的书信往来中，他再三叮嘱兄长要教育家中子弟遵纪守法，不要因私人的事情去劳烦州县。他引导侄子们说，做官首先要做到的是廉洁、勤政和谨慎，等他们通过修身、学习，品行得到家乡人的称赞时，自己才可能出面推荐。

后来范仲淹按照朝廷典章惯例，推荐两位修身正己的侄子恩荫入仕。赴任之前，范仲淹又给他们写信，谆谆教导他们做人做官的道理，并提出了一系列要求，比如：要守规矩，不可欺上瞒下；与同事相处要以礼相待，凡事多和他们商讨；不得让老家的亲友到他们的管辖区做生意；等等。他甚至自豪地对侄子们说："你们看，老叔我一贯的表现如何啊？我有为自己营私的事情吗？"告诫他们要保持平常心，戒奢抑欲，抛弃个人私心，守住清廉，做个问心无愧、顶天立地的人。只有做到了这些，才能真正振兴家族，光宗耀祖！

借一片青天，存高远于心。不论于公还是于私，不论是对国家、君主还是对亲人、朋友、同僚，抑或是对素不相识的其他人，范家人都坚守着"清白廉洁"的至高追求，严守不可逾越的底线。如果用更开阔的视野看待范家之风，还能看到坚定的信念、百折不回的毅力、春风拂面的热忱等，不断地有人传、教，也不断地有人承、续，这才成就了千载而不衰的家风。

（《新时代清风廉路图》局部）

大理学家朱熹对范仲淹的教育方式和《范文正公家训百字铭》等极为赞赏和推崇，在《跋范文正公家书》里写道：范文正公写给他侄子的信，语言朴实易懂，让人感到亲切。如果现在的官吏都明白他说的这一段话，并且按照他说的去做，就足以达到修身养性和正确处理国事和家事的目的，可谓一语中的。

（四）

斗转星移，不息的时光之河已经将我们带到新的时代。范仲淹和他生活的宋代已过去了千载。千年之间，范氏后人遍及宇内及海外。他们中的许多人，都极为珍视祖先的高尚精神和优良家风，而将其薪火相传并发扬光大，无论平凡还是显达，都愿为国为民尽自己所能。俗话说"富不过三代"，范氏家族的廉俭家风却千年不息，代代不绝，创造了中国的一个家族传承奇迹。在中国历史上，千万年血脉汩汩相连，每一条都将光焰引燃于天下，像这样有洪福大德的人家并不多。

历史和现实告诉我们，家为国本，家正邦兴，所谓家国就是指家庭的前途命运同国家和民族的前途命运紧密相连。治国必先齐家，治国用国法，齐家用家规。"千家万户都好，国家才能好，民族才能好"，这句习近平总书记在2018年春节团拜会上的讲话，充满人文关怀，洋溢家国情怀，深刻指出国家与家庭、个人的深层联系，鲜明指出优良的家风汇集起来就是社会的文明。

范仲淹不只是范氏的祖先，更是中华优秀人物的代表；范氏家风也不仅仅是范氏族人的遵循，亦是中华优秀传统文化的映照。千百年来，受范仲淹精神浸润和范氏家风熏陶的不只是范氏后人，众多中华儿女自觉地追寻先贤的"先天下之忧而忧，后天下之乐而乐""清白德义"等精神，这种精神在时光深处激励他们开阔胸襟，为国为民，勇于担当，也使千千万万个家庭成为国家发展、民族进步、社会和谐的重要基点，推动着党风、政风乃至社风家风的不断好转。

"鉴湖越台名士乡"，在名士如过江之鲫的绍兴，许多名人的家风让人击节感叹赞赏。也许每个名人的家训、家风不一样，但他们都有着"诗礼传家，勤俭持家，修德立志，以身许国"等共同点，足可涤荡浮躁的功利、势利之风。舜、禹带头执行"慎厥身，修永思""在知人，在安民""大规之下，汝能法之，为民父母"等；范蠡忠以为国，不慕名利，三散家财，大义天下，是千载家风应未坠的表率；书圣王羲之清廉传家，世代恪守和、孝、学、义，在绍兴广为流传；南宋爱国诗人陆游一生慨然于世，胸怀国之大义，"富贵苟求终近祸，汝曹切勿坠家风"，传颂至今；说"我是绍兴人"的周恩来总理以身作则，定下"不谋私利，不搞特殊化"等 10 条家规，终身严于律己，体察民情，为国为民殚精竭虑，俯首甘为孺子牛……这些清廉家风虽表达不一、角度有别，但作为绍兴清廉文化的核心价值理念和思维逻辑，串起一条纵横千年的"廉脉"，令越地自古以来清气扬。明末文学家王思任对此作了生动的诠释："夫越乃报仇雪耻之乡，非藏垢纳污之地也。"

绍兴的历史名人有个显著特点，那就是清官廉吏很多。当地史志办曾编辑过《绍兴清官清吏》，其中收录 80 位在绍兴当过官和绍兴人在外当过官的清官清吏，其中有 52 名为绍兴籍人，他们大多来自绍兴的名门望族，都秉承自己的家教，以贤守道，保持节气，勤俭持家，严于律己。应该说，这些清官廉吏之多与绍兴的家风家教息息相关。

"守道持节撑华厦，清正如镜照古今"，好家风既是以德治国的需要，也有利于正风反腐的开展。党的十八大以来，随着反腐倡廉力度的加大，领导干部的家风家训被不断强调，领导干部的家风建设正在成为全面从严治党的新抓手，为反腐的持续深入推进注入新活力。这是反映党风和社会风气的一个重要"窗口"，也是党风廉政建设的"晴雨表"。当前，中国文化在世界大潮中面临新的挑战与机遇。在社会主义核心价值观的塑造过程中，应当更加注重优秀家风产品的有效供给。"廉俭""清白德义""忧乐天下"等人文情怀，是廉洁修身、廉洁齐家等优良家风的表现形态，也是为人做官操守、从政品德之初衷与准则。

"千载家风应未坠"，范氏家风有其内心享不尽的富足与安康，构筑了范氏家族无形的精神支柱和道德力量，也为中国传统文化提供了精气与灵魂，以及一道独特的文化景观，值得膜拜和细细探究追寻。

文字的枝头，生长感性和理性的花朵。发掘和弘扬范氏家风，不断构建勤善、宽怀、向上的社会道德环境和文明行为，并以此为推手，丰盈新时期越人的精神家园，使厚德载物的家风蔚然成风，让家庭成为精神、道德、社会清明的源头活水，既可为绍兴清廉文化建设溯源清本、添砖加瓦，又可为社会主义核心价值观强基固本，还可为实现民族伟大复兴的中国梦凝心聚力，意义可谓独特、深刻又深远。

千古碧江横

——"将相和"修"德义"

世界如此之大，我们在我们的一隅。我们看不惯的一些事情，别人看不惯我们的一些事情，都在偶然间发生，从此，世界和世界之间、人与人之间便有了摩擦。摩擦可以起火，可以来电，可以拒之千里，也可以天长地久。金庸先生的武侠小说《笑傲江湖》中有句经典的话："有人的地方，就有江湖。"一语道出人类数万年来互相争斗的本质。

江湖一直会在，但江湖自在人心，纷争自在人心。纵观范仲淹宦海沉浮、跌宕起伏的一生，绕不开与宰相吕夷简之间的恩怨是非。从天圣六年（1028）宋仁宗征召范仲淹入京，到庆历三年吕夷简病逝，两人在宋朝官场上有过15年的交手期，上演了从对抗到合作的对手戏。有时可以说是"水火不容"。范仲淹三次贬谪，吕夷简都在间接或直接"推波助澜"，甚至起着关键性作用。但两人的互怼又未到"你死我活"的地步，似乎没有一次是把对方往死里整的，甚至好几回吕夷简还扮演着近乎"伯乐"的角色。因而，他们之间的政治斗争总体上还算"文气"，不见刀光剑影的虐杀，不闻羊血腥膻的狂躁，只能说是命里绕不过去的"坎"，运中解得开的"结"。

从政治立场看，所谓"在其位，谋其政"，两人执政的观点、态度、方式方法等，因人因势而异，并不是非此即彼、非正即邪的关系。

倘若从"党争"角度而言，以吕夷简为代表的保守派，更多的是老成的政治家，是政治上的传统主流。而以范仲淹为代表的革新派，主体是年轻士子，是政治上的新生力量。这场党争从一开始就力量悬殊，结果不言而喻，缺乏手腕的"后浪"被根基扎实的"前浪"打压下去了。

只是，范仲淹等人虽败犹胜，他们赢得了一个道德的制高点，尤其是在年轻士子中积攒了很高的声望，这也为其日后主持新政、开展庆历革新掌握了舆论导向，同时也成为掌握能左右国家政局未来的人才的一方。

客观地说，任何的革新都不可能是一蹴而就、完美无瑕的。吕夷简的保守执政有其现实考量。北宋初期，整个国家的行政中枢恪守"祖宗之法"，赵匡胤当年对赵普满怀期待地说："朕与卿定祸乱以取天下，所创法度，子孙若能谨守，虽百世可也。"真宗朝时真宗说："先朝庶政，尽有成规，务在遵行，不敢失坠。"到了仁宗朝，"祖宗之法"受到尊崇并愈益在现实政治生活中发挥作用，也即宋朝完成了从恪守"祖宗故事"到遵行"祖宗之法"的递进。

（张继钟作）

吕夷简作为宰相及保守士大夫们的"掌门人"，背后有着鲜明的政治势力。其由直言敢为向因循保守的转变过程，是基于谙熟官场世故；而其善于钻营、玩弄权术、排除异己，更多的是不自觉地去维持宋代初年承接的唐末、五代政治文化，主动或不主动地去承接北宋前期政治文化的遗产——保守政治和消极士风。是时代把他摆在那个位置，他便不得不完成这样的使命。

可以说，吕夷简的弄权和对范仲淹的阻拦，本质上讲是出于在政治风貌的革新已经成为趋势的时局下，尽力维护作为旧政治势力的自身及自身所处的政治集团利益的目的。任何政治结果的形成，都是合力作用的结果。吕夷简是当时宰执集团的核心人物，而宰执集团的政治影响力则在实际上决定着政局的走势，日后范仲淹主政时期形成的政治集团也是如此，这种相权的加强是导致宋代士大夫政治产生的重要条件。

同时，对吕夷简其人的评价，或许也得客观公允，至少对于宰执之职，他是尽心尽责地在履行。《宋史·吕夷简传》如是说："自仁宗初立，太后临朝十余年，天下晏然，夷简之力为多。"即便是在仁宗亲政后，他也有过"上书陈八事"的举措，建议仁宗"正朝纲、塞邪径、禁货贿、辨佞壬、绝女谒、疏近习、罢力役、节冗费"，这些无论对于仁宗个人还是当时的国家政局，都可谓切中要害。今人总结其执政，评价其"从政早期曾颇敢言直行、兴利除弊，但其后却转为玩弄权术、排挤异己，以取宠固位，并以此而闻名于史"，说明吕夷简也曾是个敢于直言之人。

明道二年，角色意识很强、政治手腕同样老练的仁宗终于亲政了，他展开一番政治"清洗"是大势所趋，这给范仲淹等人带来千载难逢的机会，一个全能"活血"的翻盘机会。革新派在一片和谐之中，开始天马行空地追随与畅想，在北宋政治舞台上粉墨登场、崭露头角，这也使"朋党"被作为一项在皇帝面前诋毁政敌声誉的舆论武器，首次出现在仁宗朝的政治舞台上。同样，这也是时势造英雄，是时代把范仲淹等人推到了风口浪尖上。

作为"以天下为己任"的政治家，范仲淹、欧阳修、余靖等人更看重一个人德行的完善与否，所以哪怕有碍仕途，进尽忠言都是被作为儒家士大夫的一件道德责任而不能改变的，重名节的背后有强烈的社会责任感在支撑。这其实也体现了在宋朝士大夫政治的大背景形成之后，所激发出的受儒学思想熏陶的知识人的担当精神。只是理想很丰满，现实却很骨感。沧桑烽烟，不忍在绵绵青河凝滞，不愿在苍青欲滴的山峦飘荡，"革新"这个历史沉重久远的话题，在止戈的上空停顿，然后灰飞烟灭。

也许，吕夷简在历史时空中的政治使命就是与范仲淹、欧阳修等新兴士大夫社群完成政治文化上的交接。

从政治抱负上看，两人虽不是一路人，但频繁的纷争更多体现在用人政策、政治风格等方面，在忠君报国、大是大非方面两人却有着"英雄相惜"的相似性。

吕夷简早年在通州担任通判时，曾到西溪观赏牡丹，并亲自栽下数株牡丹，还写下《西溪看牡丹》：

> 异香秾艳压群葩，何事栽培近海涯。
> 开向东风应有恨，凭谁移入五侯家。

诗中，吕夷简以花自喻，表达怀才不遇、期待早日飞黄腾达之意。最终他凭借自己的才华与努力，青云直上，位极重臣，实现夙愿。

无独有偶，范仲淹也到此地任过职，并写下类似诗篇。

天禧五年，范仲淹从亳州调往东海之滨的泰州，担任西溪（今江苏泰州东台市）盐仓监官。其间写下《西溪书事》：

> 卑栖曾未托椅梧，敢议雄心万里途。
> 蒙叟自当齐黑白，子牟何必怨江湖。
> 秋天响亮频闻鹤，夜海瞳昽每见珠。
> 一醉一吟疏懒甚，溪人能信解嘲无。

"卑栖曾未托椅梧，敢议雄心万里途"，范仲淹借诗抒发了自己怀才不遇、抱负难伸的惆怅和热血沸腾、想建功立业的豪情。

天圣二年，范仲淹又抒怀赋诗：

> 有客淳且狂，少小爱功名。
>
> 非谓钟鼎重，非谓箪瓢轻。
>
> 素闻前哲道，欲向圣朝行。
>
> 风尘三十六，未作万人英。
>
> 乃闻头角者，五神长战争。

"风尘三十六，未作万人英"，范仲淹壮志难酬的遗憾和无奈毫无保留地宣泄在诗行中。

据此，或许我们可以大胆推测，他俩都是积极、现实的人，对功名有着相似的执着，都想建功立业、忠君报国。

或许正因如此，范仲淹在其政治生涯中，也数次受到吕夷简的恩泽。比如，景祐元年，苏州发生严重水灾，朝廷急于用人，便调有治水经验的范仲淹担任苏州知州。吕夷简看重范仲淹的能力，明知苏州是他的籍贯地，这时也不再避忌了。范仲淹针对"江水已高，不纳此流""日有潮来，水安得下"等反对的议论声，上书辨释、论证自己治水方案的合理性，最终得到吕夷简等人的支持，而成功解除苏州水患。又如，康定元年初，范仲淹恢复天章阁待制之职，知永兴军。入朝复职的吕夷简上奏天子说：范仲淹是贤能之人，应该重用，仅仅恢复旧有职务不妥。仁宗当即改封范仲淹为龙图阁直学士、陕西经略安抚副使。是此，范仲淹未去永兴军，直接到了西北边陲。两人以国家大局为重，选择同仇敌忾、并肩作战，成就干戈化玉帛的佳话，此后，再也没有发生过矛盾。

为此，范仲淹曾面谢吕夷简说，过去以公事冒犯过宰相大人，想不到您如此奖掖后进！吕夷简笑笑说，我怎能念旧恶耽误国事呢？当仁宗说"如今国家有难，朝廷大臣应该勠力同心，为国效力，你和宰相吕夷简应当尽释前嫌"时，范仲淹顿首相谢说，臣过去与吕夷简有矛盾，都是因为国家大事，并非个人仇怨。去西北边陲前范仲淹又给吕夷简写了一封信，展现解仇姿态，题目是《上吕相公书》，信中寓意深长地把吕夷简比作郭子仪，希望以此消除与他的政见不和，支持自己干一番事业。

政治斗争从来不是儿戏，但"德之不修，学之不讲，闻义不能徙，不善不能改，是吾忧也"，因宋朝的士大夫甚是讲究儒家道德，同时，也具有不缺责任感的道家思想，故范吕之争虽"虐心"，但没有那么"血腥"。退一步说，吕夷简是调和鼎鼐的宰相，无论是治水抢险，还是经营西北边陲，如果他从中掣肘，后果是严重的，成事的胜算将大打折扣。客观地说，范吕之争虽然有朋党之争的成分，但范仲淹的核心思想是澄清吏治，选贤任能，廉政爱民。两人之间的聚讼并不在于对事实的认定，而是立场、站位、角度与心结等的不同，是士大夫阶层的内部之争。

诚然，贬谪、被押解放逐自然给范仲淹及其家人带来极大的困扰。从"一心回主意，十口向天涯""妻子休相咎，劳生险自多"等诗句中可以推测出，对于范仲淹不顾个人安危挺身抗议，遭受贬谪，连累家人受苦的事，其妻儿难免有怨言，是以，二子范纯仁才耿耿于怀，不肯承认范吕解仇之事，"吾翁未尝与吕公平也"，实属人之常情。

西周时期太史伯阳父在与郑桓公谈西周政治问题时，指出西周衰败的原因是周王"去和而取同"，将直言进谏的正人君子"去"之，而对苟同自己的媚官小人"取"之，提出了"和实生物，同则不继。以他平他谓之和，故能丰长而物生之。若以同裨同，尽乃弃矣"，第一次形象地区别了"和"与"同"，陈述了"声一无听，物一无文，味一无果，物一不讲"的道理，认为从政务到事务，都应贯彻"和而不同"。从此，"君子和而不同"的概念流传于世。

范吕二人之间从接触之初产生龃龉互有嫌隙，到互相讥讽，再到升级互怼，其实都是因为对待国家事务的政见不同。当边境战事迭起、国难当头时，二人均能放下私人成见，以国事为重，在同心协力抵御外敌上达成共识，"二公欢然相约""相逢一笑泯恩仇"。因此，吕夷简和范仲淹都是宋仁宗的能臣。某种程度上可以说，范吕之间也是"和而不同"。欧阳修后来为范仲淹写神道碑时说：吕夷简复相，范仲淹也再度被朝廷重用，两人欢然相约，共同为国效力，因而受到天下人的赞誉。这令世人对吕夷简有了重新的认识，也实打实地折射出范仲淹的德义与大度。

功与过，是与非，自有后人评说。一粒尘起，一粒尘落，对于时光，悖论是孤独的，无法抵御闲言与碎语，而"君子和而不同"，是一个永远不老、永远不倦、永远新鲜的处世哲学。尘缘无解，可以不渔舟唱晚，不高山流水，但人格、情怀、德义的高风亮节，在江湖里依然是不朽传说，如同打开的心结寻找到冬日里温暖的所在，这是范吕"将相和"体现的超越境界，也是升华"德义"之思想境界。

一川无一尘

——"清泉"润"清史"

山中有流水，借问不知名。历史上被冠名的名"泉"不少，各有各的波澜，各有各的机杼，其中与清廉有关的当数山东泗水的盗泉、广东南海的贪泉、湖南郴县的贪泉、梁州的廉泉和越州的清白泉。

清白泉位于越州，由北宋著名政治家、文学家、思想家范仲淹倾情打造。宝元元年十一月，范仲淹由润州移知越州。当时的越州州署在今绍兴越王台与越王殿之间。一日，范仲淹带衙役去州署旁辟荒，无意中发现一口废井，经疏浚后，见其泉"清而白色，味之甚甘"。范仲淹有感于泉之"清白"，命曰"清白泉"，并在泉旁筑"清白堂"，建"清白亭"。之后，又作《清白堂记》，全文以不长的篇幅，记述了从发现清白泉到建成清白堂的过程，借"井德"喻"官德"，提出"清白而有德义，为官师之规"的从政之道。在范仲淹看来，居官当"清白"，对民须"德义"，这与他后来在《岳阳楼记》中提出的"先天下之忧而忧，后天下之乐而乐"的思想一脉相承。

古往今来，越人对范仲淹的惠政甚为称颂，亦敬仰其"清白"和"德义"而历代缅怀不绝。南宋著名诗人王十朋在《清白堂》诗中写道："钱清地古思刘宠，泉白堂虚忆范公。印绶纷纷会稽守，谁能无愧二贤风。"《（万历）绍兴府志》也记载，"自汉迄今，守斯土者无虑数百人，莫贤于范公"，把范公推到崇高的地位。

（冯家祥作）

范仲淹知越州时正处于越地 2 500 年建城史的中心节点，清白泉的诞生使古城的清廉文化更显源远流长，串起一条上可追溯到"一钱太守"刘宠、舍命治水造鉴湖的马臻、"三散家财，大义天下"的范蠡，乃至"天下为公"的大禹、"德倾天下"的舜，下可延伸到"孝悌行于家，忠信著于乡"的陆游、"只留清气满乾坤"的王冕、"清官第一"的甄完、"吾心光明"的王阳明、"不朽旗帜"的周恩来及当下，纵贯 5 000 年，清晰而生动的"廉脉"，奠定一部既是历史文化史亦是清廉文化史的不悖史实。

"泉眼无声惜细流，树阴照水爱晴柔。"诚如范公任广德司参军时，在一个名为石溪的地方，赋《瀑布》诗所云："迥与众流殊，发源高更孤。下山犹直在，到海得清无？势斩蛟龙恶，声吹雨雹粗。晚来云一色，诗句自成图。"一条与众不同的清流，从高山上自上而下，起初自然是清澈洁净、直来直去，可是，在到达大海的漫长过程中，还会那么清、那么直吗？泉还是那口泉，只是每一眼泉都有它的历史使命和特定价值，我们应做的就是从中探寻新的当代价值，感受时光深处的启迪。

任何事物都有偶然性和必然性，偶然中包含着必然，必然中也体现着偶然。以历史的眼光去看，清白泉就是属于越州的特定又必然的产物。

（一）越州悠久的清廉文化催生清白泉

"鉴湖越台名士乡"，绍兴自古以来人杰地灵，其历史沿革可上溯至远古时期的尧舜，历史文化底蕴十分厚重，孕育了包括清廉文化在内的诸多文化瑰宝。"古有三圣，越兼其二"，尧、舜、禹三位圣人中，大舜、大禹与绍兴有着密切联系。舜禹时代施行的"天下为公，选贤与能""慎厥身，修思永""在知人，在安民""大矩在下，汝能法之，为民父母"等，形成越地早期"清廉思想"的重要萌芽和理论渊源。自春秋战国以降，范蠡忠以为国，不慕名利，三散家财，大义天下，坦荡清正之风亘古未绝；文种为国鞠躬尽瘁，扶大厦之将倾，铮铮铁骨，凛然气节，承其不灭；王充一生"廉则约省无极，贪则奢泰不止"，奉行增郁郁之白，举涓涓之言，传为后世楷模；王羲之清廉传家，世代恪守和、孝、学、义，在绍兴广为流传；范仲淹以天下为己任，君国以忠，亲友以义，"予爱其清白而有德义，为官师之规"，唯留清白在人间；陆游一生慨然于世，胸怀国之大义，"富贵苟求终近祸，汝曹切勿坠家风"传颂至今；王阳明"知良知""吾心光明"，立德、立功、立言于一身，知行合一，两肩正气；周恩来总理以身作则，定下"不谋私利，不搞特殊化"等十条家规，终身严于律己，体察民情，为国为民殚精竭虑，俯首甘为孺子牛……

这些清廉思想或清廉文化观虽表达不一、角度有别，但"节俭""自律"的为人品行，"爱民"的为官德行，"勤政"的治世方法，构成越地廉脉的核心价值理念和思维逻辑，贯穿清廉文化发展的整个过程，始终涵养越人的价值取向和精神品格，使越地清正刚直之士辈出。一如明朝文学家王思任（1575—1646）所言："夫越乃报仇雪耻之乡，非藏垢纳污之地也。"正因历史文脉和廉脉环环相通，绍兴才奠定了名人辈出、享誉遐迩的历史文化名城地位。仅文武进士来说，今之绍兴市境之内，就多达 2 238 名。

当时光的车轮驶入 21 世纪，古越大地传承、建设当代清廉文化更呈燎原之势。2014 年，越地在全国率先创设"清白泉"清廉文化品牌，注册"清白泉"商标，形成了以"清白泉·全国清廉诗歌散文大赛""清白泉·全国中小学生廉洁文化书法创作邀请赛""清白泉·廉洁家风大讲堂"等为代表的系列成果。在"清白泉"品牌示范带动下，各县（市、区）纷纷结合自身特色创设区域性清廉文化品牌。2019 年，越地以"梳廉脉、编廉文、演廉戏、铺廉路、建廉馆"五廉并举，大兴清廉文化，以涵养"政治山清水秀、干部清正勤勉、风气清朗向上"的政治生态。其中，"梳廉脉"以清白泉作为中心点和切入点，以泉为引，串联起一眼泉（清白泉）、一座山（天姥山）、一条江（钱清江），系统梳理越州纵横千年的清廉思想脉络，整合由古至今的清廉事迹，提炼"清白廉政，润泽廉洁"的内涵，打造具有绍兴辨识度的清廉文化样板。

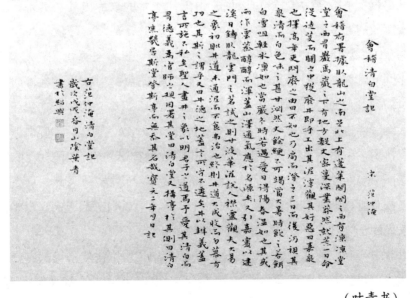

（叶青书）

山明水秀地，清白越州魂。当我们以历史为经、以文化为纬，全景式地挖掘和梳理越地廉脉，于一路清风、一脉相承中不难发现，清白泉产生于越州是历史之必然。越地悠久的历史文化催生并源源不断地滋养了它，而"清白泉"清廉文化亦如涓涓细流润泽了越州大地。

时间光明的节点上，阳光在大道上叮当作响，涌动着新的思潮，岁月自有完美的修饰。"清白泉"是越州不可复制和不可剥夺的宝贵遗产与文化积累，也是越地清廉文化浩然长存、代代相传的深刻注脚，它催生了一弦琴韵的风雅操守，洗礼华丽转身的一片雪花，与子同清，岂无白泉。

（二）北宋内外交困的政治环境需要清白泉

在两千多年漫长的封建社会中，腐败始终是一大顽病痼疾。因此，历代有识之君都将反腐工作放在重要位置，出台不少别出心裁的惩罚措施，这些反腐手段大多打在贪官污吏的"死穴"上，给历史留下了浓墨重彩的一笔。诚如王亚南教授在《中国官僚政治研究》中所言："中国古代的一部二十四史，其实就是一部贪污史。"可以说，中国几千年的政治史其实就是一部腐败与反腐败的斗争史。

在我国古代历史上实行"高薪养廉"制度的有唐和宋两朝。宋太祖早在开宝年间就宣称："与其冗员而重费，不若省官以益俸。"宋太宗在位时亦表示："廪禄之制，宜从优异，庶几丰泰，责之廉隅。"后来范仲淹在庆历新政的施政纲领中也提出："养贤之方，必先厚禄，禄厚然后可以责廉隅。""使其衣食得足……然后可以责其廉节，督其善政，有不法者，可废可诛。"王安石在熙宁变法期间，不仅增了官俸，而且发了"吏禄"。因此，从太祖至徽宗，都为百官养廉不断增俸，使宋代的俸禄水平达到历朝历代之巅峰，甚至是汉代的十倍以上。

以北宋为例，据《宋史·职官志》记载，宰相、枢密使一级的高官，每月俸钱三百贯，春、冬服各绫二十匹，绢三十匹、棉百两，禄粟月一百石；地方州县官员，大县（万户以上）县令每月二十千，小县县令每月十二千，禄粟月三至五石。正俸之外，还有各种补贴，如茶、酒、厨料、薪、蒿、炭、盐诸物以至喂马的草料及随身差役的衣粮、伙食费等，数量皆相当可观。比如包拯，作为开封府的"老大"，每个月都要处理一些民生案子，同时他也是龙图阁大学士，并且担任尚书省的右司郎中，身兼三职。作为龙图阁大学士，包拯一个月可以拿到138贯钱，折算成人民币相当于12万元，算得上是高薪，再加上还有另外两项工作，如此则可轻轻松松赚人民币30万元左右，而其他官员的收入也大抵如此。

只是，"高薪养廉"虽一定程度上具有历史借鉴作用，却不似决策者主观臆测那样的乐观，更多的是一种善良的主观愿望。这是因为现实中人性的复杂、贪欲及攀比。禄厚，终有止境，而贪官赃吏的欲壑难填满。于是，在历史上反而出现了一个怪象，吏畏重法，且有厚禄，却未能杜绝贪赃恶迹，甚至俸禄最多的宋朝与俸禄最少的明朝，贪腐情况竟同时是历朝历代中无双的存在。诚如《宋史纪事本末·王安石变法》所言："然良吏实寡，赋取如故。"更严重的是官吏们对厚禄并不满足，连王安石也承认："今吏之禄可谓厚矣，然未及昔日取民所得之半也。"

缘何宋廷之高薪难以养廉？

"廉者是苟非吾之所有，虽一毫而莫取；贪者则是利用职权，见利忘义，志在必贪。"有利益的地方就有贪鄙，所以"厚俸"与"养廉"应是两个概念，之间并没有必然联系，官吏的廉与贪，主要是由不同的政治制度及个体人品所决定，而不是由俸禄的多寡"养"成的。在同等制度及同等俸禄的情况下，往往是廉者自廉，贪者自贪。高薪养廉制度未能长时间实行，最后中道废止，离不开宋朝积弱积贫的经济环境和政治生态。

首先，"事不加旧而用史至数倍"。《宋史·苏辙传》载：元丰后，吏额比旧时增加数倍，哲宗命苏辙"量事裁减"。吏人白中孚解释了吏额猛增的原因："昔无重法、重禄，吏通赇赂，则不欲人多以分所得。今行重法，给重禄，赇赂比旧为少，则不忌人多而幸于事少。"仅以"三班员"（供奉官、左班殿直、右班殿直）而言，据《续资治通鉴长编》载，宋初时仅300人，真宗天禧间已达4 200余人，而神宗时则多至11 000余人，官吏队伍的不断膨胀，致使国家财政不堪重负。原本是招揽人才的科举到了宋仁宗时期也成了官员收受贿赂的一种方式，造成想做官就需要行贿的不良政治生态。

其次，社会风气奢靡成风。宋代是中国古代商品经济最为发达的时期，由于长时间的战乱，以及科举制度的实行冲击了阀阅制度，人们普遍崇尚金钱。北宋统治机构庞大，冗员成堆，生活的淫逸奢侈也相当惊人，尤其是真宗以后，更为严重。如宰相吕蒙正，每天宴饮，必吃鸡舌汤，致使鸡毛堆积如山。仁宗晚年不问政事，大臣奏事，只是点头敷衍，而贪恋酒色，整天在宫中宴饮享乐，挥金如土，侈费惊人。其后宫藏宫女数千人，赏赐动以万计；为祭祀天地祖宗，用法驾卤簿达 1 万多人，祭享的用度竟耗费 1 200 万贯。皇室政治上的腐败，生活上的奢靡，使宋朝的财政支出逐年增加。北宋初年，宋太祖曾告诫左右："军旅和饥荒要事先做好准备，不可等临事再向民间征敛。"当时出少入多，年年盈余，府库丰实。但到了仁宗年间，不仅没有盈余，更因挥霍无度，年年亏短，国库空竭，造成了严重的财政危机。

（《新时代清风廉路图》局部）

"上有好焉，下必效也"，皇帝如此，他那个庞大的统治集团及其他王公大臣自然趋之若鹜，变着法地鼎铛玉石。比较典型的例子是魏兼赈灾。明道二年，杭、越、苏、秀等州"旱灾连年""饿尸横路"，仁宗命淮南转运使魏兼去安抚饥民。魏兼到达苏州后，昼夜歌舞娱游，过起花天酒地的生活，而对饥民则不闻不问，甚至把他们赶到庙里关起来，不给饭吃，三天中饿死多人。魏兼所到各州其州官都须遣送歌伎迎候，民间流传歌谣："绕梁歌伎唱，动地饥民哭。"又如，尚书左丞知州蒲宗孟，每天宴饮要杀猪、羊各10只，燃烛300根。有人劝他减少些，蒲宗孟发怒说："你们要让我在黑房子里挨饿吗？"再如，翰林学士宋祁，华灯初上，同歌伎醉饮，他的哥哥宋庠觉得有些过分了，便叫人对宋祁说："听说你昨晚烧灯夜宴，穷奢极欲，难道不记得某年同在学内吃齑饭时的情景了吗？"宋祁听了哈哈大笑说："寄语相公，不知某年吃齑饭是为了什么，当年在州学读书受苦，正是为了后来的做官享福。"这些令人咋舌的奢侈浪费例子，只是宋朝奢靡之风的冰山一角，足见腐败问题已是病入骨髓。

宋代各个阶层以崇尚奢侈为荣，甚至使民间争相效仿。比如，人们在选择婚姻时更注重"才"和"财"。当时可谓"满朝朱紫贵，尽是读书人"，有才的人才能当官，并以聘财、嫁妆多少为"财"之标准取舍婚恋对象。正如蔡襄所说："观今之俗，娶其妻不顾门户，直求资财。"在这样的社会背景下，奢靡风气甚嚣尘上，人们热衷于追求物质和精神上的享受，老百姓出门"必衣重锦"，若是一身麻布衣，都不好意思与人打招呼。人性是复杂的，官员也是人，厚禄终有止境，利欲熏心驱使下，一些官员往往不能守住自己的节操底线，贪污的大门一旦打开，就无法停止。在俸禄成倍往上翻的同时，贪官赃累巨万者亦随之增多，至北宋晚期竟出现了以蔡京等"六贼"为代表的贪官集团。

再是，有法不依，执法不严，缺乏有力的防贪惩贪措施。宋朝立法中对官员贪污腐败问题处理很重。宋太祖时，从严惩处贪官赃吏，载入《宋史·太祖本纪》者就有15人之多。正如清人赵翼所说："宋以忠厚开国，凡罪罚悉从轻减，独于治赃吏最严。盖宋祖亲见五代时贪吏恣横，民不聊生，故御极以后，用重法治之，所以塞浊乱之源也。"至宋太宗时，法犹未弛，但在实际执行当中，却没有像立法时这样严格。尤其是在处理赃官王淮一事上，其坐赃至千万，按例当斩，因其是参知政事王沔之弟，仅给予杖一百、降职的处分，而开了"玩法曲纵"的先河。《宋史》在谈到两宋历朝用法情况时评论说："其君一以宽仁为治，故立法之制严，而用法之情恕。"贪污腐败的官员因为得不到严惩，因此"责罚未几，遇赦复叙，故态复作"。"天下之事，不难于立法，而难于法之必行"，确实有制度不执行，比没有制度的危害还要大。

毋庸置疑，宋代的物质文明和精神文明所达到的高度，在中国封建社会时期是空前绝后的，但治吏是一项庞大的系统性工程，仅仅通过提高官吏俸禄以及严惩官吏贪污犯罪是远远不够的，尤其是在内忧外患等众多因素作用下，北宋贪贿肆虐之风达到巅峰，北宋的政治腐败也同时达到了极点，最终导致北宋的灭亡。而范仲淹生活的时期，正处于北宋王朝由初建时的没有战乱流离、没有血与火的洗礼、四海安定、生活祥和而转向积弱积贫之际。作为忧国忧民的一代贤臣，范仲淹深谙历史，深知腐败必然导致王朝崩溃倒台，眼见所处的赵宋王朝腐败现象此起彼伏、愈演愈烈，腐朽的体制机制已经浸入国之肌体，他又怎能熟视无睹、无动于衷？自然是"宁鸣而死，不默而生"，走到哪，就把清白廉政建设关注和重视到哪。

时光涨满潇洒，写尽风情，范仲淹在越州这个盛放了太多传说、拥有千年廉脉的古城，在古城一座不简单的卧龙山上发现了一口古井，历史便在这里浓缩。这是一次灵魂的洗涤，一次生命的逾越，作为文思斐然的古文运动先驱人物、厉行改革的朝野领袖，不在此事上做文章，岂非枉费了这么好的题材与契机？甚至我们可以说，即便没有这口古井的发掘，也会有其他"清白溪""清白街"等出现也未可知。

一座方方正正的古城，是一部深邃的无字书，代表正直的传统；一眼清清白白的泉，穿越历史和大地，回荡着最初纯净的回音，悄然升腾一种莫名的敬仰、虔诚、宁静和感激，彰显出居住在此的人们的文明，而文明的人，表现着人类的清澈、代表着股股清流。每一个深奥的呈现，都是造化给予古城的奖赏。所守不迁，所施不私。清白泉，一眼独属于越州的清泉，清朗之美，不曾有任何变易。而井旁那个发掘者，无论站着，还是坐下，他都处在我们用一生仰望的高度。

一串泉韵，独善其身。"廉"里，一万朵莲花盛放，看谁主沉浮，谁主风流！

雅淡绝规箴

——"井德"喻"官德"

千古道德文章《清白堂记》在记叙"嘉泉"由来、描述泉水清冽甘甜甚配佳茗外，浓墨重彩加以渲染的是井泉之内涵，即以"井德"喻"官德"，抛出"予爱其清白而有德义，为官师之规"的警世观点。稍加琢磨，便会发现这并非只是文学作品中叙述、描写、抒情、议论等表现手法和比拟等修辞方式的简单运用，亦非简单地牵强附会或哗众取宠，而是基于范仲淹精于《易经》的理论感悟和对易学出神入化的实践运用。

《易经》是由符号和文字著成的中国第一部古经，是中国文化的"源头之书"，儒家、道家均深受其影响。"人更三圣，世历三古。"相传伏羲创八卦与六十四卦；周文王重新演绎六十四卦，形成《经》；孔子解释和赞颂经文的文字，形成《传》。《经》和《传》合成《易经》，因是周代之易，故又称"周易"。一部《易经》，千古迷宫，从五行、天干、地支、太极和八卦的讲解，再到象、数、理的介绍，看似晦涩难懂，诘屈聱牙，犹如天书，却是古人经过全方位、长期、细致观察，分析、归纳、总结出天、地、人、事、物的发生、发展规律，在漫长的实践运用过程中验证、修订而成的人生智慧，在远古知识匮乏的年代，它是具有普遍指导意义、包罗万象的百科全书般的存在。它也是人生问题的"答案之书"：人为什么活在世界上？人以怎样的方式活在这个世界上？人的生命过程，是偶然性事件的组合，还是冥冥之中服从某种必然性的安排？人到底有没有命运？……《易经》为研究中国古代文化和哲学思想开启了一扇门，数千年来对中国的哲学、社会科学和自然科学等影响深远。

在《四库全书》《十三经注疏》《古今图书集成》《四书五经》等文化知识宝典中，《易经》位列榜首，后世尊之为"群经之首"和"中国文化之源"。孔子曾作如此评价："夫《易》，何为者？夫《易》开物成务，冒天下之道，如斯而已者也。"易经是干什么用的？绝不是用来算卦的，而是上古圣人"以通天下之志，以定天下之业，以断天下之疑"的，他老人家定下这个调子，自然《周易》就成为古时儒家推崇和儒生必学之经典。

范仲淹一生精研《易经》和《春秋》，这是他成就功业的学识基础。其中他对于易学的研究方式接近义理派，又比义理派站得更高、格局更大，因为他不仅仅将易学当成一门学问来研究，更是当成一种无坚不摧的利器来使用。《宋史》称范仲淹"泛通六经，长于《易》，学者多从质问，为执经讲解，亡所倦"。《周易》是范仲淹思想的重要来源。

（《新时代清风廉路图》局部）

一则，从他专门阐述易学理解的文章中可见一斑。《易义》《四德说》《乾为金赋》《用天下心为心赋》《穷神知化赋》《蒙以养正赋》《易兼三材赋》等，是范公关于易学研究的专门的辞赋文章，大多作于天圣六年，其时范公正执教应天府书院，作为一名学术型的专家，他沉醉研究、著作等身，这是他一生中时间最充足、研究著述最丰富的时期。此后，他在碑记、书表、牒奏等文章里，也大量引用《周易》中的内容，处处闪耀着易学思想的光辉。这些文章也许不成系统，却让范公在易学研究领域占据了一席之地。

二则，从他的清廉思想观而言。他将心性论与宇宙本体论相结合，提出天理是"洁净精微之理"的观点，并试图将"易教"的"洁净精微"转化为现实生活实践的最高准则。"洁净精微"一词出自《礼记·经解》，形容《周易》对人的教化作用。在范仲淹的思想中，"洁净"是指天理本体具有超越而崇高、清白而不染的本性，它是常在的、不变的，具有永恒性与超越性；它不随现象的变化而变化，反而是一切现象变化的根本法则。"精微"是指作为宇宙现象的本体，天理并不以任何具体样态而存在，它是非现象的，并不直接诉诸人们的官能感觉，因此是"精微"的。然而，天理或道体自身的"精微"，却揭开了宇宙全体运动的总相，因此"精微"必转化为"显著"。学习经典，就必须对天理的"精微"有内在体察，"洁净精微"同样应成为学者自身的内在素质。学者应洁身自好，培养高洁清廉的人格；见微知著，具备体察真理的实际能力。范仲淹认为，《周易》的主旨有"一义一理"，即所谓"变化云为之义"与"洁净精微之理"。"变化云为"是宇宙现象所呈现出来的变化的无限性；"洁净精微"是强调现象虽变动不居，但现象所体现的"理"永恒不变，它总是保持本身的"洁净"。因此，善观《周易》者，当"尽变化云为之义"，而"存洁净精微之理"。换句话说，保持"洁净精微"的精神状态，正是实现个体存在之最高价值的保证，天道（天理）本身即是价值本体。正是在这一意义上，范仲淹为个体人格的清正廉明确立了根源于天理的基础。清正廉洁不是一种道德的外在规范，而是来自天道本身的律令。正是以此为基础，范仲淹阐述了"性以诚著，德由明发"的人性论，把廉洁的实现上升到实践天理的高度，并作用于其廉政实践中。

三则，从他的从政经历中加以印证。不论居庙堂之高，还是处江湖之远，范公对易学的研究和运用都从未停止。在他的引领和影响下，李觏、胡瑗、孙复、石介等一批学生和后辈都成为研究易学的大家，并将弘扬易学当成支持庆历新政、复兴儒学的重要武器，一度掀起易学研究的高潮。这种风气影响深远，后来的学问大家，如欧阳修、苏轼、司马光、张载、周敦颐、程颐等人，都是在易学领域作出开创性贡献的人物。

（冯家祥作）

可见，范公对于学问讲究的是"学以致用""活学活用"。对易学的烂熟于心，使他透彻易学之精髓并精于圣人之道，令他既可在位高权重时从容以对，也敢于直面"惨淡的人生"。而他如此看重易学，并不仅仅因为《易经》是五经之首、科举必备，更多乃是易学所包含的尊德崇德思想、忧患意识、通变思想、损益思想等，对他一生思想、理念、言行、生存态度等产生了革命性影响，这些直接体现在他的为人为官为文中。

《周易》对"德"有充分的论述和详细的阐述，倡导"尊德崇德思想"，认为德是天地的最高品性，尚德是人对天地之性的终极追求。比如我们耳熟能详的清华校训"自强不息，厚德载物"，就源出《易经·象传》。乾卦象曰："天行健，君子以自强不息。"坤卦象曰："地势坤，君子以厚德载物。"

告诫莘莘学子要效法天刚健运行的特质，自守刚强而勤奋不息；效法大地柔顺而宽厚的品德，承载万物。孔夫子在对易经六十四卦的阐述中，也对卦辞中"德"的方方面面进行了全面完备的梳理，指出："履"卦，是树立道德的基础；"谦"卦，是施行道德的权柄；"复"卦，是遵循道德的根本；"恒"卦，是巩固道德的前提；"损"卦，是修养道德的途径；"益"卦，是充裕道德的方法；"困"卦，是检验道德的准绳；"井"卦，是据守道德的处所；"巽"卦，是展示道德的规范。

范仲淹深受这种尊德崇德思想的影响，他在治国理政理念中，提出了"以德为治，德主刑辅，礼法并用，宽猛相济"的主张，对仁宗皇帝提出的建议是"以德服人，天下欣戴。以力服人，天下怨望。尧舜以德，则人爱君如父母，秦以力，则人视君如仇雠"。这些理念与孟子提倡的仁政思想异曲同工，未完全脱离古代儒家圣人们的言论范畴，又因为天时地利人和，遇上古仁人所无法比拟的良好环境——北宋仁宗朝倡导德政和仁政，适应了政治相对宽松的时代要求，而有机会也有能力进行社会实践，终产生良性社会效应。

范公在《清白堂记》中引用的"井德"有独特的理论渊源，是在易学理论框架内实践的产物，其源出《易经》第四十八卦之"井"卦。原文如下：

井：改邑不改井，无丧无得，往来井井。汔至，亦未繘井，羸其瓶，凶。

初六：井泥不食，旧井无禽。

九三：井渫不食，为我心恻，可用汲，王明，并受其福。

九五：井冽，寒泉食。

上六：井收勿幕，有孚元吉。

大意是，"井卦"：象征无穷，改变、迁移城邑不会使水井发生改变和迁徙，井水不会枯竭也不会溢满，来来往往的人都到井里来打水。《象》曰：

"木上有水，井；君子以劳民劝相。""井卦"的卦象是巽（木）下坎（水）上，是说水分沿着树身向上运行，直达树冠，为井水源源不断地被汲取到地面之表象，象征无穷。井水无穷无尽，孜孜不倦地养育着人们，君子应当效法这种美德，不辞劳苦地为大众谋福利，倡导助人为乐的社会风尚。

初六，井底淤满了污泥不能供人饮用，历尽沧桑，年久失修的老井连鸟雀都不来光顾。《象》曰："'井泥不食'，下也；'旧井无禽'，时舍也。"井底淤满了污泥不能供人饮用，是因为位置处于井底部位，水中泥沙不断沉淀最后都淤积在这里；历尽沧桑、年久失修的老井连鸟雀都不来光顾，反映出一种时过境迁，被世间万物所遗忘抛弃的凄凉遭遇。

九三，井水淘干净了却不饮用，不免令人失望，应尽快汲来尽情享用，恰如君王贤明是大家共同的福气。《象》曰：

清白而有德义
可为官师之规

（谢权熠书）

"'井渫不食'，行恻也；求'王明'，受福也。"井水淘干净了却不饮用，表明尽管血气方刚，一心想有所作为而使世人受益，却苦于一片好心无人领受，满怀热情的善行只落了个令人悲叹的结局；又从井水说到人事，盼望圣明的君主出现，思贤若渴，像汲水一样选拔、吸收、重用人才，就能给国家带来吉祥，君臣万民都可以享受到由此带来的恩惠。

九五，井水清澈明净，就像甘甜凉爽的泉水一样可供天下人饮用。《象》曰："'寒泉'之'食'，中正也。"这是因为九五处在最尊贵的地位，象征行为不偏不倚，内心纯正无私，因而能够集中体现水井滋润万物、造福大众的美德。

上六，水井养人润物的功德业已完成，不要盖上井口；内心怀着一片诚意，定能带来大吉大利。《象》曰："'元吉'在上，大成也。"大吉大利的情况出现在"井卦"最上面的位置，是因为上下照应，同心协力可将水提出井口。且不把井口盖严，继续怀着诚心为人们提供饮水方便，实乃功德无量，寓指滋养世人的宏伟事业获得了巨大的成功。

从井卦中，我们不难发现《易经》所赋予井泉的深刻而丰富的内涵，井德与世上诸德相映生辉，井的无穷无尽、无适无莫、无怨无悔、无欲无求等品性与美德，与古代崇尚的"天人合一""心物一元"思想一脉相传，也正是人们不可或缺的。诚如《系辞·上》所言："易与天地准，故能弥纶天地之道。"

同时，范公因有感于清白泉而写下《清白堂记》，离不开关于"井泉"特定的人文和时空语境。

井在中国文化中占有很大的比重。有井的地方就会有人，人多了就形成了城池。井决定着人口的数量，是人们赖以生存、繁衍、生息的根源，不只是人在用，也是农作物之必须。城池更移也是因为井，当井不能用的时候也就是城池搬迁的时候，故，井的使用既不能过度限制，也不能不加节制，以免干涸。"古人不唾井"，因为水井是生命之源，是祖宗之脉，所以，"点滴之恩当以涌泉相报"，"水井"也因此成为故乡的一个代名词。当人们离开家乡，到别的地方去生活的时候，也许可以获得土地、重建家园，但水井不可能迁移到异乡，即使重新凿一眼井，也不能通过异乡的水井与祖先接通，祖先的福荫自然也不可能通过异乡的水井传递给人们，因而有了"背井离乡"这个成语。不论在已死的梦里，还是在新生的梦里，倘若水井能够真正背到背上，是不是也是一种美好的愿望与幸福呢？

吟诗作赋与煮酒烹茶是古时文人名流的一种雅趣，"一杯春露暂留客，两腋清风几欲仙""莫道趣乡难自得，心闲处处似桃溪""入户启窗聊旧日，品茶评论述文题""遥闻境会茶山夜，珠翠歌钟俱绕身"，茶道文化亦是颇为讲究。"茶滋于水，水藉于器"，佳茗须有好水相匹配，方能相得益彰。品茶如何选水？"茶烹活水，须从前路汲龙泉""泉从石出清宜冽，茶自峰生味更圆""琴里知闻唯渌水，茶中故旧是蒙山"。茶圣陆羽认为水以山上水为佳，山水又以从岩洞中石钟乳上滴下且经过砂石过滤漫流出的泉水最佳，并说："夫茶烹，于所产处，无不佳也。盖水土之宜，离其处水功其半，然善烹洁器，全其功也。"意即选择产茶之地的水来烹茶往往具有事半功倍之效。"不羡黄金罍，不羡白玉杯，不羡朝入省，不羡暮入台，千羡万羡西江水，曾向竟陵城下来"，陆羽一生走遍大江南北，遍访名山大川，寻访"甘泉活水"，并深得其中之乐，提出"楚水第一，晋水最下"，把天下宜茶水品，点评为二十个等级，用行动和悟得证明古人对饮茶用水的讲究。

既为茶学家又为艺术家的宋徽宗赵佶也曾说："水以清轻甘洁为美，轻甘乃水之自然，独为难得。古人品水，虽曰中泠、惠山为上，然人相去之远近，似不常得。但当取山泉之清洁者。其次，则井水之常汲者为可用。若江河之水，则鱼鳖之腥，泥泞之汙，虽轻甘无取。"可见水之"清轻甘洁"一直是人们评水的标准。灵水、丹泉皆可望而不可即，唯地泉自古就是人们认识、品评的对象。这是清白泉冠名为"嘉泉"之资本和缘由，它吻合了品茶者们对甘泉的向往。

纷沓的脚步来来回回，惊不破内心固守的城池。当我们试着去读懂《易经》中"井卦"的理论内涵，了解"井泉"于古人的生命意义及对茶道的价值影响时，就会对《清白堂记》有更透彻的理解和感悟。文中的"观夫大易之象"，直接点明文章受《易经》启发。"井道未通，泥而不食""井道大成，收而勿幕""井德之地，所守不迁""圣人画井之象，以明君子之道"等，则均能在"井卦"中找到理论依据，不啻是廉学元素完整的根据和人生价值深刻的演绎。

同时，《诗经·大雅·公刘》有言："相其阴阳，观其流泉。"《礼记·郊特牲》也说："阴阳和而万物得。"而阴阳之道是《易经》中最经典的思想。山北水南谓之阴，山南水北谓之阳。清白泉、清白堂位于卧龙山之北麓，环城河之东北，山环水抱，山之阳刚、水之阴柔交会，可谓尽得天地阴阳之和；而清白泉又处于山中岩壁下，妥妥的是陆羽、宋徽宗所说的"山泉"；加之当时越州当红名茶——"龙山瑞草"就产自卧龙山上，印证着陆羽的"夫茶烹于所产处，无不佳也"，故清白泉能"清而白色，味之甚甘""以建溪、日注、卧龙、云门之茗试之，则甘液华滋"。

再则，其时范公尚艰难踯躅于贬谪路上，虽"一日天恩放尔归"，我愿"相逐栽花洛阳去"，对人生已不再哀怨和感叹，却又何尝不是"背井离乡"呢！是此，他对清白泉情有独钟，有更深的爱和理解。

行行道不孤。俯瞰一山的传说，阅读一泉的故事，当所有的因素巧妙地串联在一起时，清白泉、清白亭、清白堂、《清白堂记》，仿佛一串灵动的符号，在《易经》中跳跃，走向澎湃的生命之巅，又似一册宋代清史，阅尽历史的繁华与沧桑，在阳光下缓缓打开，像一幅绘在江南墙上的古画，深入释然感动的灵魂，不曾改变一廉如水最初的模样。月朗清明，德倾乾坤，有限空间，珍藏无穷妙趣。一泉与一德，在深深的折服中痴迷，在深深的痴迷中折服。

矫首赋灵乌

——《灵乌赋》发覆

任何声音都是时代的回声。"宁鸣而死，不默而生"这句范仲淹在士大夫政治主宰一切的时代喊出的话语，与"先天下之忧而忧，后天下之乐而乐"一样，是那个时代高亢的强音。事隔千年，依然铿锵有力，掷地有声，潜入魂魄。

景祐三年五月，范仲淹因上《百官升迁次序图》，被权相吕夷简指为"荐引朋党，离间君臣"，在两人的交锋中再次败下阵来，被贬知饶州（今江西鄱阳）。其时，在建德（今杭州建德）任县令的文友梅尧臣作《灵乌赋》相赠，赋中说："乌兮，事将兆而献忠，人反谓尔多凶。"意思是乌鸦在人将死时用鸣叫来警告，反被人们当作凶鸟而厌恶，劝范仲淹"结尔舌兮钤尔喙"，闭口不言以自保，并给出"胡不若凤之时鸣，人不怪兮不惊"的主意，倒不如像凤鸟那样偶尔发出点美妙的声音，也就无人怪罪了。该赋既对范仲淹的遭遇表示同情，又好意劝谕，这是一般人明哲保身的正常选择和正常思维。

但这种做法显然不符合"言事无所避"的范仲淹的行事准则，于是他作同名《灵乌赋》回赠，赋中云："知我者谓吉之先，不知我者谓凶之类。故告之则反灾于身，不告之则稔祸于人。"自己的选择是"主恩或忘，我怀靡臧。虽死而告，为凶之防""人有言兮是然，人无言兮是然"，即使是不被理解、牺牲生命，但为了王朝的长治久安，自己都会一如既往，我行有心，做这种危机预告、灾难警示，表明自己既不愿做贪腐懒政、损公肥私的"太仓鼠"，也不愿做权霸一方、欺凌弱小的"荒城狐"，自己"宁鸣而死，不默而生"，即便言论不被世人接受，也要坚持道义，慷慨直言。他以诗赋明志，表达自己以经世济民为己任，坚持公廉，而不以得失毁誉为考虑的坚毅心志。"宁鸣而死，不默而生"是其人格独立的宣言，是精神清廉的宣言。只有把自己的人格建立在天道的高度，把自己的精神与天道的无所不包、覆育万物相统一，才可能不被外物所干扰，而坚持自己本性原在的诚明、中正、独立、完整，这也正是清廉作为一种崇高精神之所以动人之处。诚如南宋学者王应麟在《困学纪闻》中所说的那样："范文正《灵乌赋》曰：'宁鸣而死，不默而生。'其言可以立懦。"浩然正气，可以廉贪立懦；春风化雨，可以感化人心。正所谓"君子之德风也，小人之德草也，草上之风必偃"。

两篇《灵乌赋》，胸襟、志节、品格，高下立见。范公这篇不足六百字的赋文，涵盖了他关于报恩、功名心、忧患意识、言事精神、皇权观念等的政治思想。"儒者报国，以言为先""发必危言，立必危行"，面临士风浇薄，士大夫政治业已形成的态势，他力图砥砺士风、过正矫枉，这是一种有别于愚忠的特殊的忠诚，予人一种悲壮式的钦佩。

范公作为士林领袖，他的视角是全方位的，因而并非简单的愚忠，他想到的不仅是君主和朝廷，还有天下百姓，"但愿天下乐，一若樽前身"，故"致君于无过，致民于无怨"，这与《岳阳楼记》中"居庙堂之高则忧其民，处江湖之远则忧其君"的文字表达异曲同工。

感叹宋代士大夫政治的制度设计，从政治到文化乃至社会，都让中国知识分子拥有前所未有的强势，上书言事，危言谠论，俨然是士大夫的专利，反映出士大夫们国家观念和事业心、责任感的空前高涨。因言获罪，不是什么羞耻，相反还是荣耀，所以，范公被舆论誉为"三光"，贬谪一次比一次更为光彩，这是一种同气相求、同声相应的民意制造，是来自同道的期待，或许也是"发必危言，立必危行"的勇气来源之一。

（张继钟作）

能量总要释放，不然，可悲的"万马齐喑"之后，必然"于无声处听惊雷"，而惊雷，绝非正常的声音。王瑞来先生在《宋代士大夫主流精神论》中写道："在任何社会里百家争鸣总比鸦雀无声要正常。"百家争鸣其实是一种疏导，一种能量的正常释放。

范公的能量释放就体现在"臣不兴谏，则君道有亏""有犯无隐，人臣之常；面折庭诤，国朝之盛""危言迁谪向江湖，放意云山道岂孤？忠信平生心自许，吉凶何恤赋灵乌"，是以，常"言事无所避""公言廷争"，乃至"色忿"。"宁鸣而死，不默而生"的精神，因有着广泛的舆论襄助与人心后援，使其赢得了时人的尊重和后人的好评。"桃李不言，下自成蹊。"范公的行为也极大地砥砺了读书人的气节，作为一种可贵的精神、品格、气节与难能实践的勇气，它不仅是那个时代的强音，更可激励世人，成为当今时代之强音。

扬清风建千秋业，扶正气夯万年基。在全面从严治党纵深推进、作风建设永在路上的新形势下，我们把"宁鸣而死，不默而生"重新提出，大书特书，有其特定的时代价值与意义。

思古即援琴，阅古以儆今。时代需要更多像范公那样敢于做"灵乌"的党员干部，以其敢抓敢办敢治的大无畏担当和牺牲精神，换取国家的海晏河清、乾坤朗朗。

寸心如铁石

——"一家"何如"一路"哭

　　生命的萌生，是绽放的一朵尘缘。生命的刻度，在缘起缘灭中描画，扩展着它的内涵与外延，一面旗高扬，朝着无尘的人性，升华为文字的传奇，传奇之下，是窒息不了的生命的律动。"一家哭何如一路哭"，这是北宋著名政治家、思想家、文学家范仲淹于庆历新政期间提出的警世名言，如同大道从简，无限延伸生命价值的韵味。漂泊的文字未凋，遗落成历史，至今跳跃着压不住的平平仄仄。

　　世事缭乱的烟云，活在低迷与激荡起伏的沉重与轻狂里。北宋仁宗年间，官僚队伍庞大，行政效率低下，人民生活困苦，国家积贫积弱加之辽国和西夏战事等因素，各种弊政暴露无遗，社会危机加深，矛盾激化，农民起义和兵变如欧阳修所说"一年多于一年，一伙强于一伙"，北宋政权统治的根基也如范仲淹所言到了"不可不更张以救之"的时候。从下至上，改革天下弊事的意向日益强烈。

　　裸露的根须，在绝壁之上，高擎坚强的灵魂。庆历三年，以范仲淹为统领，富弼、韩琦、欧阳修等为代表的一批有识之士，大声疾呼，就当世急务提出一系列改革措施并进行改革，史称"庆历新政"。范仲淹在给宋仁宗的《答手诏条陈十事》中，提出了"明黜陟、抑侥幸、精贡举、择官长、均公田、厚农桑、修武备、减徭役、覃恩信、重命令"共 10 项改革主张，史称

（《新时代清风廉路图》局部）

"条陈十事"。

朝代太轻，光阴太重，命运悬而未决。这一剂关乎宋廷起死回生的改革良方，由范仲淹坐镇中央，昂然推进，一批精明能干、正直清廉的官吏被下派巡察全国，类似于现在的中央巡视组，主要任务是检视、稽查、监督地方官吏的为政情况，并据实报告朝廷。范仲淹接到各地按察使的报告后，对照各路官员的花名册，评定每个人的政绩、才能和品德，对缺德少才、害民败政的不称职者，秉笔直挥勾掉名字，一律降黜；对德才兼备、政绩卓著的有为之士，则加以迁赏。同僚富弼对范仲淹"素以丈事公"，见他毫不留情地罢免不称职官吏，不免有点担心，试图劝阻道："十二丈则是一笔，焉知一家哭耶！"（"十二丈"即范仲淹）您一笔勾掉很容易，但是这一笔之下可要使他一家人痛哭啊！范仲淹干脆利落地回道："一家哭，何如一路哭耶！"路为宋代大行政区名，"一路哭"比喻一个地区的百姓因遭受灾难而痛苦。意思是让一个地区的百姓受苦哭，不如一家子痛哭。成语典故"一笔勾销"即出于此处。朱熹对此极为赞赏，认为范氏此言此行"有补于世教"，特将这段历史录入《宋名臣言行录》一书中，作为后来执政者之参考。

真的勇士，唯在艰险中显现。活着，不只是一道风景，更是一种精神。

在范仲淹看来，以"不才"官吏一家之"哭"，来换取一路百姓不"哭"，此一笔"勾"得相当值。因为他深知，一方经济的发展与否、百姓生活的安宁与否，与地方长官的才德息息相关。他在花名册上"视选簿有不可者辄笔勾之"不是根据个人好恶，而是站在国家、朝廷和全局的高度，是出自公心、做得公正、行得公道的行为，是他一贯秉持的"忧乐天下"精神与"宁鸣而死，不默而生"的从政理念之现实体现。一"勾"，勾出的是一个官员对国家、对百姓和对历史的责任，昭示的是范仲淹以民为本、体恤民情的博大情怀与坦荡胸襟，彰显的是铁面无私、刚正不阿、坚决革除官场积弊的坚定信念与勇气。

俯身拾起千年的故事，随着时光澎湃的，是波涛汹涌的思绪。这种"一笔勾之"的举动和动容历史之"哭论"，语论极今古，一气自横秋。在选择"哭"与"不哭"，让谁"哭"，让谁"不哭"之中，充分说明一个干部的好与坏、廉与贪、勤与怠，不仅关系到干部自家的幸福，更牵涉千家万户的祸福。其实质是一种人民至上论，是一种重视老百姓利益的价值观，考验的是执法者对制度的敬畏心和执行力，提示任何干部都应当坚持立党为公、执政为民的为政理念，任何时候都必须铁面执纪、为民服务，对于贪官污吏，必须始终坚持一查到底、一撸到底。

站在历史的风口，体会范公的"一笔勾之"，实乃看似轻易，实则不易。树大招风，改革招来的不仅是风。他们这群改革先行者在当时承受的是各种无端的诽谤、甚嚣尘上的言论攻击、继续任职的危险以及最后不得已而为之的自求贬黜的结果。只是，闪电来过，雷暴来过，狂风来过，范公依然坚守在悬崖之上，向阳而生。或许追逐的人，最终也终将用追逐结束。一声叹息重重砸在石碑上，烫出一行文字：在时不默，去亦无声。暗喻之光，却在来时和归去的路上呼啸而过，贯穿古今，彰显全面从严治党的重要方略和社会主义制度的优势。清音有正声，清光能照人，清赏浩无边。

地胜出嘉泉

——泉眼寻根

细雨落在我肩头，种出一池繁星。

一座亭子，"清白"二字似被佛光轻轻抚慰①；

一棵柏树，静卧思想之姿，坐视凡尘②。

浮额仰望，我与夏风对饮，探寻存在之谜。

时光打了个结，形散神聚。

虞舜笑着把泪留在井底③，从此天下明德倾斜时光的重量；

夏履桥侧④，大禹三过家门不入的故事随桥下流水绵长；

五湖烟波间，范蠡舟逍遥三迁荣名；

兰亭鹅池边，书圣家训浓墨重彩；

山阴道上，示儿诗训尚依稀；

九里梅山⑤，霜雪墨梅留清气；

阳明洞天⑥，格天格地致良知；

蕺山书院⑦，"诚意、慎独"素描皎皎完人"刘豆腐"；

钱清江里⑧，"一钱"今犹在；

鉴湖边，太守魂依存⑨；

轩亭口，呐喊发出了，未必发聩，一定振聋。

面壁十年图破壁⑩。山河深处，一群思想者，唤醒沉睡的石头：

红了一柄铁锤，砸开了几世锁链；

红了一把银镰，瓦解了道道封锁；

红了一面旗帜，飘扬在历史柔软的书页；

红了一方山河，奔涌出时代铿锵的强音……

所有的风雨都是文字，所有的风景都是线索；

先贤清风，映照一生清白。

他们因有山川一样的情怀，才让历史垂青；

他们因有江河一样的特质，才让时光不浅！

岁月沉香，清可绝尘，浓能远溢。

我是谁？从何处来？往何方去？

命题可能无解，这一刻却如同花照见自己，雪返回真身，月找到本相：

原来，人的亲水情结，延续了上下五千年，两岸是从古至今未停息过的脚步。

原来，清者，水之洁也。一滴泪、一滴汗、一滴血，接近于水的排列，足以清澈所有的纷杂。

原来，一条河的前世今生，注定有一个源源不断、亘古不变的信念之源，才能恒久。

原来，流水不腐，永恒成最干净的时间，有灵魂的河流，才有记忆。

原来，一眼泉里住着传说，我本就是一滴水，脐带浅埋在这里。

"功成不必在我，功成必定有我。"千年来，我们与泉一起醒目地活着。

时光的锦帛，遗存命运的刀痕。问道清泉，道破玄机：

清！白！泉！每一个字都洗净每一簇阳光。

每一个字，不仅在读历史，也是在读今天，读明天。

远方，和远方的远方，就在脚下。

该有一条河流允许我追本溯源，一滴水也拥有一条河的五脏六腑。

稽山苍苍，何以为继？

不忘初心，方得始终。

鉴水泱泱，何以为鉴？
初心易得，始终难守。

今日，我选择从源头再一次匍匐前行，把追梦的心淘洗得更加睿智。
一手高举激扬正义的大旗，清白德义规官师；
一手紧握铲除邪恶的宝剑，横眉冷对逼庸俗。
在反复的修剪和整理后，人生的架子干净整洁；
在反复的砥砺和涤荡中，河清海晏的梦想巍然而立。
泉眼清澈，静水流深；
德高气清，义高声远。
在水之湄，梦或歌，是敬往也是向往。
山河深处，一切又将开始，从一而终。

（清白泉，绍纪宣供）

附注：

①府山公园里有清白亭、清白泉等。

②府山上文种墓旁古柏环绕，文种提出"民本思想"。

③舜掘井出泉，曾被后母与弟弟落井下石。

④夏履桥位于绍兴市柯桥区夏履镇夏履桥村境内，明万历年间的《绍兴府志》载："世传夏禹治水，遗履于此。"

⑤王冕隐居于九里山。

⑥阳明洞天位于宛委山，为王阳明结庐悟道、读书讲学之地。

⑦刘宗周创建蕺山学派，在蕺山书院讲学。

⑧钱清江因"一钱太守"刘宠而得名。

⑨曾任会稽太守的马臻被称为"鉴湖之父"。王十朋等绍兴史上不少太守也为修建鉴湖流血流汗。

⑩周恩来总理语。

第四篇章　廉印古城

風雲代皆忠賢
古今時有蓋世人

　　山高人为峰。因为范公，千年古城、千年廉脉千年不衰。绍兴历代仁人志士纷纷以他为楷模，独善其身，兼济天下。

　　风正一帆悬。因为范公诸君，古越大地不拒清风明月，无惧惊涛拍岸，一廉如水，廉风峻节。

古 城 清 履

一气自横秋

绍兴是首批国家历史文化名城之一，是一方有着 1 万多年人类活动史、5 000 多年文明史、2 500 多年建城史的神奇土地，历史文化底蕴厚重，蕴含清廉文化在内的众多文化瑰宝。在这里，每一口新鲜湿润的空气，都吐纳着文化的芬芳、清廉的气息。

细品中国文化史上的高光时刻，那些白衣飘飘的主角，大多不曾缺席古越大地的时空。大禹在此治水毕功，地平天成。越王勾践"十年生聚，十年教训"，实现越地史上第一次腾飞。秦始皇巡越，祭大禹，立刻石，教化民众。汉时马臻筑湖，使绍兴"俗始尚文""俗始贵士"。魏晋时绍兴称会稽，王谢风流，俯仰一世；"衣冠南渡"，中原士族豪门纷纷南迁，绍兴因以"俗始尚风流而多翰墨之士"，出现"今之会稽，昔之关中"的繁荣景象。隋唐时绍兴称越州，管治地域最广时几乎囊括今浙江、福建两省地，"俗至今好吟咏而多风骚之才"，李杜元白，诗文不朽，绍兴成为特定历史时期的文化中心。两宋及至元明清时期，绍兴文风愈为灿然，"好学笃志，尊师择友，弦诵之声，比屋相闻""下至蓬户，耻不以诗书训其子"……正是历史文脉的环环相通，奠定了越地名人辈出、享誉遐迩的历史文化名城地位。仅文武进士今之绍兴境内，就多达 2 238 名。

天地有正气，杂然赋流形。千年以来，古越大地蕴含的廉洁文化应和着历史文化的脉动，如稽山鉴水般源远流长，赋予越地清风阵阵、清气浩然。"廉则约省无极，贪则奢泰不止"的王充，"清白而有德义，为官师之规"的范仲淹，"富贵苟求终近祸，汝曹切勿坠家风"的陆游，"不要人夸好颜色，只留清气满乾坤"的王冕，"今之所薄者，忠信也，必从而重之；所贱者，廉洁也，必从而贵之"的王阳明，"独之外别无本体，慎独之外别无功夫"的刘宗周、"沉着、勇猛，有辨别、不自私"的鲁迅，"粉骨碎身浑不怕，要留清白在人间"的马寅初……众多先贤以自己的冰玉情怀写下了清廉精神的华彩篇章，是千年古城清气长盛之精神源泉。

"清白泉"位于绍兴市区府山公园南麓，是北宋著名政治家、思想家、文学家范仲淹留给越州的不可复制、不可剥夺的宝贵历史文化遗产，取名于范仲淹《清白堂记》中的"爱其清白而有德义，为官师之规"。2014年底，越地正式提出将"清白泉"作为绍兴的清廉文化品牌，总结提炼出"清白廉洁、润泽廉政"的时代精神，设计品牌形象标识，并于2018年成功注册商标。此举开创全国地市级申报清廉文化品牌先河，为清白泉的寓意沉淀了最美的底色。

（清白堂，绍纪宣供）

（深化纪检监察派驻机构改革工作推进会，绍纪宣供）

（《吾心光明》剧照，绍纪宣供）

（宋摩崖石刻"动静乐寿"，绍纪宣供）

在"清白泉"清廉文化品牌的引领下，越地深入挖掘范仲淹"清白而有德义"的清廉文化内涵，创造性地理出"溯廉脉、编廉文、演廉戏、铺廉路、建廉馆"的"五廉并举"清廉文化建设思路体系，串珠成线、合纵连横，开辟新路径，激活绍兴全域的清廉文化"基因"。"五廉并举"于2019年3月开始实施，构筑了从监督末梢到清廉风尚的全域清廉大格局。2021年，深化以"五廉并举"为核心的清廉文化建设写入绍兴"十四五"规划，成为绍兴推动全面从严治党向纵深推进的一个重要载体。

井泉水的向往，青白石壁内经事累月的独醒，以"清白泉"为品牌的清廉文化建设如涓涓细流汇成汤汤江河，润泽越州大地。九万里风鹏正举，千年古城，时至势已成，清廉尤可期。

千载犹因循

绍兴是一座有精气神的城市，自古以来清气长盛，悠悠廉脉如浩浩文脉，千载绵延。一部绍兴历史文化史亦是一部清廉文化史。

2019 年以来，越地以一眼泉为引，串联起一座山、一条江，系统梳理绍兴从古至今的清廉思想脉络，整合由古及今的清廉事迹，丰富"清白泉""清白廉政，润泽廉洁"的内涵，彰显"夫越乃报仇雪耻之乡，非藏垢纳污之地"之气场。

涧泉清凌凌。"一眼泉"即清白泉，由北宋著名政治家、思想家、文学家范仲淹倾情打造。宝元二年，范仲淹知越州，在州署所在地卧龙山（今绍兴府山），疏浚一口废井，见泉清而味甘，遂把泉命名为"清白泉"，在泉旁建"清白亭"，并把居住的凉堂更名为"清白堂"。随后，他以"清白而有德义，为官师之规"为主旨，写下著名的《清白堂记》。这与他后来在《岳阳楼记》中提出的"先天下之忧而忧，后天下之乐而乐"思想一脉相承。

清波尚泱泱。"一条江"即钱清江，源自"一钱太守"刘宠。东汉刘宠在担任会稽太守时，简除烦琐政令，严查官吏的非法活动，政绩卓著，深得民心。后其升职入京，越地数位老人，每人携带百文钱相赠送。刘宠再三推辞，盛情难却，象征性只收一钱，行至绍兴西小江时，将这枚钱投进清澈江水中，以表"不拿一钱"的清廉自守志向。为纪念这位勤政清廉、为民造福的太守，百姓称此地为"钱清"，这段江为"钱清江"。

灵峰锁峨峨。"一座山"指天姥山。新昌天姥山是中国文化史上的一座高峰，素有"一座天姥山，半部《全唐诗》"之称。1 200多年前，李白、杜甫、孟浩然等450多位诗人由钱塘江南渡，以越州为中心，或壮游或宦游或优游或隐游，探幽览胜，放歌抒怀，留下诸多脍炙人口的诗文，形成闻名于世的浙东唐诗之路。这是一条充满山水风光的风景路，一条激情、才情喷涌的诗路，也是一条追慕前贤思想、境界、人格以自我惕厉的廉路。

（清官第一，绍纪宣供）

"一眼泉""一条江""一座山"，既形象展示了绍兴独特的群山环绕、盆地内含、平原集中的山坚水柔的地理形态，又从内涵上传递着越人兼有山之坚硬、海之广阔、水之柔和的社会性格的最初动因和勇敢正直、体恤民生、德才兼备、刚柔并济的清廉基因。

岩有好泉来，千古犹得闻。时光深处，"清白泉"蕴含的清俭克制、清白自律、清正爱民、清明勤政等清廉因子如粒粒珍珠，成为绍兴传统文化中弥足珍贵的资源，滋养沁润着一代又一代越地儿女，对不同历史时期绍兴的社会政治和文化的发展产生了深刻的影响。

"静以修身，俭以养德""克己复礼为仁"，俭为廉之根，廉为政之本，克制为廉之基。

清俭克制的生活方式涵养高洁的德行，为越地历代名人志士所推崇。《墨子·三辩》有载："昔者尧舜有茅茨者，且以为礼，且以为乐。"舜还是廉洁治家躬孝道的楷模。《史记》卷一《五帝本纪》记："舜父瞽叟顽，母嚚，弟象傲，皆欲杀舜。舜顺适不失子道，兄弟孝慈。"《战国策·魏二》记载："昔者帝女令仪狄作酒而美，进之禹。禹饮而甘之，遂疏仪狄，绝旨酒，曰：'后世必有以酒亡其国者。'"大禹应是史上把饮酒行为与廉洁生活甚至政治紧密联系起来的第一人。东汉钟离意为政清廉，力倡节俭，不谋私利。南朝齐梁范述曾为政清平，身无余财，梁武帝称其"治身廉约"。明朝陈九级清廉自守，不贪不赃，不买田地，口碑极佳。清朝汪伦秩体恤民情，平雪冤狱，卒于任上，死时尚欠官银数百，家贫无力，知府代偿。近代北大"精神之父"蔡元培，一生秉承"不苟取、不妄言"的家训，自律甚严，死后没有寸土，被毛泽东同志誉为"学界泰斗，人世楷模"……这些先贤大德具有共同的特质：清廉节俭，安贫乐道，极度自律，他们是越地崇廉尚俭传统的引领者、推动者、示范者。

"一丝一粒，我之名节；一厘一毫，民之脂膏"，清白传素风，思想清白，是为官之本；行为自律，是为官之道。

溯源绍兴历史，不少清官志趣高雅、严于律己，始终保持对"义"的敬畏和对"利"的戒惧，清白为官、堂正处事。东汉郑弘谦卑清白，死后只用粗布衣服和白棺殡殓回乡。晋朝孔愉以孝闻名，心怀天下，清正廉洁，离任时，朝廷和地方所赠，一概不收。北宋赵抃一生清廉，刚正不阿，不避权贵，苏轼赞其"玉比其洁，冰拟其莹"。

"百代师表"范仲淹知越州时写下《清白堂记》，文章据《易经》发挥，提出"予爱其清白而有德义，为官师之规"，以"井德"喻坚定信念、坚持原则、清正廉洁、不徇私情之"官德"，表达对清白自律的为官修养的坚守。其一生清贫的生活方式、清白的从政生涯更显其清，他虽身居高位，却"食不重肉"，病逝之时，"殓无新衣，友人醵资以奉葬，诸孤无所处，官为借屋韩城以居之，《遗表》不干私泽"，朱熹盛赞其为"有史以来，天地间气第一流人物"。

"德惟善政，政在养民"，清正爱民乃为官之道。

越地历代清官名吏在清正爱民方面可谓深刻担当。东汉第五伦奉公尽节，勤政爱民，锄草喂马，衣食自理。唐代杨于陵体恤百姓，政声流闻，越州大

（唐宋名人摩崖题刻，绍纪宣供）

旱时请求朝廷开仓放粮，救百姓于水火。北宋杜衍"外恢经武之方，内擅富民之术"，道大而正，德简而廉。南宋理学集大成者朱熹单车赴越救灾，开仓放粮，赈灾济民。宋人汪纲则勤政廉行，治行甚美，修葺绍兴城河和诸古城门，形成城内商业网络。元代宋文瓒身正不阿，秉公执法，民安业兴，百姓赞其"治民一本仁爱"。明代甄完更堪称以德为本、惠顾于民的典范，从政四十余年，广爱民，施仁政，被百姓奉为"真（甄）青天"。嘉靖年间骆问礼秉性刚方、行止高洁，不避权贵，虽遭构陷亦不改其志，张岱称其为"朱紫阳之功臣，海忠介之高弟"。这些清官廉吏的"正气歌"丰富了廉洁从政的为官之道的内涵，随着时代的进步与发展，其本质依然不变。

"执政以廉为本，为官以勤为先"，清明勤政乃治世之道。

彪炳越地史册的清官名吏，均以勤成业，以廉立身，以清行世。东汉孟尝少时即重操守品行，"安仁弘义，耽乐道德，清行出俗，能干绝群"，升任合浦太守后，面对官吏贪腐、珠民滥采、商贾不来、民不聊生的现状，求民病利，革易前弊，终使"去珠复还"。明清间姚启圣耿直仗义，文武兼备，尤在清初平台大业中，献私银助军，功勋卓著。同时，清官廉吏们还通过严厉

（清白泉·诗文大赛，绍纪宣供）

刑罚、严守监察，制约官员权力，整治社会秩序。南朝梁贺琛研究"户口减落""官吏残暴"等问题，南朝齐孔稚珪主张健全法制，晚清梁葆仁裁减冗员、变革除弊，明朝陈鹤鸣抑制豪侠、惩处奸商、实施"治黄六略"……清官名吏们采用种种举措，形成良法善治的治理模式，为后世所借鉴和谨行。

"鉴前世之兴衰，考当今之得失"，以史为经，以文为纬，以"清白泉"为轴心对越地廉脉进行全景式的挖掘和梳理，从中我们可以感受到先贤们清风两袖的廉与正、一心为民的赤与诚、光明磊落的品与德。在社会多元、充满诱惑的今天，这些先贤的清廉思想犹如闪亮的明灯，也是最好的补钙剂，为打造具有绍兴辨识度的"清白泉"品牌提供了充分的思想资源支持。

一眼清白泉，正是清廉文化建设一泓不竭的泉源，得到了时光恒久的照拂。

尺素写林峦

人类所有的大岁月、大过往，最终都淹没于水里或风化于尘中。千年之后，唯有文字鲜活地生根发芽。是此，三国曹丕在《典论·论文》中尝言："盖文章，经国之大业，不朽之盛事。"他把文章的撰写与文字的作用抬高到了极致。

"诗，言其志也。"中国是诗的国度，中华诗词不仅是一种文学存在形式，也是中华民族在历史征程中所选择的一种独特的生存方式和表达形式，在长歌短叹中，千古不变地流淌着美好、纯粹与高雅。尤其是优秀清廉古诗文，蕴藏和跳跃着廉洁、清风的韵律，总能涤荡污泥浊水，堪称弥足珍贵的艺术宝库。

宝元二年，范仲淹遭贬黜知越州，在府衙所在地卧龙山的山岩间发现"清白泉"，著文《清白堂记》，在当时贿赂成风的社会环境中以"清白"告诫自己和官场同僚。虔诚的行者在诗行里落下点滴诗话，从此，清白泉惊艳青史，《清白堂记》也与其之后六年写就的《岳阳楼记》，以一脉相承的理想的昭示、人生的担当、家国天下的情怀而灼灼史册、流芳百世。诚然，无论一山一泉一城，唯有德者居之也。

泉没有语言，却富有追思，在时光中若隐若现。《清白堂记》不事喧嚣，起笔的初心，落笔的深意，不用探寻，也有一种耐读的意义。一步千年，穿越了漫长的黑夜和荒芜，与大地的热血对接，泉之诗、意、志与新时代的历史滔滔不竭。

不负云山赖有诗，一枚经手的思想掉落下来，可见其清晰干净的内核。2019 年，越地以诗心润廉心，把清廉文化与现代诗文有机嫁接，根据本土历代先贤的生平、著述、思想，结合当地源远流长的"名士文化""清廉慧语"等人文资源，以诗写廉，以文述廉，连续举办 3 届"清白泉"杯全国清廉诗歌散文大赛，累计征集作品 2 万多件。

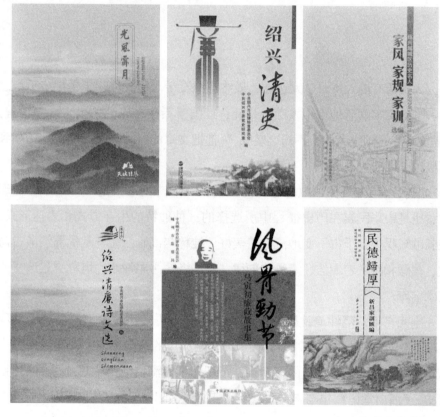

（清廉书籍）

一抹水墨，被领着就找到了笔毫，仰首的秩序从容不迫，如同逐瓣绽开的清荷。《绍兴名人故事》《清吏》《周恩来精神风范》《绍兴清廉诗文选》等一批书籍和《书圣翰墨香 家规越千年》教育专题片也相继问世。诗的清亮之质，词的凝练之泽，以饱满，以婉约，描摹洁净的山山水水，成全清澈的骨骼，在文蕴与历史元素的结合中谱写清气，在文思与人文元素的契合中传承清规，成为古越大地一张"亮丽名片"。

2011 年以来，越地把书法艺术和清廉文化有机结合，以墨香染古香，澎湃清廉的神韵与境界，连续举办 5 届"清白泉"杯全国中小学生廉洁文化书法创作邀请赛，以书法无可言传的情结、无可表达的深思、无可解答的微妙传承和弘扬优秀传统文化，助推诗文作品充满或厚重或灵动的美感，促进"清白泉"品牌在芬芳墨香中情景交融。

"黄河落天走东海，万里写入胸怀间。"在字的岸堤，诗、文、书饮着太阳的光芒，丰裕清廉价值的理念。白云深处，"清白""德义"的价值无形地招展。越地从范仲淹、陆游、周恩来等先贤名人的家规家训、族规族箴、廉洁故事中，去其糟粕，取其精华，挖掘、提炼、编撰优秀家训家规作品，相继开展"清白泉"廉洁家风大讲堂、"清白泉·名士家风"主题演讲比赛等活动，建设"清白泉"清廉网络图书馆，提炼和创造出更多的廉之美，在浅吟低唱中，厚植文化土壤。特别的诗意流向，强烈的意识流向，像神奇的声波，卷走心灵的迷雾，绝妙地呈现古越大地风清气正的尚廉氛围。

一切答案，尽在尺素。

歌雪扣琴声

　　中华文化源远流长，在众多的传统文化中，戏剧无疑是能够很好地体现中华民族传统、精神和特色的一项文化，贯通了中国上下五千年的历史。作为一种"晚熟"的艺术，戏曲在成熟过程中吸收了诗、词、文以及民间歌舞、说唱技艺的成果，以别具匠心的审美观念与表演体系深获民众喜爱。

　　绍兴是著名的"戏曲之乡"，剧种、曲种多样，声腔、唱调丰富，作家、艺人辈出，主要有越剧、绍剧、新昌调腔、诸暨西路乱弹、绍兴目连戏五大剧种，平湖调、词调、莲花落、摊簧、宣卷五大曲种，号称"十全十美"。其中越剧是我国仅次于京剧的第二大剧种，在国外被称为"中国歌剧"；新昌调腔被誉为"中国戏曲活化石"。它们是绍兴的文脉之一，深刻烙印着古越历史文化，凝聚着越地子民独特的生活情感、道德情操和审美体验，也潜移默化地影响着越人的文化精髓和生活智慧，其中包括爱看社戏的文化习俗。

（《甄清官》剧照，绍纪宣供）

经典戏曲如同唐诗宋词、《增广贤文》，受人们喜爱并常被随口吟诵，尤其是那些精彩的唱段和念白中，动感的腔调、形象的表述、深刻的寓意非常耐人寻味。越剧注重唱词唱功，一字一词皆是千般情致、万般柔肠，恍若一斛清泉，字字珠玑，拨动心弦，戏曲作品以浓郁的生活气息、深邃的思想智慧、美妙的艺术美感而具有灵魂和翅膀，也成为传播知识、宣传文化思想的重要载体。即使是文盲，也能哼唱上几句充满哲理又荡气回肠的戏文，尽显越地民风之质朴与灵气。

（《稽山魂》剧照，绍纪宣供）

2019 年，越地从"戏曲之乡""唱词唱功""爱观戏剧"等词眼中，拓展"清白泉"表达方式，发挥"戏曲之乡"的优势，把清廉文化与越剧、绍剧、新昌调腔等本土艺术相融合，以说廉、演廉、唱廉等形式，排演出《一钱太守》《甄清官》《马寅初》等具有思想内涵的清官戏、具有民族特色的大众戏、具有鲜明时代特征的精品戏，将历史文化资源融会转化为接地气、连民心的群众性文化活动。

古戏新唱，鲜活的唱词、经典的唱调、耳熟能详的故事，赋予人物和剧目勃勃生机，无论是进京演出还是送戏下乡，在庙堂与江湖间婉转悠扬至情至性的家国情怀，因而广受赞誉。

（新编廉政越剧《一钱太守》剧照，绍纪宣供）

萧萧远韵和于乐，茫然洒向睿智深处。在主流曲种创排大型戏的同时，宣卷、鹦哥戏、莲花落等越地本土地方特色曲艺也粉墨登场。譬如，莲花落《一副三巧板》、宣卷《哭笋救母》、鹦哥戏《家庭风波》、布袋木偶戏《清风岭》等震撼力和地方味十足的文艺节目亦各展千秋，各显芳华。

一花一草一世界，一木一叶一乾坤。小小的一方舞台，演绎了不少悲壮、婉约、至情的爱，诠释了太多不离不弃、大爱无疆的美。人们在街头巷尾、村社田间，参与"越乡清风千村万里行"、"清风如歌"越剧演唱大赛等活动，引起更多的情感认同和记忆共鸣。

"以美善吾人之性情，崇大吾人之思理者"，越地用雅俗共赏、形象直观、表现力强的戏曲来创编清官名吏的廉政故事，用时代精神激活优秀历史文化，形成戏剧新生态。美的吸引，不仅仅是一种融入，更是深深地刻进心里，清水一般牵扯热爱的视线，在白云之间，把底色牢牢抓在手中。这样的一台台"清白泉"戏，人人来观看和参照，将那些潜台词和角色，一一对号入座，与预期目标与初衷不期而遇，有一股力量在时光之上。

腾上烟霞游

　　"剡溪蕴秀异，欲罢不能忘。"1 200多年前，李白、杜甫、孟浩然等400多位诗人由钱塘江南渡，以越州为中心，以剡溪为纽带，以天姥为高峰，一路踏歌而行，探幽览胜，抒写怀抱，留下诸多脍炙人口的诗文，串起闻名于世的浙东唐诗之路，这是一条风景路，一条诗路，更是一条廉路，不可逆地自然呈现清廉文化和清廉思想。

　　"越中山水绝纤尘""小桥通若耶之溪，曲径接天台之路"，900年前，"百代师表"范仲淹携友人，赴上虞东山、嵊州义门裘氏、新昌南岩等唐诗之路上的重要基点，游赏拜谒，清谈赋诗。烟波浩渺处，清与浊分庭抗礼，清与白昭然若揭，"清白""德义"的为官理念更深地植入这条清廉诗路上。

　　"清风不变诗应在，明月无踪道可传"，历史的车轮滚滚而至21世纪，这条闻名于世的诗路文化带穿越时空，依然江上风清，义高声远，一路数不清有多少踏浪而来的脚步，数

（古纤道，绍纪宣供）

355

不清有多少仰望的目光，数不清有多少感慨与凭吊，放射出无法阻挡的光芒，成为诗画浙江大花园的标志性工程，以及浙江文化建设的一张"金名片"，而绍兴就是这段风清唯美诗路的首倡地与核心精华段。

这路，是过去的继续，是崭新的开始。越地珍惜、珍爱"浙东唐诗之路"这一宝贵资源及其深邃的清廉思想内涵与时代价值，做足、做深诗路文章。2019 年开始，沿着浙东唐诗之路的轨迹，绍兴相继在清白泉边的"龙山诗巢"、新昌天姥阁、柯桥钱清江畔，连续三年举办清廉雅集，探索出一条新时代新诗路，丰盈了地域性新诗学概念。

这路，是融合的路，是无限风光的路。越地发挥"没有围墙的博物馆"的独特城市优势，以诗路为轴心，以范仲淹倾情打造的府山清白泉为圆心，把散落在域内的深藏着的古今清官廉吏的故居、故地、遗迹等人文景观，博物馆、名人故居、烈士陵园、文化礼堂等清廉文化坐标，与旅游景点统筹整合、串珠成链、连点成线，打造"活态"的清廉地标性建筑群落，推动山水之美、诗画之美转化为心灵之美、道德之美。2021 年，绍兴规划完成"清白泉·清风廉旅"清廉教育线路，创作贯通古今、廉脉清晰、可观可赏的新时代清风廉路图百米长卷。2022 年，第九届绍兴市委提出以文化先行、精神富有为建设高水平网络大城市、打造新时代共同富裕地注入强大动力，对全市域范围内的清廉文化地标进行再融合、再提质，提升具有绍兴辨识度的新时代清风廉路之时代特质与靓丽底色，赋能廉洁文化建设。

这路，是历史的轨迹，是时代的未来。无论是新时代新诗路，还是"清廉齐家""纺城清风""一钱竹风""书香兰韵""稽山望梅"精品线路、"家国情·清廉心"知行专线、清风红色游等，都润物无声，山水之间回响的是黄钟大吕，激荡的是清风正气。文化、旅游、清廉互促互融。

看透的，是表象；领悟的，才是真理。路，是过去的路的继续，又是未来的路的起航。过去的路，曾经精彩；未来的路，奇迹更多。走到远处，需要不懈努力；走到深处，更需要智慧与格局。清风诗路品牌的影响，已然超越时空，历久弥新，为越地基层治理作出了最美丽的人文注脚。相信，只要路的方向正确，精彩就不会终止，自可看江山兀自锦绣，征服的，不是一条路，而是一"条"崇高的欲望。

幕府清风堂

普通的历史埋入地下，精粹的历史刻在岩壁，馆是活在时光里的历史。建设场馆就是沿着绚烂的思想主题走进历史的通衢，沿着柔美的文字走进历史最感人的日记，沿着丰富的陈列走进历史最真实的星空，让冷艳的文物被世界的目光擦亮，让厚重的书籍以被世人朝圣的方式传阅，以镌刻的形式把历史挂在墙上、投影在现实里。

绍兴被誉为"没有围墙的博物馆"，历史遗存丰富，文化资源独特，古城内有种类繁多的博物馆、各级文物保护单位，以及世界文化遗产，它们不仅是千年古城的文化地标和精神坐标，也是保存人类文化遗产、开发信息资源、参与社会教育、促进旅游发展、增强地方软实力的重要基地。

（绍兴清廉馆，绍纪宣供）

清泉丰盈一地人文之魂，青山夯实一地人文之根；清白耸起不屈的脊梁，德义壮实坚硬的骨头。2019年3月，越地以"百代师表"范仲淹的清白泉、清白堂、清白亭、《清白堂记》等为创意、主题和历史契点，高扬"清白廉洁、润泽廉政"的旗帜，收集整理古越上下五千年人文历史中先贤大德们的清廉故事、清廉碑刻、清廉档案等资料，辅以现代科技手段，建设"绍兴清廉馆"，打造集中展示越地清廉文化和当代纪检监察工作实践的新平台。2020年1月18日，场馆建成开馆。

（范仲淹像，绍纪宣供）

千年历史，由它自身雕刻精美的轮廓。走进绍兴清廉馆，参观序厅、影厅、宣誓厅三个大厅和"自古清气满越州""勤廉为民践初心""激浊扬清谱华章"三大篇章，仿佛读到一部绍兴清廉"大书"。"既瞻古人像，必求古人心""复令千载下，景仰如高岑"，沿着源远流长的清廉脉络，人们可寻找到数千年来绍兴清廉正气之源，更可以"修身""洗心"，体悟"你若盛开，清风自来"。

创造历史的人已不在，被创造的历史还在。历史在泉里清洗，思想在清

（"一钱太守"刘宠，绍纪宣供）

洗中明净。2021 年 6 月，《新时代清风廉路图》百米长卷横空出世，惊艳时光。同年 9 月，具有时代特征、中国特色、浙江特点、绍兴辨识度的清廉思想专著——《浙江清廉思想史·绍兴卷》问世，"用历史映照现实"，有力推进绍兴历史清廉文化活化于当下。

时光久远，许多情节长成了密密匝匝的传奇，传奇使馆内所有的石头都有了灵性，许多人也伫立成生动的石人，以相同的姿势，和先贤大德们一起站着，倾听来自远古的回音，触摸一种更为宽宏的胸襟，万物皆有思想。

诗句自成图

艺术是历史的表现，绘画则是艺术的重要组成部分。中国画作为我国一种独有的绘画形式，是文化的载体，而文化又升华了绘画的表现。就如北宋大画家张择端的《清明上河图》，生动描绘了北宋都城汴京的城市面貌和社会风土人情，对于历史研究者们了解北宋时期的历史有着十分重要的意义，它也让后人感受到艺术的精妙与意境之美，这种稳定又富有包容性的独特的核心价值是中国绘画大放异彩的内在根据。

（《新时代清风廉路图》展览现场）

"山阴道上行，如在镜中游"，作为浙东唐诗之路的首倡地和精华段，越地拥有深厚的人文积淀，千年诗路亦廉路，廉政文化如历史文化一样久远。2021 年，越地别具匠心地用中国画的形式，创作出以"清白泉"为引的《新时代清风廉路图》这一鸿篇巨制，推动山水之美、诗画之美转化为心灵之美、道德之美。

有别于《清明上河图》《千里江山图》等名画，《新时代清风廉路图》以长达 110 米、缱绻越地诗路与清风等特点见长。从诗仙李白梦中畅游的天姥山麓，到杨维桢聚友赋诗的龙山诗巢……百米画卷以水墨山水画的形式，缓缓展现 173 位廉政文化人物、45 位诗人以及 886 个点景人物、3 200 余座建筑、220 只船、170 座桥、180 余只动物、近 9 000 棵树木，将散落在越地各个历史时期的各种清廉元素于青绿山水画中串珠成线、全景展示，跨越时空诠释"清廉根脉"，诗文和清风在长卷中融合，嬗变出独特的韵味。

纸上跃花，笔下月华，染一笔淡墨，染一纸虔情，染一汪清泉，丹青笔挥毫写意绕指，长卷画独步千载逐云。《新时代清风廉路图》全卷画面峰峦叠嶂、逶迤连绵，图中繁复的远近山水、林木村野、舟船桥梁、楼台殿阁、各种人物布局井然有序，与数百首古诗词辉映于笔墨烟云之中，既气势辽阔超凡，又工致细腻精到，不失为青绿山水画中的一幅巨制杰作。

江山千里望无垠，清气充盈一卷横。《新时代清风廉路图》不仅解开了深藏于越地的"五廉密码"，亦将浙东唐诗之路的"概念图"变为新时代清风廉路的实景画，更以水墨之作揭开探寻"精神富裕"的面纱。

"名工绎思挥彩笔，驱山走海置眼前。满堂空翠如可扫，赤城霞气苍梧烟"，人们在展厅且行且赏，于移步换景中，体味这一篇行走浙江的清廉实践报告、这堂意境融彻的廉洁党课，感受水墨之间氤氲的人文底蕴与旖旎清气，惊叹于"任何一段局部都足以成为一张画"的美妙与神奇，恍然感慨于原来清廉文化也可以用如此富有感染力的方式表达。这种真诚、严谨、诗意的表现，因其自带的感染力而一次次打动人，激发人们的认同感与敬畏感。

赤城霞气苍梧烟，诗画一卷清无垠。如同一段城墙是有记忆的，一幅长卷荡动千年时光的青，晕染岁月深刻之痕，续写一地清廉辞章。《新时代清风廉路图》愈开愈烈，原是绕舍清泉声，诗源万里长，盛事耸越乡，嘉兴风雅来。

颂声载道

名由忠孝全

——后人嘉颂

范仲淹的气节胸襟、崇高人格成为后世学习的典范，千载而下，人们给予其昭如日月的评价，代代不绝。

习近平：心无百姓莫为"官"。古往今来，许多有作为的"官"都以关心百姓疾苦为己任，从范仲淹的"先天下之忧而忧，后天下之乐而乐"，到郑板桥的"些小吾曹州县吏，一枝一叶总关情"，从杜甫的"安得广厦千万间，大庇天下寒士俱欢颜"，到于谦的"但愿苍生俱饱暖，不辞辛苦出深林"，都充分说明心无百姓莫为"官"。

毛泽东：①中国历史上有些知识分子是文武双全，不但能够下笔千言，而且是知兵善战。范仲淹就是这样的一个典型。②（范仲淹词）介于婉约与豪放两派之间，可算中间派吧；但基本上仍属婉约，既苍凉又优美，使人不厌读。

孙应时：若吴范氏之有义庄也，然后能仁其族于无穷，非文正公之新意欤？盖公平生所立不待称赞，此其一事已足为百世师矣。

朱熹：①范文正杰出之才。②本朝道学之盛，亦有其渐，自范文正以来已有好议论。

吕中：先儒论宋朝人物，以范仲淹为第一。

罗大经：国朝人物，当以范文正为第一，富、韩皆不及。

罗璧：陈平为宰相，不问钱、谷、讼狱；丙吉为宰相，不问横道死人，但以镇国家、理阴阳、亲诸侯、附百姓为事；汲黯为九卿，拾遗补过；范文正公所至为政，敦礼教、厚风俗，皆识其大者也。

元好问：文正范公，在布衣为名士，在州县为能吏，在边境为名将，其材、其量、其忠，一身而备数器。在朝廷，则又孔子所谓大臣者，求之千百年间，盖不一二见，非但为一代宗臣而已。

王恽：堂堂范公，三代之佐。致君泽民，尽夫在我……笃信力行，曾不易虑，受知裕陵，千载一遇。

吴澄：韩司徒张文成侯、汉丞相诸葛忠武侯、唐司徒狄文惠公、宋参知政事范文正公，四人之功业不尽同，而其为百代殊绝之人物则一……文正佐宋于盛际，而器局公平广大，设施精审详密，心事如青天白日。遭时虽异，易地则皆然。故朱子称其磊磊落落，无纤芥之可疑也。

脱脱：自古一代帝王之兴，必有一代名世之臣。宋有仲淹诸贤，无愧乎此。仲淹初在制中，遗宰相书，极论天下事，他日为政，尽行其言……豪杰自知之审，类如是乎！考其当朝，虽不能久，然先忧后乐之志，海内固已信其有弘毅之器，足任斯责，使究其所欲为，岂让古人哉！

张起岩：有际天人之学，斯可以服天下之望，有扩宇宙之量，斯可以成天下之务，有坚金石之操，斯可以任天下之重。隆然晔然，震耀于世者，则文正范公其人也。

徐琰：致君之志，动物之诚，放诸四海而准，百世而下，闻者莫不兴起也。是岂区区富贵利达，以炫耀于须臾者，可同日而语哉！

方孝孺：古之至人，忘己徇民……孰若先生，惟民之忧。饮食梦寐，四海九州。

马中锡：夫范公一代奇才也……宜其见诸事为者，彪炳轰烈，撑扶天地。

王鏊：昔在有宋，吾苏入参大政者，有两范公（范仲淹、范成大）。文正公当仁宗朝，开天章阁求治，更张庶政，将大有为。未一年，以小人不悦罢。文穆当孝宗朝，在政府两月，未及有为，以言者罢。前宋之治，莫盛仁宗；南渡后，莫盛孝宗，皆锐意太平。二公皆以身许国，可谓千载之遇，而皆不能少试其志。乌乎！道之难行其已久矣，忠良不可容于时自昔然矣！……文正子孙，今在吴中最盛，所谓岁寒堂者，有司春秋享祀不绝；而文穆之，后无闻焉。文正为宋人物第一流，文穆其流亚欤？观其使金受书之仪，举朝皆悚，有苏子卿（苏武）啮雪之操；缴还阁门张说词头，有阳城裂麻之忠。奏罢明州海物之献，盖与孔戡之政同。其在成都，演武修文，奖用名节，间与陆务观诸人赓倡（唱），流风余韵，渐被岷峨；而吴中民风士俗，人情物态，纤悉备见其诗。

郑纪：汉有天下四百余年，唐则几于三百，宋则三百有奇，虽创业中兴，各有贤主，然申公之劝力行，狄梁公之复唐祚，韩范富欧诸公之定储靖国，纵非周召之偶而社稷之功。

张志淳：张留侯、诸葛武侯、狄梁公、范文正公功业不同，而同为百代殊绝之人物，遭时虽有异，易地则皆然。

孙承恩：德行纯备，贞金粹玉。风节峻厉，霜松雪竹。先忧后乐，思济斯民。一代贤相，前后绝伦。

归有光：韩、富二公，与范希文、欧阳永叔，一时并用，世谓之韩、范、富、欧。魏公嘉祐、治平间，再决大策、以安社稷。当朝廷多故，处危疑之际，知无不为，而与范、欧同心辅政，百官奉法循理，朝廷称治。

樊升之：贾生之治安，晁错之兵事，江统之徙戎，是万世之至画也，李邺侯之屯田，虞伯生之垦墅，平江伯之漕运，是一代之至画也。李允则之筑围起浮屠，范文正、富郑公之救荒，是一时之至画也。画极其至，则人情允协，法成若天造，令出如流水矣。

王世贞：问宋臣，曰，李文靖之远、王沂公之公、韩魏公之重、范文正公之廓、司马文正公之笃，庶几尔。

王夫之：以天下为己任，其志也。任之力，则忧之亟。故人之贞邪，法之疏密，穷檐之疾苦，寒士之升沉，风俗之醇薄，一系于心……若其执国柄以总庶务，则好善恶恶之性，不能以纤芥容，而亟议更张；裁幸滥，核考课，抑词赋，兴策问，替任子，综核名实，繁立科条，一皆以其心计之有余，乐用之而不倦。唯其长也，而亟用之，乃使百年安静之天下，人挟怀来以求试，熙、丰、绍圣之纷纭，皆自此而启，曾不如行边静镇之赖以安也。

李光地：范文正事业不必胜人，而为第一流者，功在推奖人才，故陈止斋谓"百年用其余"也。

蔡世远：才本王佐，学为帝师，诸葛武侯、陆宣公、范文正、司马文正也。

全祖望：高平一生粹然无疵，而导横渠（张载）以入圣人之室，尤为有功。

仲鹤庆：茫茫潮汐中，矶矶沙堤起。智勇敌洪涛，胼胝生赤子。西塍发稻花，东火煎海水。海水有时枯，公恩何日已。

纪昀：行求无愧于圣贤，学求有济于天下，古之所谓大儒者，有体有用，不过如此。

陆以湉：此四人者（范仲淹、诸葛亮、陆贽、文天祥），皆经纶弥天壤，忠义贯日月。

陈去病：独范文正以矫厉特异之才……盖惟心无所偏私，用能绝人之贪，而宇宙亦以清宁。

张寿镛：道学气节则文正范公为之魁。

杨昌济：宋韩、范并称，清曾、左并称，然韩、左办事之人，范、曾办事兼传教之人也。

蔡东藩：若夫韩琦、范仲淹二人，亦不过一文治才耳。主战主守，彼此异议，主战者有好水川之败，虽咎由任福之违制，然所任非人，琦究不得辞责。主守者遭元昊之谩侮，微杜衍，仲淹几不免杀身。史虽称韩、范善防，然卒无以制元昊，使之帖然归命，非皆武略不足之明证耶？

叶清臣：抱忠义之深者，莫如富弼；为社稷之固者，莫如范仲淹。

邹平市的范公祠有一副脍炙人口的长联，准确生动地概括了范仲淹辉煌的一生："宰相出山中，划粥埋金，二十年长白栖身，看齐右乡贤，依然是苏州谱系；秀才任天下，先忧后乐，三百载翰卿著绩，问济南名士，有谁继江左风流。"这副长联把范仲淹忧国忧民、为国为民的一片丹心，把宦海沉浮不易志、名节无疵的一生，写得言简意赅、恰到好处，诚是千秋功业范公崇，贤圣于怀百代宗。御外安内裕家国，儆贪立懦挽颓风。

正得天地心

——后世纪颂

范仲淹自 27 岁入仕为官到 64 岁去世，曾先后任陈州、睦州、苏州、明州、饶州、润州等十几个府郡的知州。虽然在任时间都不长，却同当地人民结下了深厚情谊，得到人们的敬仰和爱戴。有关范仲淹的遗迹始终受到保护和纪念，迄今各种纪念活动也是此起彼伏，千古未绝。

范仲淹与真定（今河北正定）

据方健先生在《范仲淹评传》中考证，范仲淹出生在真定府，如今在正定弘文中学内建有纪念范仲淹先生的范公亭。正定编写的《正定县志》中也将范仲淹载入历史名人系列之中。

范仲淹与安乡（今湖南安乡）

范仲淹年少时曾随其母、继父来到安乡，并在兴国观读书。《安乡县志》载："深柳书院位于湖南安乡。原名范文正公读书台。宋范仲淹曾随继父朱氏居县，读书于兴国观。后人慕其行志，构堂祀之。庆元二年（1196），知县刘愚重修，建祠绘像，置祭田 10 余亩以供祀事……"

范仲淹与长山

范仲淹四岁时随母改嫁到了长山，在此生活了 10 多年，度过了青少年时期，留下大量的历史文化遗迹。

北宋治平二年（1065），后人在当年范仲淹居住的邹平河南村建立了范文正公祠，殿前悬有"菜根味舍"和"长白书院"两块匾额。后经过元、明、清三代重修，至今保存尚为完整。元代大德四年（1300），致仕还乡的工部尚书贾训在醴泉寺后修建了一座范公祠。醴泉寺南面的黉堂岭上的一个天然山洞被命名为"宰相读书堂"，据说范仲淹曾读书于此。此外，长山镇的"礼参"村也是因范仲淹而得名。据说范仲淹晚年赴青州任时途经长山县，长山父老迎拜于道，他下车亲自接待，礼参甚恭，并作《寄乡人》诗："长白一寒儒，登荣三纪余。百花春满路，二麦雨随车。鼓吹迎前道，烟霞指旧庐。乡人莫相羡，教子读诗书。"人们将这首诗刻在石碑上，树立在范文正公祠前，以示纪念。后人因此把这个地方起名为"礼参坡"（今名"礼参"）。

1989年10月，邹平县人民政府在县城中心广场为范仲淹树立了石像。2006年，长山镇政府再次重修范公祠，历时一年完成，重现了祠堂当年的风采。2008年，邹平举办首届范仲淹文化节。

范仲淹与博山（今山东淄博）

范仲淹年少时曾在博山就读，后人便在他读书处建祠纪念，名为"范公祠"，目的是"借以景仰前贤，示范后世"。范公祠周边还有"范河""范泉""范公亭""后乐桥"等，都是为了纪念范仲淹而命名。新中国成立后，1953年，淄博市图书馆在范公祠中建成开放。1991年图书馆迁出。1994年博山区政府重修范公祠、因园，辟建赵执信纪念馆，1995年8月将其作为名胜古迹正式对外开放。

范仲淹与睢阳

范仲淹在应天府书院五年的苦读生活，情操与学业无不受商丘圣贤的影响。后又在守丧期间主持应天府书院三年，与应天府书院渊源颇深。为追念范仲淹对应天府书院作出的贡献以及他巨大的政治影响，宋、元、明、清诸代，商丘一直保留他当年在书院的讲堂，并立《宋范文正公讲院碑记》，建藏书楼，以资纪念。明代书院更名为"范文正公书院"，清代又改称"文正书院"，据《睢阳县志》记载，书院"名师主教，高徒不绝"，在书院史、教育史上享有崇高的地位。

范仲淹与广德（今安徽广德）

范仲淹在进士及第后不久，出任广德军司理参军。南宋学者洪兴祖在此任官时，特地在学馆中置范仲淹画像供地方学子世代奉祀，以报答范公的兴学之恩。据《广德州志》记载，范仲淹在广德曾留下一些遗迹：城内有"范公井"，又名"义井"，相传为范仲淹所凿。城东南柴巷西有"砚池塘"，是范仲淹涤砚的地方。后人为了纪念他，曾建立"景范亭""范公祠"等。

范仲淹与泰州

天禧五年，范仲淹由亳州（今安徽亳州）调到泰州任西溪（今江苏东台）盐仓监官。他在任期间同张纶筑捍海堤，长数百里。后人为了纪念他，将捍海堤取名为"范公堤"，以表达对他的感激和怀念。

范仲淹与睦州

景祐元年正月，范仲淹因极言废后不妥，触怒宋仁宗而遭到仕途生涯的第二次贬谪，被贬到睦州，时睦州别名"桐庐郡"。他在《谪守睦州作》中写道："圣明何以报，没齿愿无邪。"可见他内心更多的是忧国忧民，无怨无悔。他还在《睦州谢上表》中劝说仁宗："有犯无隐，人臣之常；面折庭诤，国朝之盛。"他在任上虽短短数月，却做了大量实事：修建严子陵祠，撰写《严先生祠堂记》；重视教育，创建龙山书院；兴修水利，疏浚梅城东西湖……赢得了睦州人民的高度认可与爱戴。

范仲淹在睦州留下了大量诗文，包括《出守桐庐道中十绝》《潇洒桐庐郡十绝》《访方干故里》《钓台》《严先生祠堂记》等近30篇。其同辈文学家梅尧臣称他为"范桐庐"。桐庐人为纪念他，在县治南城楼建了"潇洒楼"，在方干故里筑了"清芬阁"，又在严子陵祠堂内供奉范公像，让他与严子陵、方干共享后人敬仰。现今的严州中学前身为"严郡中学堂"，与范公创办的龙山书院颇有渊源。睦州人民还先后在梅城建起"思范亭""思范坊""思范堂""甘棠楼""范公祠"等，以纪念这位父母官。2009年，范仲淹诞辰 1 020 周年之时，"第三届中国范仲淹国际学术论坛"在桐庐设有分会场，闭幕式选择在古梅城举行。

范仲淹与吴县（今江苏苏州）

江苏苏州是范仲淹的籍贯，其祖上三代皆居住于此。景祐元年六月，范仲淹从睦州徙知苏州，虽任职不到一年，却对苏州的发展影响深远。一方面，他倡导治理水患并提出了新的治水理论；另一方面，他主持兴建地方学校。时至今日，当年的学府所在仍是苏州学子向往的学习场所——江苏省苏州高级中学。范仲淹在苏州治水、兴学的经验后来成为庆历新政改革推广的重要内容。皇祐元年，60 岁的范仲淹在杭州任职时，创建了我国历史上第一个私人赈恤组织——范氏义庄，这是他为苏州做的又一件极具深远意义的事。

现在苏州仍然保留着诸多关于范仲淹的名胜古迹，苏州天平山有范家祠堂以及坟墓，在天平山范氏祖茔建有"先忧后乐"牌坊，有供后人崇仰而命名的天平山"高义园"，以及坐落在原范氏义庄内的学馆，如今已更名为"景范中学"，"景范"取敬仰范仲淹之意。学校前的小巷至今仍被称为"范庄前"。创办"义学"时存下的文政殿，现已开辟为"范仲淹史迹陈列馆"，向游客展示范仲淹的生平事迹、范仲淹与苏州、范仲淹书信、手迹等内容，生动再现了范仲淹一生出将入相、兴学育人的光辉史迹。

康熙四十二年（1703），康熙帝南巡，赐忠烈庙范公祠匾"济时良相"，以示嘉奖。乾隆十六年（1751），清高宗有感范仲淹捐田置义庄之举，御赐"高义园"蟠龙金匾并"高义园"汉白玉牌坊一座，以及忠烈庙"学醇业广"字匾。1989 年范仲淹诞辰 1 000 周年之际，在苏州举行了隆重的纪念大会，成立了"范仲淹研究会"，并编辑出版了《范仲淹史料新编》。2003 年 6 月，苏州市园林局和苏州天平山管理处决定重建范仲淹纪念馆，得到了范氏后人和中国范仲淹思想文化研究会的大力支持。2005 年 9 月范国强博士捐资在苏州天平山塑范仲淹大型青铜像一座，铜像由王卓予教授雕塑，总高 5.8 米、重 5.9 吨，在苏州天平山景区忠烈庙前落成，并举行了隆重的落成典礼。

范仲淹与开封（今河南开封）

景祐二年，因在苏州政绩突出，范仲淹被召回京师，不久任吏部员外郎、开封知府。在开封历任知府中，他和包拯、欧阳修被誉为"三杰知府"，受到历代人民的敬仰。当时在群众中流传着"朝廷无忧有范君，京师无事有希文"（范仲淹字希文）的民谣。

范仲淹与饶州

景祐三年五月，因遭宰相吕夷简报复，范仲淹被贬知饶州。他在鄱阳防火减灾、疏渠整市、凿井取水，至今鄱阳的很多古井都是那个时候挖掘的。他在此地为官仅18个月，却深受鄱阳人民爱戴，他与颜真卿同被尊为"鄱阳二贤"，当地立有"颜范二贤祠"。1995年，鄱阳县人民政府拨专款，在芝山重修"碧云轩"，并为范仲淹塑像。

范仲淹与润州

景祐四年，范仲淹迁徙润州，任润州知府，在任19个月。除了兴学育土之外，为使两岸行人来往便利，范仲淹在东门关河上修建了清风桥，镇江人民为了纪念范仲淹，将此桥更名为"范公桥"。

范仲淹与越州

宝元元年十一月，范仲淹以"越职言事，离间君臣，引用朋党"等罪名被贬越州。他在一年半时间内为当地人民留下了不少政绩。首先是兴办府学——稽山书院，为越州的教育打下了坚实的基础。其次是加强道德教育，整饬官场不良之风，写下著名的《清白堂记》。他到绍兴后还寻访凭吊了范蠡和贺知章的故居，留下了《题翠峰院》《诸暨道中作》《越上闻子规》等诗作。

他离任后，越地人民为了纪念他，建立了"希范亭"，又在亭前树立"百代师表"牌坊，以歌颂他兴学之功。南宋爱国诗人陆游在《剑南诗稿》中写道："有越逾千载，何人不宦游？向来惟一范，真足壮吾州。"感叹为官绍兴的官员中，只有范仲淹的事迹留在了绍兴人民心中。范仲淹在越州府山偶然发掘一座废井，经疏浚后，见其泉水清冽甘甜，取"清白而有德义，为官师之规"之意，命名为"清白泉"，并构筑"清白亭"，还将住处的凉堂更名为"清白堂"。1982年，绍兴市园林部门在越王殿下清理场地时发现了清白泉遗址，同时出土两块明代石碑，一为明成化十三年十二月绍兴知府戴琥撰写的《复清白泉记》，另一块为《清白堂·清白泉记》。清白泉遗迹在时隔960年后进行了第四次大规模修复，疏浚清白泉，重建清白亭，设立照壁，对明、清两块古碑予以保护，增立《重浚清白泉记碑》，重新镌刻了范仲淹的《清白堂记》碑。清白泉、清白堂至今仍作为景点在越王台殿景区内供游人缅怀。

2014年底，越地正式提出将"清白泉"作为绍兴清廉文化品牌，总结提炼出"清白廉洁、润泽廉政"的时代精神，设计品牌形象标识，并于2018年成功注册商标。此举开创了全国地市级申报清廉文化品牌的先河。

2019年，越地以"清白泉"清廉文化品牌为统领，创造性地提出"溯廉脉、编廉文、演廉戏、铺廉路、建廉馆"五廉并举，串珠成线、合纵连横开辟新路径，激活绍兴全域的清廉文化"基因"，强化"不想腐"的思想自觉。2021年，深化以五廉并举为核心的清廉文化建设写入绍兴"十四五"规划，成为绍兴推动全面从严治党向纵深推进的一个重要载体。

范仲淹与庆州（今甘肃庆阳）

范仲淹于庆历元年，以龙图阁直学士、户部郎中知庆州，监管环庆路部署。他在庆州改革军制、操练兵马、团结诸羌，重视民族关系。他还大力发展边区经济，实施以仁为本的为政方略，为庆州的社会发展作出了巨大的贡献。后其次子范纯仁与四子范纯粹相继知庆州，范氏父子和庆州人民皆结下深厚情谊。

嘉祐五年，朝廷赐建祠堂于庆州城以纪念他对庆州人民的贡献，祠堂定名为"范公祠"，知州周沆立下《范文正公祠堂记碑》，以纪念范公在庆州的事迹。后到明宪宗成化十一年重修，增祀韩琦，更名为"范韩祠"。今祠毁碑存，碑保存于县博物馆。

自2009年开始，庆州先后多次举办了纪念范仲淹的学术研讨会，以整理、纪念范公在庆州的事迹。2009 年，庆阳市范仲淹研究会成立大会暨第一届学术研讨会召开。2011 年，庆阳市范仲淹研究会和政协西峰区委员会联合主办了纪念范仲淹知庆州 970 周年暨庆阳市第二届范仲淹学术研讨会，会后，结集出版了《范仲淹与庆阳——纪念范仲淹知庆州 970 周年学术研讨会论文集》。2012 年，在华池县召开纪念范仲淹修大顺城 970 周年暨庆阳市第三届范仲淹学术研讨会。

范仲淹与延州

《宋史·范仲淹传》记载，庆历二年范仲淹"改陕西都转运使"，临危受命，经略西北，负责西北军事。在延安宝塔山有一组以范仲淹为题材的宋代摩崖石刻，其中有称赞范仲淹"出将入相、文武双全"，赞颂韩琦和范仲淹当时在延州抗击西夏功绩的"一韩一范，泰山北斗"，还有当时西夏人称范仲淹"胸中自有数万甲兵"和"先天下之忧而忧，后天下之乐而乐"的碑刻。

范仲淹与邓州（今河南邓州）

庆历五年，范仲淹被调到邓州任知州，他勤于政事，恪尽职守，大力整顿风俗，教化民众。庆历六年（1046），他应谪守巴陵郡的好友滕子京之请，写下千古名篇《岳阳楼记》。2005 年 12 月 25 日，河南省范仲淹文化研究会在邓州成立。2006 年，邓州市豫剧团将范仲淹生平事迹编排成河南豫剧《范仲淹》，受到各界好评。2009 年，邓州举办了第四届范仲淹文化节，以纪念范仲淹诞辰 1020 周年。

范仲淹与杭州（今浙江杭州）

皇祐元年，范仲淹奉命由邓州移知杭州，这是他第三次来到杭州任官，虽已经 61 岁，但他依然任劳任怨，面对严重的饥荒提出了"荒政三册"，将被动救荒变为主动兴利。据《杭州地方志》记载，杭州人民为感念范仲淹之惠政，在孤山（今中山公园）建起了"范文正公祠"，在梅东桥建起了"范府君庙"（范明王庙）。

范仲淹与青州（今山东青州）

皇祐三年，范仲淹从杭州调任青州，"以户部侍郎知青州，充淄潍等州安抚使"。他在青州恰遇灾情，便及时安抚灾民，平抑青州粮价。

青州有一泉水因范仲淹取水制药而得名"醴泉"，后人在醴泉上建造了一座亭子，称之为"范公井亭"。此亭建于三贤祠内，祠内立有范仲淹、富弼、欧阳修三位名臣。南宋祝穆《方舆胜览》记载："范公泉，在青州城西。范仲淹知青州，有惠政。溪侧忽漏醴泉，遂以范公名之。今医家汲此丸药，号青州白丸子。"

1934年，著名抗日将领冯玉祥游览范公亭，触景生情，挥笔写下了一副长联：

兵甲富胸中，纵教他虏骑横飞，也怕那范小老子；

忧乐关天下，愿今人砥砺振奋，都学这秀才先生。

范仲淹与伊川（今河南洛阳）

皇祐四年，范仲淹在徐州病逝。他没有选择葬在苏州，而是选择了河南洛阳伊川。范仲淹墓位于洛阳城东南15公里处伊川县彭婆乡许营村万安山南侧。在祭庙中央的一所殿房中至今还悬有光绪皇帝御笔"以道自任"匾额，立有欧阳修撰文石碑以及宋仁宗亲撰的"褒贤之碑"。2006年5月25日，范仲淹墓经国务院批准被列入第六批全国重点文物保护单位名单。2013年1月22日，"纪念范仲淹诞辰1023周年"全国百位书法名家邀请展在洛阳美术馆开展。

香港、台湾对范仲淹的纪念

中国范仲淹思想文化研究会筹委会广泛联络海内外范氏爱国人士，开展社会公益活动。港台数次举办大型范仲淹研讨会，出版了论文集。范氏后裔、香港爱国人士范止安先生1997年在港注册成立香港"景范教育基金会"，在贫困地区捐资兴办景范希望小学，并在清华大学、中国人民大学设立"景范教育基金会"帮助贫困学生。

全世界范氏后裔共有1000万人左右，目前在台湾的就有10万多人。范氏后裔 200 多年前就已落户台湾，分布于台北、新竹、桃园各地。台湾成立的范姓宗亲会积极同大陆开展范仲淹研究交流工作，来自台湾的范仲淹后裔还专程到苏州进行寻根之旅。

范仲淹诞辰一千年之际，台湾举行了"纪念范仲淹一千年诞辰国际学术研讨会"，出版《范仲淹一千年诞辰国际学术研讨会论文集》，同年还发行了范仲淹诞辰千年的纪念邮票。

（摘自"参考书目"中有关书籍）

山水真名郡

——越中吟颂

越州古邑，山河毓秀，史久流长，乃水乡、桥乡、酒乡、书法与名士之乡也。承万古德韵，扬千秋廉风，亦为礼仪清廉之邦。

鉴史忆古，多有所思，越地海晏河清，盖因廉脉渊源、廉缘深邃、廉泽绵远。其源也，脉起虞舜，德倾时光；巍巍大禹，泽被八荒；少伯子禽，民本思想；阳明心学，知行合一；九里王冕，墨梅清气；蕺山先生，慎独诚意；人民总理，高山仰止……伟哉，先知圣哲，致远益彰，其思与天地相和，其品与日月齐光，高风一脉承千古。

其缘也，千载而下，良臣辈出，沾溉后世。越地俊采星驰，史载钟离委珠，孝廉化人；孟尝还珠，情溢合浦；广陵江革，清严治政；江东刘麟，清修直节；方伯甄完，清官第一；放翁诗训，垂范后世。天下英才咸集，册表贡禹伯鱼，奉公尽节；谦恭郑公，樵风依然；一钱太守，钱清一江；清正仲淹，一世之师；穆父秉公，电扫庭讼；羲之家训，翰墨飘香……敬哉，先贤清风，政绩尤异，其志如巍峨峰峦，其德若绵延大川，清芬一缕耀史册。

其远也。廉印初心，廉泽弥远，奋烈弥新。近世先驱响寰宇，当代群英尤惊世。"硬碰硬"张秋人、"国事大家事小"梁柏台、"铁骨柔情"王一飞、"人世楷模"蔡元培、"民族脊梁"当鲁迅、穷达兼济竺可桢、刚正清廉陶冶公、富贵浮云范文澜、艰苦朴素有马青、"当代大禹"梁焕木、铁腕治吏尉健行……壮哉，乾坤清气，豪杰蜂拥，其节磊磊吞云霜，其气浩浩冲九霄，丹心一片留汗青。

先知大德，代有辈出，何故能尔？盖越乃水乡泽地，上善若水，斯土尚德，崇廉向善。是以，鉴湖清泉，涤荡污泥浊水；稽山茂林，峥嵘嶙峋风骨。由是之，根果来，一廉如水，廉脉如廉泉，让水得其源，如长水绵源明其向。

今之楷模，尤胜古贤，何故能尔？盖廉乃古今大节，廉者利国，洁者利民。越地子民知天地之恩泽，循山川之起伏，唯德为先，唯仁则行，唯勤是举，唯廉乃荣，其勤廉境界，上承于古人，而胜于古人，终下启于后人也。

清心治本，直道身谋。夫廉者，政之本也；贪者，民之贼也。溯史抚典，伯嚭亡吴、郭开亡赵、后胜亡齐；梁冀贪虐、石崇奢逸、萧宏佞猾、刘瑾揽富、和珅敛财，而千夫所指，终致恶终。信夫，蠹众而木折，隙大而墙坏，吏腐而祸国殃民也。

前贤可仰，覆辙宜鉴。民不容贪，党不容腐。感吾党有识，安而防危，盛而虑衰，鉴今谋远，从严治党："三项改革"，排兵布阵；"三不机制"，一体推进；"四个监督"，组团会战；"四种形态"，持续发力；"四张清单"，对标对表；"五种能力"，锻铸铁军；利剑悬昂，拍蝇打虎，号令一声惩腐恶，万众一心除蟊贼。赞曰：神州大同，廉风馨香。

廉风在养，政事唯端。今之越地，外谋合作共赢之举，讲信修睦，群贤毕至，八方共誉；内行恤民固本之策，减负降税，人心齐趋，物阜民丰。更兼文化倡廉，五廉并举，纲纪四方，鼎新革故，誓让鉴河清澈，廉脉浩邈。

泉眼无声惜细流，千古汗青叹盛衰。揆情视天下，盛世思警醒。流水不腐，官廉不败，人正不灭，权公不亡。为政者当法古今贤人，秉清廉之德韵，行大道之光明，养天地之正气，初心不移，董道不豫，矢志不渝。若是，则民必安，业必兴，邦必宁，国必盛也。

译文：

千年古城越州，山河毓秀，历史悠久，人文荟萃，是水乡、桥乡、酒乡、书法与名士之乡。承万古德韵，扬千秋廉风，也是礼仪清廉之邦。

鉴史忆古，多有所思，越地海晏河清，是因为廉脉渊源、廉缘深邃、廉泽绵远。廉脉渊源是指源起虞舜，其德倾斜时光的重量；巍巍大禹，恩泽惠被八荒；范蠡文种有"以民为本"思想；阳明心学践行知行合一；王冕以墨梅言志，只留清气满乾坤；蕺山先生刘宗周倡导"慎独诚意"；大贤秉高鉴，公烛无私光，人民的好总理周恩来高山仰止……伟哉，先知圣哲，致远益彰，其思与天地相和，其品与日月齐光，高风一脉承千古。

廉缘深邃是指千年以来，良臣辈出，深刻影响后世。一则，越地人杰地灵，涌现出不少清官廉吏。史书记载钟离孝廉委珠，孟尝合浦还珠，江革清严治政，刘麟清修直节，甄完清官第一，陆游诗训引领后世等。二则，天下英才咸集，来此地任职的官员中有不少是勤廉爱民的典范，文献记载：有奉公尽节伯鱼、谦恭郑弘、"一钱太守"刘宠、范仲淹清白德义、穆父秉公执法、王羲之家训翰墨飘香……敬哉，先贤清风，政绩尤异，其志如巍峨峰峦，其德若绵延大川，清芬一缕耀史册。

廉泽绵远是指廉印初心，廉泽弥远，奋烈弥新。最是近世先驱响寰宇，更有当代楷模垂典范。如："硬碰硬"张秋人、"国事大家事小"梁柏台、"铁骨柔情"王一飞、"人世楷模"蔡元培、民族脊梁当鲁迅、穷达兼济竺可桢、刚正清廉陶冶公、富贵浮云范文澜、艰苦朴素有马青、当代大禹梁焕木、铁腕治吏尉健行……壮哉，乾坤清气，豪杰蜂拥，其节磊磊吞云霜，其气浩浩冲九霄，丹心一片留汗青。

先知大德，代有辈出，原因是什么呢？因为越地是水乡泽地，所谓上善若水，这个地方尚德崇廉向善。因此，鉴湖清泉，涤荡污泥浊水；稽山茂林，峥嵘嶙峋风骨。如此，因果根源就来了，一廉如水，廉脉如廉泉让水得其源，如长水绵源明其向。

今之楷模，尤胜古贤，原因是什么呢？因为廉是古今大节，廉者利国，洁者利民。越地子民知天地之恩泽，循山川之起伏，感怀先人的风范，推崇德、仁、勤、廉，并以此为荣，他们的勤廉境界，继承于古人，又胜于古人，并且一代代地启发后人。

北宋名臣包拯曾说："清心为治本，直道是身谋。"廉是政之本；贪者是民之贼。追溯历史，因为受贿，伯嚭亡吴、郭开亡赵、后胜亡齐；也有梁冀贪虐、石崇奢逸、萧宏佞猾、刘瑾揽富、和珅敛财，而千夫所指，遭人痛骂，终致恶终。确实是这样啊，蛀虫太多了，树木就会折断；墙上的缝隙大了，墙就会倒塌，官员腐败了，就要祸国殃民。

先贤的风范要学习敬仰，贪官污吏的教训也要借鉴警示。民不容贪，党不容腐。感叹我党有识，安而防危，盛而虑衰，鉴今谋远，全面从严治党，以三项改革（纪检体制、监察体制、纪检监察机构），排兵布阵；"三不机制"（不敢腐、不能腐、不想腐）一体化推进；四个监督（纪律监督、监察监督、派驻监督、巡察监督）形成组团会战；监督执纪"四种形态"持续发力；四张清单（责任清单、任务清单、正面清单、负面清单），对标对表；五种能力（服务大局、组织协调、依法执纪、监督问责、自我防腐能力），锻铸铁军；利剑悬昂，拍蝇打虎。号令一声惩腐恶，万众一心除蟊贼。赞曰：神州大同，廉风馨香。

廉风在养，政事唯端。今之越地，外谋合作共赢之举，讲信修睦，群贤毕至，八方共誉；内行恤民固本之策，减负降税，人心齐趋，物阜民丰。更兼文化倡廉，五廉并举（梳廉脉、编廉文、演廉戏、铺廉路、建廉馆），纲纪四方，鼎新革故，誓让鉴河清澈，廉脉浩邈。

泉眼悄然无声是因舍不得细细的水流，史书记载了一个个朝代的盛与衰。满怀情怀看当今，太平盛世也要思考警醒。流水不腐，官廉不败，人正不灭，权公不亡。为政者当学习古今贤人，坚持不忘初心，坚守正道，牢记使命，勇往直前。若是，则民必安，业必兴，邦必宁，国必盛也。

古来风化纯

——越地古代廉吏（选）

编号	人物	朝代	籍贯	官职	清廉事迹简介
1	第五伦	东汉	京兆长陵	会稽太守	为官奉公尽节，勤政爱民。衣食自理，生活俭朴，亲自锄草喂马。
2	钟离意	东汉	山阴	尚书	明帝将交趾太守张恢犯藏巨额赃款分赐给群臣，钟离意把所赐珠宝悉数委地而不拜赐，曰："臣闻孔子忍渴于盗泉之水，曾参回车于胜母之间，恶其名也。此赃秽之宝，诚不敢拜!"始终廉洁自律。
3	郑弘	东汉	山阴	太尉	谦卑清白，死后只用粗布衣服和白棺殡殓，清清白白回到家乡。
4	王充	东汉	上虞	州从事	为人不贪富贵，不慕高官。提出"廉则约省无极，贪则奢泰不止"。
5	刘宠	东汉	东莱牟平	会稽太守	简除烦苛，郡中大化。离任时，人赍百钱以送刘宠，只选一枚大钱留下，后将钱投入江中，号"一钱太守"。

编号	人物	朝代	籍贯	官职	清廉事迹简介
6	孟尝	东汉	山阴	太守	为官清正，不阿权贵。有"珠还合浦"的典故。为纪念孟尝，合浦在明代曾改名"廉州"。
7	谢夷吾	东汉	山阴	会稽郡吏	为官清廉，办事果断。死后棺木深葬，墓不起坟。
8	马臻	东汉	山阴	会稽太守	修筑了中国古代最大的坡塘灌溉工程——鉴湖。被诬告耗用国库，毁坏庐墓，淹没良田，溺死人命，惨遭朝廷冤杀。
9	贺循	晋	山阴	会稽内史	朝廷若遇凝滞之事，皆咨于他，被奉为当朝儒宗。他是西兴运河"凿河之祖"。
10	孔愉	晋	山阴	会稽内史	以孝闻名，清正廉洁，心怀天下。离任时，朝廷和地方所赠，一概不收。
11	范述曾	南朝齐梁	会稽	中散大夫	为政清平，身无余财，梁武帝称其"治身廉约"。
12	江革	南朝	济阳考城	会稽郡丞	从不收礼，生活俭朴。离任时，因船小浪大，无财物压舱稳船，乃于西陵岸边取石10余块装船压浪。百姓在此建"取石亭"。
13	张嵊	南朝梁	剡县	吴兴太守	抗击侯景叛军，全家10余口被杀绝。《梁史》称其"一门忠义"。
14	孔奂	南北朝	山阴	晋陵太守	孔子第31世孙，清白自守，耿介刚直。上任不带妻儿，生活节俭朴素，常用俸禄赡养孤寡老人。百姓感其德，尊其为"神君"。

编号	人物	朝代	籍贯	官职	清廉事迹简介
15	王叔文	唐	山阴	翰林学士（内相）	机智明道，体恤民情，是"永贞革新"主帅。
16	罗珦	唐	会稽	京兆尹	清正廉明，以治行闻。
17	杨于陵	唐	灵宝	越州刺史	体恤百姓，政声流闻，曾因越州大旱请求朝廷开仓放粮米30万石。
18	元稹	唐	洛阳	越州刺史	辅君匡国，多有政绩，白居易为其所撰墓志铭中称：在越八载，政成课高。
19	杜衍	宋	山阴	枢密使（宰相）	"外恢经武之方，内擅富民之术"，道大而正，德简而廉。
20	范仲淹	宋	吴县	越州知州	兴办府学，周济赤贫，体恤孤寡，并且留下了"清白而有德义"的为官之道，被后人称为"百代师表"。
21	赵抃	宋	衢州	越州知州	一生清廉，不治家产，刚正不阿，不避权贵。苏轼赞其"玉比其洁，冰拟其莹"。
22	钱勰	宋	山阴	朝议大夫	吴越武肃王六世孙，一生清廉。出使高丽，拒不受礼，道："吾唯例是视，汝可死，吾不可受。"并致信高丽国王，言明原委，请赦免两官员。
23	程师孟	宋	吴县	越州知州	为官清简，为政严明。守越两年多，多有建树，百姓称快。
24	陆佃	宋	山阴	尚书左丞	从政平恕，不阿不激，素履端方，多有善政。

编号	人物	朝代	籍贯	官职	清廉事迹简介
25	石公弼	宋	新昌	右相	清正廉明，机警敏捷，善于断案，正直敢言，因操劳过度而卒，年仅 50 岁。
26	李光	宋	上虞	参知政事	正直刚毅，不惧权贵，常与奸臣抗争，曾面斥秦桧。
27	石墩	宋	新昌	南康军刺史	安民为本，廉洁奉公。晚年讲学鼓山，被尊为一代宗师。
28	王信	宋	处州	绍兴知府	改造湖泊，使大片涝地成为良田。一生清廉正直，留下"忠孝公廉"遗训。
29	朱熹	宋	婺源	浙东常平茶盐公事	单车赴绍兴救灾，开仓放粮，赈灾济民，越人一直怀念不已。
30	黄度	宋	新昌	右正言（谏官）	一生为官多与规谏之职相关，处事缜密，淡泊名利，晚年更是萧然一室。
31	汪纲	宋	黟县	绍兴知府	勤政廉行，治行甚美。修葺绍兴城河和诸古城门，形成城内商业网络。
32	王爚	宋	新昌	左丞相	从政 60 年，一生清修刚劲，不阿权佞，疾恶如仇，忧国忧民。
33	陈著	宋	奉化	嵊县知县	清正廉明，独持风裁，威令肃然。离任时，百姓延绵数十里，夹道跪送。
34	王艮	元	诸暨	中宪大夫	体贴民情，不拘成规，以廉能著称。

续　表

编号	人物	朝代	籍贯	官职	清廉事迹简介
35	宋文瓒	元	方城	绍兴路总管	政风清明，身正不阿，秉公执法，民安业兴，百姓赞其"治民一本仁爱"。
36	甄完	明	新昌	刑部主事	秉公执法，严拒行贿说情，被人称为"甄青天"。景帝御封甄完为"清官第一"。
37	吴三畏	明	莆田	嵊县知县	为官清廉，勤政爱民，筑城保民御倭寇。民众建吴公祠纪念他。
38	杨信民	明	新昌	右佥都御史	清操绝俗，刚正不阿，以恩信平广东黄萧养叛乱，百姓以其忌日祭祀。
39	刘麟	明	江西安仁	绍兴知府	为官清廉，生活清苦，喜欢在楼上居住，因无力造楼，只能在平房梁上悬挂一竹轿，曲卧其中。《越中杂记》记载：刘麟"以公服质钱为路资而去"。越地百姓为其建小刘祠。
40	张元忭	明	山阴	左谕德兼侍读	奉双亲至孝，双亲疾病所服汤药，皆亲口尝过奉上。对子女家人教育严谨，主张不买田宅留给子孙。其妻十分俭约，日结线网巾出售。
41	汤绍恩	明	安岳	绍兴知府	清正廉洁，一心为民。建三江闸，使山阴、会稽、萧山三县水利面貌得到极大改变，富泽百姓。

编号	人物	朝代	籍贯	官职	清廉事迹简介
42	南大吉	明	渭南	绍兴知府	顶住各方压力，对绍兴城内交通主动脉府河进行辟宽和疏浚，此举深受百姓拥护。绍兴俗有"太守清，府河清"之谣。
43	季本	明	会稽	长沙知府	素以清廉正直著称，回乡时，身无长物，随身只有几箱书籍。因无处居住，只能借会稽城南禹迹寺栖身。
44	陶承学	明	会稽	礼部尚书	清廉思仁，管矩甚严，儿孙辈数十人皆有恭惠之德。治徽期间，百姓如有诉讼，皆公平执法，速断速决，案无留牍，徽人赞为贤吏，称其"半升太守"。
45	周汝登	明	嵊县	南京尚宝司卿	淡泊名利，居家不蓄财、不治第、不营产。任安徽芜湖督税时，稽核精严，爱民恤民，宁受降职处置也不横征。从政50年，所到之处皆有慈祥清白之美名，被誉为"一代儒宗，四方山斗"。
46	刘宗周	明	山阴	南京左都御史	创立蕺山学派，后世尊称其为"蕺山先生"。不攀附权贵和奉谀失节，史赞其为"皎皎完人"。人称"刘豆腐""刘一担"。
47	戴琥	明	景德镇	绍兴知府	守越10年，持身严而吏治峻。率百姓修筑海堤，治理西小江水患，与马臻齐名。

编号	人物	朝代	籍贯	官职	清廉事迹简介
48	何鉴	明	新昌	刑部尚书	勤政惠民，守正不阿。与宦官刘瑾、宁王斗争，为明朝中叶能将重臣。
49	万鹏	明	武进	新昌知县	耿直廉洁，精于律令，为筑新昌县治城墙御倭寇劳卒于任上，百姓建祠祀之。
50	沈炼	明	会稽	溧阳县令等	忧国忧民，因揭露严嵩等奸臣罪状被杀，以生命为代价践行为官誓言。
51	汪应轸	明	山阴	泗州知府	秉承"为官一任，造福一方"的信念，生活清贫，家徒四壁。
52	吕光洵	明	新昌	工部尚书	自持清介，善政毕举，多次平叛，建有大功。
53	骆问礼	明	诸暨	南京刑科给事中	秉性刚方，行止高洁；遇事敢言，不避权贵。隆庆间纂修《诸暨县志》20卷。孙鑛称其学详博，尤精核有据。张岱《三不朽图赞》称其为"朱紫阳之功臣，海忠介之高弟"。
54	刘光复	明	青阳	诸暨知县	治诸暨9年，勤政爱民，尤以治水佑万民一事为世人称颂。
55	陈九级	明	新昌	建德知县等	不贪不赃，勤政爱民，清廉自守，口碑极佳，不买田地，清白遗子孙。
56	朱燮元	明	山阴	兵部尚书	平息历时8年的西南土司叛乱，战功赫赫，更以清廉、爱民、不畏权贵著称。

编号	人物	朝代	籍贯	官职	清廉事迹简介
57	傅宾	明	会稽	青阳知县	为官一生，清白为宗，不仅为民办实事，而且为民请命不避凶险，为百姓拥戴。
58	祁彪佳	明	山阴	右佥都御史	治事精明，洁身忠节，清兵破南京后，他留下绝命词后自沉于梅墅寓园水池。
59	余煌	明	会稽	兵部尚书	体恤百姓，关心乡里，操守气节。清兵占领杭州后，他以死殉国。
60	王思任	明	山阴	青浦知县等	性格耿直，忠贞爱国，是绍兴最有名的"硬骨头"。清兵陷绍兴后，绝食而亡。
61	喻安性	明	嵊县	兵部尚书	为政清廉，执法严明，曾单骑赴澳门，不费一兵一卒，驱逐倭奴。
62	姚启圣	明清间	会稽	兵部尚书	耿直仗义，文武兼备，尤在清初平台大业中，献私银15万两助军，功勋卓著。
63	李铎	清	铁岭	绍兴知府	为政尚严，守越4载，开清朝绍兴城建先河。不名一钱，世人称道。
64	俞卿	清	陆良	绍兴知府	治绍12年，修海塘，浚府河，为官秉性刚果，奉公廉洁，深受百姓敬仰。
65	沈嘉徵·	清	山阴	象州、百色同知	为官数十载，淡泊自处，宦囊萧然，不增一物；室无妾媵，夫人亡后，独居一室；家无余财，以一稚孙相待，人称"伟人"。

续　表

编号	人物	朝代	籍贯	官职	清廉事迹简介
66	杨为域	清	岳阳	山阴知县	清廉刚直，敏于政事，生活简朴。曾因为雪民冤而辞官。
67	刘延栋	清	山阴	岑溪知县	为官正直，据实办案，冒险为民请命，后因未果，愤而辞官。
68	潘祖海	清	新昌	钟祥知县	清廉为本，节俭自守，政声甚著，钦赐"荆楚循良"匾额。
69	胡仁济	清	山阴	宝山知县	主政期间，理积案、济灾民、修海塘，被宝山百姓称为"胡青天"。
70	汪伦秩	清	山阴	长宁知县	体察民情，平雪冤狱，卒于任上，死时尚欠官银数百，家贫无力。知府代偿。
71	何焴	清	山阴	盐运使等	一生治河，为官清廉。作为清代著名水利官员，被乾隆帝诗褒"爱民知政"。
72	朱煦	清	靖江	绍兴知府	治绍期间，杖惩无良讼师，严罚作恶少年，整肃民风，百姓赠"驱恶绥良"匾。
73	梁国治	清	会稽	东阁大学士兼军机大臣	一生廉洁清俭。去世时，乾隆皇帝下诏赞曰"品学端醇，小心谨慎，扬历中外"。
74	葛云飞	清	山阴	镇海总兵	治军严明，勤于职守，有"好官"之誉。在定海抗英战斗中以身殉国。
75	张景星	清	嵊县	绥宁知县等	清正廉洁，严于律己，被称为"张青天"，朝野称其为政"清如水，明如镜"。

续　表

编号	人物	朝代	籍贯	官职	清廉事迹简介
76	裘安邦	清	会稽	徐州总兵	曾单身上船剿灭"白粮帮"匪，两任徐州，勤政无私，一尘不染。
77	全淇	清	山阴	直隶知州	由师爷踏上仕途，成为名闻一时的清官。其妻亦俭朴无华，贫困自遣。
78	朱潮	清	会稽	成都知府	清廉爱民，俭于自身，平步青称其为"四川二百年来未有之清官"。
79	梁葆仁	清	新昌	天门知县	从仕12载，勤政廉洁，造福于民，被湖广总督张之洞誉为"湖北第一好官"。
80	葛宝华	清	山阴	刑部尚书、礼部尚书	一生操行廉谨，虽位至极品，却家无余财，自奉如寒素。变法修律运动中，提出效仿西周"狱讼"的"束矢钩金"制，改良监狱制度，设置罪犯习艺所，各省仿效。

（注：古代廉吏选取部分，其中任职越州者为时任职务，非平生最高职级。）

参考书目

1. 《儒藏（精华编二〇四）》，北京大学《儒藏》编纂委员会编，北京大学出版社 2012 年版。

2. 《续资治通鉴长编》，［宋］李焘撰，中华书局 2004 年版。

3. 《类编皇朝大事纪讲义 类编皇朝中兴大事记讲义》［南宋］吕中撰，张其凡、白晓霞整理，上海人民出版社 2014 年版。

4. 《欧阳修全集》，［宋］欧阳修著，中华书局 2001 年版。

5. 《四书集注》，［宋］朱熹注，王华宝整理，凤凰出版社 2016 年版。

6. 《隆平集校证》，［宋］曾巩撰，王瑞来校证，中华书局 2012 年版。

7. 《（南宋）会稽二志点校》，［南宋］施宿等撰，［南宋］张淏撰，，李能成点校，安徽文艺出版社 2012 年版。

8. 《万历<绍兴府志>点校本》，［明］萧良幹修，［明］张元忭、张镳纂，李能成点校，宁波出版社 2012 年版。

9. 《万历<新修上虞县志>校注本》，［明］徐待聘修，［明］马明瑞、葛晓、车任远纂，魏得良等校注，浙江人民出版社 2014 年版。

10. 《范仲淹全集》，［宋］范仲淹著，李勇先、王蓉贵校点，四川大学出版社 2002 年版。

11. 《范仲淹全集》，［宋］范仲淹撰，李勇先、刘琳、王蓉贵点校，中华书局 2020 年版。

12. 《宋史》，[元] 脱脱等撰，中华书局 1985 年版。

13. 《范仲淹研究文集（1900—1999）》，范国强主编，人民出版社 2013 年版。

14. 《天地间气——范仲淹研究》，王瑞来著，山西教育出版社 2015 年版。

15. 《范仲淹幼年流寓考辨》，曲延庆著，中国文史出版社 2016 年版。

16. 《范仲淹研究文集》，张希清、范国强著，北京大学出版社 2009 年版。

17. 《中国历代名人家书》，王竞成主编，国际文化出版公司 2009 年版。

18. 《清明高节满乾坤——范仲淹与范氏家风》，张小娟著，大象出版社 2018 年版。

19. 《宋代政治军事论稿》，张其凡著，安徽人民出版社 2009 年版。

20. 《宋诗纪事补正》，钱锺书著，辽宁人民出版社、辽海出版社 2003 年版。

21. 《中国历代职官别名大辞典》，龚延明著，上海辞书出版社 2006 年版。

22. 《宋朝有个范桐庐：范仲淹与潇洒桐庐》，董利荣著，中国文联出版社 2017 年版。

23. 《为官师表范仲淹》，武桂霞、张墨林著，辽宁人民出版社 2017 年版。

24. 《忧乐天下遗韵长——治家理国的范仲淹》，任崇岳著，大象出版社 2018 年版。

25. 《忧乐为天下：范仲淹与庆历新政》，林嘉文著，山西人民出版社 2016 年版。

26. 《国语》，陈桐生译，中华书局 2014 年版。

27. 《范仲淹》，季铁铮著，湖南人民出版社 2006 年版。

28. 《范仲淹与虞城》，范文生主编，河南大学出版社 2014 年版。

29.《吴中名贤传赞》，邵忠、李瑾编著，江苏古籍出版社 1997 年版。

30.《不以物喜，不以己悲：范仲淹传》，词奴儿著，中国文史出版社 2018 年版。

31.《中国文化史》，柳诒徵著，中国文史出版社 2015 年版。

32.《中华廉洁文化史》，郭钦著，社会科学文献出版社 2019 年版。

33.《千古风流纷繁事：中国历代文人群像（全二册）》，李楠、张蕊编著，中国文史出版社 2018 年版。

34.《文化与诗学 2014 年第 2 辑（总第 19 辑）》，童庆炳、李春青主编，生活·读书·新知三联书店 2016 年版。

35.《绍兴教育史》，章玉安著，中华书局 2006 年版。

36.《嘉庆山阴县志（绍兴县志资料之七）》，绍兴地方志编纂委员会 1992 年重印。

37.《地方志丛编》，《绍兴丛书》编辑委员会编，中华书局 2006 年版。

38.《历代诗人咏云门》，何鸣雷、邹志方编，浙江古籍出版社 2018 年版。

39.《绍兴图经》，何鸣雷主编，浙江人民出版社 2017 年版。

40.《绍兴城市史 先秦至北宋卷》，任桂全著，中国社会科学出版社 2017 年版。

41.《绍兴通史》第三卷，李永鑫主编，浙江人民出版社 2012 年版。

后　记

历史的跫音，踏歌而去。一座城成为思想的历史，一定有其特定的使命。翻开尘封的史诗、历史的画卷，一眼泉在时光正好的古城盛装矗立。

绍兴是一座有精气神的城市，从历史，从风烟，从笔墨册页间，流传着无数湮灭不了的传奇，每一口新鲜的空气里都吐纳着历史的缱绻、文化的旖旎。一部绍兴历史文化史亦乃一部清廉文化史。千百年来，古越大地清风长兴，清气长盛。这里流传着"天下为公"大禹、"一钱太守"刘宠、"百代师表"范仲淹、"清官第一"甄完等一大批先贤廉吏的动人故事，传唱着陆游的"孝悌行于家，忠信著于乡"、王冕的"不要人夸好颜色，只留清气满乾坤"、王阳明的"致良知""吾心光明"等至理格言，近代以来更有"杰出楷模"周恩来、"人世楷模"蔡元培等一大批清廉典范。一个个名字闪烁着光辉，一段段历史印证无悔初心，形成了具有鲜明绍兴特色的清廉文化。

范仲淹就是其中的杰出代表。除先秦的孔孟，后世近乎圣人者几稀。范仲淹便是一位超越了宋朝的中国传统知识分子精神世界的圣人，他的身上隐含着解码时代的要素。

宋太宗端拱二年（989）十月，一代名臣范仲淹在河北真定节度掌书记官舍降生。

宝元二年正月，"百代师表"范仲淹抵达越州，在他生命与思想都甚为壮盛的时期，主政越地，不仅留下"清白泉""清白堂""清白亭"与《清白堂记》，更留下了他的清廉思想与廉政实践，从此清澈江南，清澈着唐诗之路。

2019年3月，越地深入挖掘范仲淹清白泉"清白廉洁、润泽廉政"的时代内涵，以此为品牌统领，创造性地推出"溯廉脉、编廉文、演廉戏、铺廉路、建廉馆"五廉并举，串点成线、合纵连横，培植全域清廉建设的思想自觉、文化自觉与文化自信。

笔者有幸全程参与"绍兴清廉馆"建设和《浙江清廉思想史·绍兴卷》撰写。于我，它们不仅仅是工作，更是难得的磨砺、浸润乃至精神救赎的契机，这是一段舞动心灵的日子。在资料收集整理中，笔者发现关于范仲淹在越州的履迹竟着墨不多。名人太多、难以兼顾不是我们可以忘却或忽视的理由，事情总需要有人去做，挖掘和撰写"范公越州行"，填补此页空白，遂成为笔者业余一件要事。2020年7月，绍兴市纪委邀请中国范仲淹研究会副会长董利荣老师来绍给纪检监察干部作《从'三记'谈范仲淹的清廉思想》的专题报告，经董老师的指点和鼓励，撰写工作遂全速推进。

史载有限、资料稀少是最大的瓶颈。只能从市、县两级历史文献馆、图书馆、档案馆等地方（部门）入手，四处请教，多方打听可能存在的或鲜为人知的史实或流传坊间的传说，实地考证一些历史遗迹，拜访求教文史专家，亦向范氏后人求证；借阅和购买了大量有关范仲淹的书籍，无论是简体还是繁体，逐字逐句寻找一切可能的"线索"，每每有一丁点的发现，便手舞足蹈、乐不可支。

历史业已逝去，真实在哪里？如何还原？又是一大制约。历史不仅是一种事实的叙述，也是一种后人的评价，后人总是依照自己的时代价值观与利益取向加以评论，难免会拘泥于表面事象或惑于传统理念、思维定式，使客观的真实难以复原。可以说，对客观事实的复原，永远是一种可望而不可即的奢望，能获得的只是相对真实，这既是历史学家的困惑与无奈，也正是历史研究之魅力所在。笔者不是历史学者、治史者、考古者，只能站在传统和历史的肩膀上眺望，结合那个时代的政治背景，尽可能秉持客观而公允的态度，透过分析获得逻辑的真实，并在今天的认知框架内，把历史事实与历史阐述给予尽量合理又有深度的展示，试图挖掘出史料蕴含的有意思的细节，展现历史发展的过程及其意义。

同时，文史不分家，有时直指人心的文学方法，较之传统的历史学方法，或许更能获得逻辑的真实。对于已经风化成骨的历史人物，我们需要怀着一份温情，阐幽发微，缜密求证，文史兼述。对于范公，笔者无须刻意锦上添花、顶礼膜拜，千百年来，赞颂的文字已经连篇累牍。浅薄如我，研究不及专家之一二，不苛求深奥，只需要呈现，故本书中不少情节，基于有限的史料，以范公留下的诗文为佐证，置入北宋的历史时空中去想象和推理，并以文学之浓情旷怀为墨，辅以阐述或评论，以求还原范公在越州的一些真实历史场景、一个立体的先贤形象。或许文学性、故事性的叙述，尚还原不了曾经丰满的血肉，至少其精神却是从史实发展而来的。

对于历史的阐释，需要置入思想史的视野。精神和精神作用下的制度建设、文化建设，对于现代国家来说更为根本，也尤为重要。弹指间千年已过，范公的影响为何能跨越时空、超越阶层、传诸久远？概因其喊出了那个时代的最强音："先天下之忧而忧，后天下之乐而乐"的宝贵思想，"清白而有德义，为官师之规""宁鸣而死，不默而生""不为良相，即为良医"的从政理念。

思想与灵魂，前可见古人，后可见来者。正是这种精神的回响以及这种精神的光辉的闪耀，使他的人品行止犹如一块丰碑，耸立在历史的长廊中，也让人们从思想和情感上认知和效仿这位"忧乐天下""天地间气"的清官，鼓励了后世诸多的仁人志士。公明廉威、勤政为民，既是全社会的政治诉求，也是当下的时代强音，是执政者需要再一次拾起的精神记忆和历史文化遗产。

滴水映日，知史明鉴，查古知今，知人论世。挖掘、研究、撰写的目的，不仅是为记取一份历史，对先贤致以回眸与敬仰，更是为把先贤遗风转化为时代新风，把先贤精神贯通于当代精神、作用于当今社会，此或乃真正之礼赞与思齐。诚如范国强先生所言："（范公的思想学说）至今还依然闪烁着哲理的光芒，与当下的社会主义核心价值观和思想文明建设等有着十分重大的关联。其中范仲淹的廉正思想学说和他一生坚守的清正廉洁风骨，弥足珍贵，意义尤为深远。"清白家传远，诗书志所敦。把范公精神与习近平新时代中国特色社会主义思想尤其是党的廉政思想融会贯通，从古风宋韵中提炼、感悟、传承清波廉韵，并作用于越地廉洁文化、清廉绍兴建设，不失为有意义之事。

诚然，将清廉实践作为时代使命与历史使命，越地从未滞后。一如董平先生所言："就'清廉思想史'而言，显而易见，与其说绍兴存在着一个特殊的、自成体系的'清廉'思想及其传承的自我历史，毋宁说是中国大政治格局之下的清廉思想在绍兴这一地方政治管理之中的体现及其实践的历史。""既使绍兴历史上的清廉文化活化于当下，又使当下的'清廉绍兴'实践进入历史。"笔者深以为然。

"情之所钟，正在我辈。"以当代意识回顾历史及其人物，以一种深刻的历史意识与现实关切，开启史学模式与历史想象，使历史及其人物在继承有价值的资源的同时，获得当代性和未来开放性之镜鉴，此许是著书立说者甘于青灯黄卷之情怀与动力源泉，也是让历史人物的精神历久弥新之现实环节与途径所在。

戚戚不才身，得幸遇良知。全国政协常委、中国书法家协会名誉主席苏士澍先生基于敬仰先贤遗风、支持后辈研学，百忙中题写书名、赠送墨宝。中国范仲淹研究会会长范国强先生拔新领异，为鼓励后学、推进越地范仲淹研究，欣然作序。"战士诗人"陈灿先生围绕纪检监察工作实践、清廉文化建设等，闳识孤怀，予以政治性、时代性与专业性相融的启引，且殷切赋诗寄语。被誉为"越文化活字典"的冯建荣先生立足一体推进清廉文史研究，别具炉锤提出宝贵建议，并在推动历史人物与地方元素融合上给予拳拳关爱和襄助。素来重视文化研究、富有文化情怀的朱建和先生，对拙稿的框架、构思、谋篇布局等给予金石之言。浙江工商大学出版社社长鲍观明教授持高度负责又务实严谨的态度亲自审稿，并专程赴绍调研书稿内容，提出了宝贵的专业性的修改意见，有力推进顺利出版。经师易遇，人师难遇。上善若水，盛情厚意，应接不遑，唯念感激天意。

从初稿撰写开始，欹嵚历落的王荣彪先生便一路鼎力支持。敦本务实的孙建焕先生就深化运用清廉绍兴的实践成果提出专业意见。董利荣、冯立中、石剑晗、何俊杰、黄伟英、黄爱芬、魏建东、杨颂周、王静静、马立远、任桂全、赵玲华、周巧米、徐晓军、蔡人灏、郑红光、王晶、屠剑虹、谢方儿、赵任飞、范光明、朱才祥、潘旭东、俞燕、吴旭东、朱巨成、何海华等领导、同仁、良师益友，或拨冗指正，或审阅书稿篇章，或联系专家学者帮助，或支持实地求证等，诸多方面给予助益，使我受教良多。创业才俊王晓帅、骆冠军满怀社会与人文情怀慷慨相助。浙江工商大学出版社和书香力扬的有关老师不厌其烦、一丝不苟地审核、编校并精心策划，力创精品。绍兴市纪委市监委、绍兴市委宣传部、绍兴市社科联、绍兴市文化广电旅游局、绍兴市图书馆和历史文献馆、诸暨市委宣传部、诸暨市五泄诗画研究会等单位的领导同事或提供图片资料，或方便图书查阅，或助力出版事宜，或鼓劲支持……

为使拙稿更好地体现绍兴元素，以期文学与书法艺术美感互映，书画家张继钟、梁浩毓、陈伟锋、肖慧、周俊友、钱永根、谢权熠、冯家祥等老师研磨滑墨、宣纸尽展予以支持，其中张继钟和梁浩毓两位老师提供大量插图和书法作品。王法根、陈雪军、张文英、何祝伟、叶青等爱好、擅长书画的纪检监察战线的领导同事亦泼墨执笔书廉情……

思以莞尔，言以风华。殷殷之谊，当俟异日耳。感荷高情，非只言片语所能鸣谢。或许，知音世所稀，唯德自成邻。深切感恩诸君之谆谆教诲与温馨帮助，深深感激诸君让范仲淹走近读者，深深感念君知吾心，并报以无限之敬意！

清白泉畔，历史总不迟暮。曾经的辉煌，交与一块块青砖承载；曾经的故事，任由一片片瓦砾掩埋；曾经的风云，尽让一截截碑石铭刻。掩卷沉思，千年之前的范仲淹，尔尔辞晚，朝朝辞暮，提笔疾书，慷慨陈词，念兹在兹，素履之往。时空深处，我们仿佛看见一位行远自迩、笃行不怠的勇士，一位有着木铎之心、沧笙踏歌的文人，一位戢鳞潜翼、思属风云的哲人，风禾尽起，踱步而来。

吟咏一眼清泉，倾斜时光的重量，看见历史满面澄澈。

诚然，因区闻陬见，末学陋识，疏漏和不严谨难免，祈请诸君宽宏指正。只期聊慰夙愿，抛砖引玉，其他就借用陈灿先生给予本书之寄语：让尚未说出的一切，交给时间去说吧。

谨以此文敬礼先贤！献礼建党百年华诞、喜迎二十大！

2022 年 2 月